武汉大学公共管理系列学术丛书

# 公共服务动机研究

## ——对中国MPA研究生公共服务动机的实证分析

李小华 著

GONGGONG FUWU DONGJI YANJIU

——DUI ZHONGGUO MPA YANJIUSHENGGONGGONG FUWU DONGJI DE SHIZHENG FENXI

中国社会科学出版社

**图书在版编目（CIP）数据**

公共服务动机研究：对中国 MPA 研究生公共服务动机的实证分析/李小华著.—北京：中国社会科学出版社，2010.12
　ISBN 978 - 7 - 5004 - 9301 - 3

　Ⅰ.①公…Ⅱ.①李…Ⅲ.①公共管理－研究生－社会服务－动机－研究－中国 Ⅳ.①D630.3

　中国版本图书馆 CIP 数据核字（2010）第 217858 号

责任编辑　郭　鹏
责任校对　刘　娟
封面设计　李尘工作室
技术编辑　王炳图

出版发行　中国社会科学出版社
社　　址　北京鼓楼西大街甲 158 号　　　邮　编　100720
电　　话　010 - 84029450（邮购）
网　　址　http://www.csspw.cn
经　　销　新华书店
印　　刷　北京奥隆印刷厂　　　　　　　装　订　广增装订厂
版　　次　2010 年 12 月第 1 版　　　　　印　次　2010 年 12 月第 1 次印刷
开　　本　710×1000　1/16
印　　张　13.25　　　　　　　　　　　插　页　2
字　　数　220 千字
定　　价　30.00 元

# 目　录

# 导　论

## 一　研究的目的

研究公共部门员工行为具有重要的意义。从理论上看，1995年美国学者贝恩（Behn）[①] 在《公共管理中的若干重大问题》这篇被经常引用的文章中通过对科学发展规律的分析和总结，展望了公共管理的发展前景和趋势，满怀信心地提出公共管理领域的微观管理问题（micromanagement）、动机问题（motivation）、绩效测量问题（measurement）是公共管理领域值得深入研究的三大主题[②]，他的论断主导了很多研究者的研究兴趣和方向，带来了这些方面研究的繁荣。从实践上看，如何调动员工的积极性并鼓励有效的工作态度和行为也一直是各个部门的各级领导所面临的关键问题。公共部门也不例外，特别是近年来，随着各国公共部门改革的推进，如何创新公共服务提供机制，增进公共部门工作效率，尤其是如何进一步提高政府执政能力，改进政府工作绩效，增强公民对政府的信任，已成为各国公共管理领域学者和实践者关注的重点，其实这些问题最终都可以归结到关注公共部门员工行为的特点和规律、以便进一步加强管理和有效激励上，因为在公共组织追求公共利益、达成组织绩效中起着关键作用的还是公共组织的重要资源——公共部门员工，公共组织目标的实现归根到底是公共部门员工积极性的调动和发挥，而这一切都要以准确理解和把握员工

---

① 本书中所有英文姓名的翻译主要参考新华通讯社译名资料组编《英语姓名译名手册》，商务印书馆1985年版；另外还借鉴了高玉华等编《英语姓名词典》，外语教学与研究出版社2002年版；李忠华编《英语人名词典》，上海外语教育出版社2002年版。

② Behn, R. D. , "The Big Questions of Public Management", *Public Administration Review*, 1995. Vol. 55 (4): 313–324.

的行为为基础。

　　动机作为行为的内在动力，决定了行为的方向和强度，它能引发行为的产生，使行为朝预定的方向发展，而且对行为起着维持和加强的作用，它不仅可以强化行为的产生而且能鼓励行为的持续出现以达到行为的目的。动机因为其内隐性而复杂难测，再加上公共部门的独特性，使得现有对私人部门动机的认识不能完全被迁移到公共部门中，而对公共部门员工行为动机认识的偏差可能导致调动员工积极性措施的失败，这将直接影响公共部门工作绩效，难怪学者们急呼应深入研究公共管理领域的动机问题。①

　　从西方近年来的公共组织研究文献中，我们发现公共组织员工的公共服务动机是研究的一个热点问题。众所周知，席卷西方的新公共管理运动的本质特征是将私人部门的管理手段和方式运用于公共部门以改进公共组织绩效，其隐含的一个前提假设就是公共部门员工和私人部门员工的工作动机是一致的。而西方有关公共服务动机的研究却揭示出公共部门员工与私人部门员工的工作动机有本质的不同，那么，新公共管理用私人部门的管理手段和方式来激励公共部门员工很可能是无效的。

　　西方很多公共管理领域的实践者和学者都一直认为公共服务是一种特殊的行业，也许进入这一行业的人有不同于其他行业人的一系列特征，艾默·斯塔茨（Elmer Staates）将学者们的这一思想概括为"公共服务是一种观念，一种态度，一种责任感——甚至是一种公共道德意识"②，不少学者的实证研究也证实公共部门员工通常受一种私人部门员工身上所不具备的非功利性"服务感"的激励，最早时这种服务感被学者们称为公共服务道德（public service ethic），后来佩里（Perry）将这种"个体对主要或仅仅根植于公共机构和组织的动机作出反应的倾向"正式定义为公共服务动机（public service motivation，PSM）③，随着越来越多的学者加盟这方面的

---

　　① Behn, R. D., "The Big Questions of Public Management", *Public Administration Review*, 1995. Vol. 55 (4)：313 –324.

　　② ［美］珍妮特·V. 登哈特、罗伯特·B. 登哈特，《新公共服务：服务，而不是掌舵》，丁煌译：中国人民大学出版社 2004 年版，第 160 页。

　　③ Perry, J. L., "Measuring Public Service Motivation：an Assessment of Construct Reliability and Validity", *Journal of Public Administration Research and Theory*, 1996. Vol. 6 (1)：5 –22.

研究探讨，公共服务动机逐渐成为西方描述官僚行为的四大理论流派之
一。①

　　公共服务动机概念为西方学者们进一步探讨公共服务动机的作用机
理、培养机制奠定了基础，也为公共部门员工积极性的调动提供了一种新
思路。从西方公共管理学者对公共服务动机的研究文献来看，该研究主要
围绕以下几个方面展开，首先是比较公共组织、私人组织员工的报酬偏
好，以证实公共服务动机的存在。这方面的研究比较丰富，而且加拿大、
拉丁美洲各国、韩国等学者都在各国的背景下对此开展了实证研究，主要
是为公共服务动机理论提供实证依据。其次是深入探讨公共服务动机的前
因（antecedent）和后果（consequence）。对公共服务动机前因的研究目前
还比较薄弱，对此研究比较系统的是佩里（Perry），他探讨了个体社会化
过程中父母的社会化（parental socialization）、宗教的社会化（religious so-
cializations）、政治意识形态（political ideology）、个体对职业的认同（pro-
fessional identification）以及一些人口统计变量对公共服务动机的影响，因
为他的研究并没有涉及所有可能影响公共服务动机的因素，结果显示，这
些变量解释公共服务动机变异的能力还不是很理想（复相关系数仅为
0.13，对每一分维度的复相关系数从最低的政策制定 0.07 到最高的公共
利益承诺 0.18）②，但是佩里（Perry）开创性的研究为这方面的后续研究
开辟了道路。对公共服务动机后果的研究相对较多，主要是探讨公共服务
动机对个体离职行为、工作满意度（job satisfaction）、工作投入（job in-
volvement）、组织承诺（organizational commitment）、个人绩效（individual
performance）等个体组织行为变量及其组织绩效（organizational perform-
ance）的影响。可以说，西方公共服务动机理论随着实证研究的丰富在逐
渐成熟。

　　目前，绩效研究特别是政府绩效是我国公共管理领域的研究热点，但
是研究更多的被局限在绩效评估方面，至于影响绩效的因素涉及还不多，
对影响政府绩效的个体行为动机特别是公共服务动机的研究相比其他国家

---

　　①　Wise, L. R., "Bureaucratic Posture: on the Need for a Composite Theory of Bureaucratic Behav-
ior", *Public Administration Review*, 2004. Vol. 64 (6): 669－680.

　　②　Perry, J. L., "Antecedents of Public Service Motivation", *Journal of Public Administration Research
and Theory*, 1997. Vol. 7 (2): 181－197.

还很缺乏，文献查阅的结果显示，我国在这方面目前仅有的研究还处在定性分析阶段，如李建华（2002 年）、张康之（2003 年）分别从官员的道德建设和伦理角度涉及有关问题，但没有从公共服务动机的视角进行系统的研究，这方面的实证分析可以说在我国还是一片空白。

作为一个崇尚道德、重视操守的民族，我国几千年的文化形成了许多敬业乐群、公而忘私的传统美德，西方公共服务动机概念与我国的这些传统美德可谓异曲同工，特别是与我国一直倡导的"全心全意为人民服务"的公仆理念有着惊人的相似，是一种理想的公共部门员工工作动机。鉴于我国几千年的文明，应该说我国更具备公共服务这种利他思想的土壤和深厚的文化底蕴。而我国目前有关公共部门员工行为的研究很少涉及这方面，更不用说对公共部门员工公共服务动机的实证分析了，这不能不说是一大遗憾。

既然在崇尚个人主义的西方发现了以利他动机为主导的公共服务动机，那么在注重道德伦理的中国背景下，公共部门员工的公共服务动机表现出什么特点呢？影响公共部门员工公共服务动机的因素有哪些呢？应如何来激发我国公共部门员工的公共服务热情呢？这是很值得探讨的问题，可能是因为该问题的跨学科性质，我国目前还鲜见这方面的相关研究报道。

目前，我国对公共部门员工的行为解释深受公共选择理论的影响，更多的是从经济人的角度来分析公共部门员工的自利行为，主要的对策研究也是围绕如何约束人们的这种自利行为而展开。学者们一方面主张通过高薪来养廉，使得公共部门员工不必追求私利，从而抑制人们自私的欲望；另一方面则主张对追求私欲的行为予以惩罚。这二者采取的方式其实都不是正向激励，前者按照赫兹伯格的双因素论只是起到保健因素的作用，后者仅仅是一种负强化，公共部门员工只能知道自己不能做什么，并不能从中知道自己究竟应该怎么做，因而并不能从根本上激发公共部门员工作出符合规范的行为。

实践中，晋升、金钱奖赏之类的经济激励手段仍是我国目前公共组织以及西方各国公共部门激发员工积极性的一种主要手段，即使这种方法的有效性一直受到西方公共管理学术界的质疑，从理论上讲，这些措施也与动机激发的相关内部动机、外部动机关系理论矛盾。其实，狄西（Deci）早在 1975 年就指出，理解内部、外部奖励动机是设计薪酬体系的关键①，实证研究的结果表明对看重内部奖励的人提供外部奖励会改变个体的因果关系知觉，也即，对本来由内部动机就可以引发的行为实行外部的经济奖励会抑制该行为再由内部奖励激发的可能性，因为内部的成就感等内在激励因素在外在奖励的作用下被转为外部诱因了，这就导致任务本身不再对个体行为具有吸引力，不再受个体行为的控制，而个体必须在他人的监督或奖励下才会出现原有的相应外部行为，这样就大大降低了内部奖赏的激励效果。外部动机与内部动机之间并非简单相加的问题，二者会发生相互排斥作用，高度的外部动机会妨碍高度的内部动机，对于一个由内部动机引起的行为给予外部奖励会因此而削弱内部动机的作用，"在五花八门的外部强制中，任何一种外部强制都会损害内部动机"，这里外部强制包括对活动的实物奖赏、督促和外部规定的期限等。② 如果一个人本身对某项活动感兴趣，随即又受到外部奖励，就很可能把本来认为由内部动机引起的活动看作是由外部动机引起的活动。所以公共服务作为一种能由内部动机引起的活动，如果通过给予金钱的奖励等方式而与外部动机挂钩，就会大大降低公共服务动机本身的效力。

因此，目前盛行的外部奖励占主导地位的激励手段以及解释公共部门员工行为中经济人角色的应用都将公共部门员工的动机过于简化，并可能带来一些负面效应。笔者认为，符合规范的公共服务动机应该在公共管理学理论和公共组织行为学理论发展中扮演重要角色，对当前背景下我国公共服务动机的探讨不论从理论还是从实践角度都具有非常重要的现实意义。

## 二　研究的意义

有关公共服务动机的研究，在国外的相关学术界取得了一定的研究成果，而我国相应的研究并不多，专门针对公共服务动机的实证研究更是缺乏；但是在西方的公共服务动机研究中，对影响公共服务动机因素的探讨也不够，因此，本研究拟从分析公共部门员工的公共服务动机入手，研究我国公共部门员工公共服务动机的特点和规律，并更深入地探讨影响公共

---

① Crewson, P. E., "Public – Service Motivation: Building Empirical Evidence of Incidence and Effect", *Journal of Public Administration Research and Theory*, 1997. Vol. 7 (4): 499 –518.

② 时蓉华:《新编社会心理学概论》，东方出版中心 1998 年版，第 138 页。

服务动机的个体因素和组织因素，以及公共服务动机与相关组织行为变量的关系，从而拓展我国公共部门员工行为方面的研究内容，并为这一领域的研究提供新的视角，也为进一步深入研究公共服务动机奠定坚实的基础。在当前背景下我国公共服务动机的探讨不论从理论角度还是从实践角度都具有非常重要的现实意义和指导作用。

从理论上讲对公共服务动机的研究可以起到以下作用：

1. 拓展西方公共服务动机的研究内容

公共服务动机的研究始于美国并且以美国为背景的实证研究居多，但自瑞尼（Rainey）（1979 年）开创公共服务动机的研究以来，公共服务动机引起了世界范围内的公共管理领域学者的兴趣，对公共服务动机的研究也从开初的弄清公共服务动机的内涵和外延扩展到对公共服务动机与其他变量关系的研究上，尤其是斯奈德等人（Snyder et al）（1996 年）对拉丁美洲国家公共雇员公共服务动机的实证研究，乔伊（也译作：崔，Choi）（2001 年）、金（Kim）（2004 年）等学者对韩国政府雇员的公共服务动机分析以及科伊尔·夏皮罗和凯斯勒（Coyle－Shapiro & Kessler）（2003 年）对英国政府雇员的相应研究都有力地支持了公共服务动机理论。遗憾的是这些研究还不够全面，特别是对公共服务动机前因的探讨尤显薄弱，在某些问题上学者们得到的研究结果还存在着不一致，中国作为一个崇尚公而忘私、发扬奉献精神的国度，更具有公共服务动机的文化氛围，而相应的研究却很是缺乏。基于此，本研究将在西方学者研究的基础上，探讨我国公共部门员工公共服务动机的特点，并首次引入人格因素等个体层面的变量、组织文化等组织层面的变量，探讨它们对公共服务动机的影响，这不仅有助于缩小我国相关研究与国外的差距，而且可以拓展西方公共服务动机的研究内容。

2. 为我国服务型政府的建设奠定理论基础

近年来，服务型政府理念的提出使得有关服务型政府的研究成为我国公共管理领域研究的热点问题之一，但从中国期刊网查阅的文献看，这些理论探讨还局限在服务型政府的内涵、建设服务型政府的理论依据、必要性、意义等的初步探索方面，关于如何转变政府职能、建设服务型政府等深层次问题的探讨还不多，尤其是从个体角度探讨服务型政府的建设还很缺乏，本研究通过对我国政府公务员公共服务动机的分析，揭示乐于为公众服务的政府公务员的行为动力和本质特征，从公务员素质的培养和公务员队伍建设的角度切入服务型政府的建设问题，有助于为如何建立服务型政府提供理论依据，并为以后深入的研究奠定必要的基础。

3. 促进我国公共管理领域行为研究的发展

虽然国外学者对公共服务动机的研究充满热情，我国公共服务动机的相应理念也有源远流长的历史，但是借助社会测量方法对公共服务动机作深入系统的定量分析和研究的文献在我国目前还未曾有过，本研究正是致力于弥补这方面的遗憾。正如我们前面所分析的，人的因素是组织中最重要、最活跃的因素，我国政府改革使得政府角色从传统的以经济建设型为主导转向目前的以公共服务为主导，对公共部门员工的素质要求也发生了深刻的变化，行为研究有助于把握公共组织人力资源的特点和规律，从而进行科学管理。目前我国公共管理领域在这方面的研究显得相对薄弱，本研究有助于增进我国公共管理领域行为研究的繁荣。

从实践角度来讲，对我国公共服务动机的研究可以起到以下作用：

1. 为公共部门员工的选拔、任用、培训提供实践指导

近年来，随着我国经济体制改革和政治体制改革的不断深入，进一步转变政府职能，建立行为规范、运转高效的公共服务体系，逐步在政府作用、政策制定、政策执行等方面与国际接轨，成为公共管理领域的核心问题；尽快加强公共管理方面的建设，造就和形成一支高素质的、适用公共部门工作需要的公共管理人才队伍已经刻不容缓。虽然目前我国有关公共人力资源方面的著作可谓汗牛充栋，但对公共部门员工动机及其与公共部门组织目标之间关系的研究却相对缺乏，本研究探讨了公共部门员工的人格、角色知觉对公共服务动机的影响，研究结果可以为公共部门选拔工作人员提供理论依据和实践指导，同时，研究编制的公共服务动机问卷，以及修订的公共部门员工的组织承诺、个人绩效、组织绩效测量问卷，都可以为公共部门员工培训和人员任用提供科学的依据。

2. 为提高政府工作绩效提供理论依据以及指导实践

加快政府职能转变，提高政府工作绩效，是一个全球性的课题，随着当前新技术革命与经济全球化的不断深入，竞争逐渐超越国界，全新的工作环境和瞬息万变的形势，对于各级政府来说是一个大挑战，同时也对政府的作用提出了新的要求。如何引领全社会全面和谐地发展，从而在全球化进程中保持顽强的生命力？这需要政府调整职能，适应新形势，创造与经济全球化相适应的软环境，树立符合经济全球化要求的新的政府理念，充分反映社会发展的需要、尽可能地满足公众的需求，适应千变万化的环

境，通过提高政府管理与服务的效率，最大限度地增强本国的国际竞争力。目前我国已由经济建设型政府向公共服务型政府转变，政府工作绩效的衡量有了新的内容。本研究探讨了公共服务动机与公共部门员工个体绩效和公共组织绩效的关系，拓展了公共组织绩效的内涵，这有助于明确新时期政府工作的要求，为进一步提高政府工作绩效提供实践指导，为服务型政府的建设奠定良好基础。

3. 增进公众对政府的信任

多年来，政府公务员在公众心目中形成了高高在上，脸难看、事难办的官僚形象，腐败现象的蔓延又造成了公众对官员的信任危机，本研究通过客观的数据，揭示公共部门员工内心利他的一面，有助于转变公众的刻板印象，客观地看待当前的一些问题，增进公众对政府的信任，从而更好地配合政府工作，接受政府的管理和服务，增强我国综合国力。

总之，研究我国公共部门员工公共服务动机是非常必要的，而且意义重大。

## 三　研究的框架

本研究拟选择我国 MPA 研究生为调查对象，试图通过对我国 MPA 研究生这一目前正系统接受先进的公共管理理论学习和观念熏陶，又活跃在我国公共管理实践舞台、今后更将是我国公共管理领域中坚力量的人群的分析，来探讨我国公共部门员工的公共服务动机特征，分析影响我国公共部门员工公共服务动机的因素，从而提出增进我国公共部门员工公共服务动机的方略。

本研究将主要采用心理学中准实验设计的思想，针对原始群体，在自然的条件下通过对一些变量的控制来分析人们的行为特点，借助心理学研究方法中的调查法和测验法来收集相关资料，再运用定量分析的技术检验特定的假设。

研究将从七个方面展开，首先回顾相关的动机理论和公共服务动机理论，然后综述国外公共服务动机的有关研究成果，在此基础上建立本研究的理论假设和研究框架，再编制和修订公共服务动机、角色知觉、组织承诺、绩效等相应变量的测量量表，通过问卷形式收集资料，然后借助SPSS、Amos 等统计软件分析所得数据，最后总结本研究的结果和启示。

# 第一章　动机理论概述

所谓动机理论（theory of motivation），是心理学家对动机概念所作的理论性探讨与系统的解释。作为管理者，之所以每个人都希望自己能找到并留住最优秀的员工，希望自己的员工都能以饱满的热情、高涨的士气投入工作，是因为员工的素养和才干的发挥还决定着组织绩效。人员的招聘、选拔与留任，需要管理者洞察员工行为，有效激励员工，对于公共部门尤其如此。如何调动员工的积极性，在很大程度上取决于管理者对员工行为动机的充分了解。因为人的积极性是与人的动机相联系，并受动机推动的，只有了解了人的动机的规律性，才能预测人们的积极性，进而引导人的行为，调动人们的积极性。因此，在人力资源管理中，运用好动机理论显得特别重要。

本书前面几章的主要任务是回顾公共服务动机的相关理和研究的成果，以及在当前研究中的主要问题，为本实证研究的进行提供理论铺垫，同时，根据已有的研究文献，提出本研究的理论构想。

## 一　动机的概念及其过程

动机体现的是个体的个性倾向性。众所周知，人的心理活动包括心理过程和个性心理两个方面，其中个性心理体现个体的差异，由个性倾向性和个性心理特征构成，个性倾向性是人们从事活动的基本动力，决定着人们行为的方向。动机作为人类的一种心理活动，是个性倾向性的组成要素之一，它导致个体为实现一个特定目的而行动，是个体行为的直接动因，能给个体以力量，推动个体去一直从事某种活动。所以动机实质上是引导行为的一种内部刺激，它能引起、维持、推动个体活动以达到一定目的。每个人的活动都由一定的动机引起，并指向特定的目的。动机的特点可以归结为活动性和选择性两个方面。首先，动机具有活动性，有动机的个体比没有动机的个体具有较高的活动水平，能对其行为产生推动作用；其次，动机又具有选择性，具有某种动机的个体，其行为总是指向特定的目的，而相应地忽视其他方面，使其行为表现出明显的选择性，所以可以凭借个体的选择而推断其行为动机的方向。

动机的心理过程是主观的，它和人们的需要紧密相连；需要是个体积极性的基础和根源，动机则是个体活动的直接原因，当人们的需要有某种特定目标时，需要就转化成为了动机，推动人们从事某种活动；动机在需要的基础上产生，是由需要所推动的，需要是动机产生的重要因素，但需要在强度上必须达到一定水平，并指引行为朝向一定的方向才能成为动机。诱因是产生动机的另一个重要因素，是能够诱发个体动机的刺激或情境，个体的行为取决于内部需要和外在诱因的相互作用，只有需要和诱因相结合才能成为实际活动的动机。动机会推动行为，在人的活动中占有主导地位，而行为的结果又能强化动机，促使它增强、减弱或消失。动机过程是一个内在的心理过程，需要和诱因、动机、行为构成了人们活动的周期（如图 1 - 1 所示）。

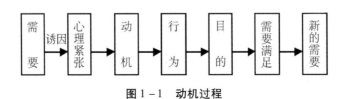

**图 1 - 1　动机过程**

心理学家在解释动机的概念时，提出了多种发展观点，代表了各派学者对动机的不同理解。最初的本能论者认为人的活动是先天的安排，人类行为由本能激发，这些本能虽然是无意识的，但有强大的动机作用。到了20 世纪 20 年代，行为主义心理学家用驱力降低理论（drive - reduction theory）来解释动机，认为行为的动力是个体内部所产生的驱力或需要，生理上的需要引起心理紧张，或造成驱力状态，促使有机体从事某种活动以满足需要，降低驱力，维持机体平衡。所以，在他们看来，个体的一切活动，皆起因于内在生理需求而生的驱力——因缺营养而生饥饿驱力、因缺水分而生渴驱力等，在个体表现出行为时，如该行为结果能满足引发驱力之需求，就会使驱力降低，而驱力降低的结果，将强化该行为的反复出现。但该理论只能解释极简单的刺激与反应之间的学习关系，不能解释复杂的人类行为背后的动机，因此，在现代心理学上，驱力减降论已不再受到重视。20 世纪 50 年代，心理学家认识到诱因在唤起行为中的重要作用，认为应该用刺激和有机体特定的生理状态间的相互作用来说明动机。20 世纪 60 年代，随着现代认知理论的发展，动机理论又有了新的内容，以认知论为基础的动机理论，从个体对环境的认知角度来解释动机的产生和变化，尝试以不可观察的心理历程来解释个人自己或他人日常生活中某些复杂行为的动机。比如认知失调理论就是一种重要的解释动机产生的理论，该理论认为两种或多种认知元素的不和谐就会产生紧张状态，具有推动人去解决这种不和谐状态的倾向，因此，它成为了一种解释人类动机的主要观点。后来一些心理学家提出了唤醒或激活的观点，认为每个人在内外刺激的关系上都有一个最适宜的唤醒水平，当出现偏离这个水平的内外刺激时，它就会促使个体活动，以恢复适宜水平，这种理论的提出也是受到认知理论的影响。认知理论现在已成为主流心理学最具影响力的动机研究方法，由此产生的动机理论也最为丰富，动机的认知论的特点是它关注的不是可观察的现象，而是用人们的思维、意图、期望以及对特定环境的理解来解释行为，当然也有心理学家，兼采社会学习论与认知论的观点，发展出了新的动机理论，不过和认知理论一样，他们都是将动机建立在选择目标、决策、计划、归因等认知过程的基础上。总之，动机理论的发展体现出从强调生理需要转向强调社会需要的特点，研究的重点从内在决定转向外在决定，并且重视动机的认知方面。

## 二　工作动机理论概述

工作动机理论是用来解释员工在工作背景下与工作相关的行为动力的理论。工作动机理论在组织理论中受到广泛的关注，因为它将员工满足需要的努力与组织目标的实现联系在一起。心理学家视动机为激发、维持、调节人们从事某种活动，并引导活动朝向某一目标的内部心理过程或内在动力，动机作为一个过程，始于个体生理或心理上的缺失，从而激发行为或驱力使得个体向着特定的目标努力。动机的产生受内外两种因素的共同作用，个体内在的某种需要是动机产生的根本原因，外在环境则是动机产生的诱因，引导个体趋向目标。人的行为靠动机作用，动机的强弱直接影响行为的效率，动机作为行为过程中的一个中介变量，在行为产生以前就已经存在，并以隐蔽的方式支配着行为的方向性和强度。动机无法被直接观察到，它作为一种内部心理现象，只能从观察表面行为的变化来推测其背后的动机。

目前的工作动机理论可分为内容型动机理论和过程型动机理论两大类，其中内容型动机理论针对的就是产生动机的内在需要，过程型动机理论针对的是动机产生的外部诱因。

### （一）内容型动机理论

内容型动机理论又称需要理论，是关于需要的内容及需要对人们行为推动作用的理论，它着重研究人的需要与行为动机的对应关系，认为需要是行为产生的根本原因，通过满足个体的需要以激发个体相应的行为动机，可以达到实现组织目标的目的。这方面的理论主要有马斯洛（A. Maslow）的需要层次理论、赫兹伯格（Herzberg）的双因素理论、麦克莱兰（D. C. McClelland）的成就需要理论、奥尔德弗（Alderfer）的ERG理论以及麦克格雷格尔的X理论和Y理论。

马斯洛（A. Maslow）的需要层次理论认为，人的需要从低到高有生理、安全、社会、尊重、自我实现五个层次，低层次的需要以外在满足为前提，高层次的需要以内在满足为前提，这些需要中的任何一种得到基本满足后，下一层次的需要就成为主导需要。尽管没有一种需要会被永久、充分地满足，但是一种基本满足的需要将不再具有激励作用。需要层次理论受到各种批评，特别是某些与层次论不相符合的现象的客观存在，使得其有效性受到怀疑。

赫兹伯格（Herzberg）的双因素理论将激励因素和保健因素作了区分，他通过调查研究发现，与工作环境相连的保健因素只能防止员工产生不满情绪，只有与工作本身有直接联系的激励因素才能起到激励员工的作用，所以他认为应注重工作本身的内容及工作的丰富化，以提高员工绩效。但是许多研究并不支持赫兹伯格的动机因素和保健因素的分类，在现实中，当人们对工作不甚满意时，也可能产生较高的工作效率。

麦克莱兰（D. C. McClelland）的成就需要理论认为人有三种基本需要：权力需要、亲和需要和成就需要，权力需要影响和控制他人的欲望，使人们更关心威望和获得对其他人的影响力。亲和需要是受他人喜欢、被他人接受的愿望，它使人们寻求友爱，喜欢合作而非竞争的环境、渴望相互理解的关系。成就需要则促使人们把事情做得更好，更有效率。

奥尔德弗（Alderfer）的 ERG 理论把需要层次概括为生存、关系、成长三种，但是他认为满足较高层次需要的努力受挫会导致人们重新追求较低层次的需要。尽管有研究支持 ERG 理论的这三组需求，不过也有一些管理者对该理论的普遍性提出质疑，认为它不能帮助人们理解员工的工作动机。

麦克格雷格尔的 X 理论和 Y 理论主要包括以下观点：他从两种对人性的不同假设出发，提出了相应的激励措施。认为人本性消极的 X 理论假设低级需求主导个体行为，而认为人本性积极的 Y 理论假设高级需求主导个体行为，麦克格雷本人认为 Y 理论比 X 理论更有效，所以提出了一些如参与决策、提供有责任感且富有挑战性工作、建立融洽群体关系的激励员工方法，可惜，没有证据证明哪一假设更为有效。

### （二）过程型动机理论

内容型动机理论主要从内部需要的角度探讨动机的激发，说明动机与需要之间的内在联系，但是内容型动机理论并没有说明其他外在因素对人们行为动机的影响。过程型动机理论则重点研究人的行为动机从产生到目标行为选择的心理过程，试图从激发人们行为的外在因素角度分析、解释人们的行为如何由动机引发，最终实现目标的过程。这方面的理论主要有弗洛姆（V. H. Vroom）的期望效价理论、亚当斯（J. S. Adams）的公平理论、洛克（E. A. Locke）的目标设置理论等。

弗洛姆（V. H. Vroom）的期望效价理论围绕效价（valence）、工具性或手段性（instrumentality）、期望（expectancy）三个概念而建立起来，认为人总是渴求满足一定的需要并设法达到一定的目标；这个目标在尚未实现时，表现为一种期望，这时目标反过来对个人的动机又是一种激发的力量，而这个激发力量的大小，取决于目标价值（效价）和期望概率（期望值）的乘积；人们只有在认为其努力会带来良好的绩效评价和预期的组织激励时，才会受到激励进而付出更大的努力。这一理论启示人们分析员工期望的重要性。

亚当斯（J. S. Adams）的公平理论指出员工激励不仅受奖励绝对数量的影响，更受到奖励相对比较结果的影响。同等的奖励不一定获得同样的激励效果，个体只有通过对奖励的横向和纵向比较，才产生是否公平的感觉，才能激发积极性。这一理论启示人们激励机制的设计贵在公平。

洛克（E. A. Locke）的目标设置理论认为指向一个目标的工作意向是工作激励的主要源泉，目标告诉员工需要做什么、需要作出多大努力，目标的具体性本身就是一种内部激励因素，具体、困难的目标比笼统的目标效果更好，给员工设置目标应根据目标的具体性、挑战性、认同性三大标准，所以目标设置理论启示人们，明确的目标能提高绩效，激励的关键在于提供明确的目标。

### （三）对工作动机理论的评价

对于这些工作动机理论的评价，一些学者提出了自己的看法，并质疑了上述动机理论在公共部门的有效性和作用，比较有代表性的是沙米尔（Shamir）的观点，沙米尔（1991 年）从五个方面详细分析了上述动机理论的不足①，该观点也得到其他学者的肯定②，这些批评主要围绕上述动机理论不足以解释公共组织及非营利组织中存在的一些现象而展开。

沙米尔（Shamir）认为当前动机研究的五大不足表现在：

第一大不足是动机理论的利己主义倾向。在动机理论中个体被认为是理性最大化者，这在很大程度上遵循的是经济学和心理学中占主导地位的新古典主义范式。比如弗洛姆的期望理论就是这种效用最大化方法的最好例证，期望理论将量化的效价（值）、期望（自我效能）和工具（组织确定的目标）混在一起计算动机，认为激励程度的大小取决于行为结果对个体的吸引力和该行为结果实现几率的大小，体现的就是个体效用的最大化。期望理论虽有一定的预测行为的能力，但是该理论难以验证，而且其评定工具和效价的测量的有效性也受到置疑。

沙米尔（Shamir）认为即使上面提到的围绕理性选择理论的验证问题和操作化技术问题得到解决，这些动机理论仍不能解释我们见到的一些超越自我利益的组织行为（比如理性选择理论就难以解释亲社会行为）。而

---

① Shamir, B., "Meaning, Self and Motivation in Organizations", *Organization Studies*, 1991. Vol. 12（3）：405－424.

② Perry, J. L., "Bring Society in: toward a Theory of Public－Service Motivation", *Journal of Public Administration Research and Theory*, 2000. Vol. 10（2）：471－488.

布里夫和莫托威德洛（Brief & Motowidlo）（1986 年）的研究证实组织内亲社会行为对吸引和留住人才、达到绩效要求和增进组织利益很有必要。[1]

卡农戈和康格（Kanungo & Conger）曾将利他行为在家庭和组织中的作用进行了比较[2]，他们发现利他行为在家庭个人生活中和企业工作中并没有得到一致的认同，人们认为家庭生活中需要利他行为，因为利他行为可以丰富人们的家庭生活，让家庭和睦、美满，但是自由市场中的相互竞争和自我利益却使得组织排斥利他行为，而卡农戈和康格认为在日益复杂和相互依赖的全球化市场中，利他主义其实可以提高组织效能。

尽管布里夫和莫托威德洛（Brief & Motowidlo）（1986 年）、卡农戈和康格（Kanungo & Conger）（1993 年）等学者认为亲社会行为或利他主义对组织有利，但是他们的观点还是反映出一种倾向——动机在很大程度上带着功利性。这更多的是从自我的视角考虑问题。这种利己主义倾向削弱了动机理论解释超越自我利益行为的能力，也削弱了动机理论解释其他非利己主义文化和亚文化背景下出现的利他行为的能力。

动机理论的第二大不足是沙米尔（Shamir）（1991 年）所谓的"强烈的情境（strong situation）"。大多数动机研究都假设"清晰和特定的目标及奖励——绩效期望之间的关系对个人动机的重要性"[3]。沙米尔（Shamir）认为"强烈的情境"——以明晰的目标、丰富的奖励和奖励——绩效间一致为特征，那么这种情境是不太可能出现在公共组织中的[4]，也不太可能出现在缺乏奖励或个体间权力距离低（power distance）的文化背景下。

一般认为公共组织缺乏这种强烈情境，也即认为所有的公共组织都表现出目标的模糊性、多重性、奖励—绩效的冲突性，尽管这种观点也许有些夸张，但是我们应该承认：第一，现有的动机理论忽略了公共部门情境的复杂性。第二，动机情境常常受制度支配并体现在法律、法规及外界期

---

① Brief, A. P. & Motowidlo, S. J. , "Prosocial Organizational Behavior", *Academy of Management Review*, 1986. Vol. 11 (4)：710 –725.

② Kanungo, R. N. & Conger, J. A. , "Promoting Altruism as a Corporate Goal", *Academy of Management Executive*, 1993. Vol. 7 (3)：37 –48.

③ Shamir, B. , "Meaning, Self and Motivation in Organizations", *Organization Studies*, 1991. Vol. 12 (3)：406.

④ Perry, J. L. & Porter, L. W. , "Factors Affecting the Context for Motivation in Public Organizations", *Academy of Management Review*, 1982. Vol. 7 (1)：89 –98.

望中，"不同类型组织中，管理体系和薪酬体系的差异可能引发人们不同的需要和期望"①。

动机理论的第三大不足是它不能明确指出其适用的行为，在这些理论中，行为类型——"广泛的和特定的、瞬间的和长期的、不连续的和连续的"之间并没有差别②。卡茨（Katz）（1964 年）对有益于组织效能的行为进行了分类，这些行为包括了从瞬间不连续的行为到广泛的长期的所有行为③，但这些动机理论在很大程度上只适合解释瞬间不连续的行为。而且许多动机理论都没有明确它能解释的特定范围。

沙米尔（Shamir）还批评了动机理论中内在动机概念的局限——第四大不足。"任务可能不会带来任何奖励，甚至没有快乐，但是任务可能由于它对个体有意义而具有激励的作用"，这一可能性在现有动机理论中几乎没引起注意④。沙米尔认为现有动机理论中即使是含义最广的内在动机概念都没能包括象征性的作用和情感表达的意义，而这二者可能对人类动机有所影响。

第五大不足是它没有将价值观和道德责任作为内在动机，沙米尔注意到价值观和道德义务未被纳入现有工作动机理论的内部动机范畴。他观察到工作动机理论根本没有将价值观或道德义务视为必要的概念。尽管在中国、日本和其他非西方文化的动机研究中责任是研究的重要内容，但是上述动机的研究文献很少涉及道德责任。虽然价值观作为偏好应是很多动机理论的核心，但价值观与社会规范之间的联系几乎未受到上述动机理论的关注。

## 三　西方公共雇员行为动机理论

上述这些动机理论都是西方对企业管理经验的总结，是动机研究基于

---

① Brown, S. P. , "A Meta – Analysis and Review of Organizational Research on Job Involvement", *Psychological Bulletin*, 1996. Vol. 120 (2)：252.

② Shamir, B. , "Meaning, Self and Motivation in Organizations", *Organization Studies*, 1991. Vol. 12 (3)：408.

③ Perry, J. L. , "Bring Society in：Toward a Theory of Public – Service Motivation", *Journal of Public Administration Research and Theory*, 2000. Vol. 10 (2)：471 –488.

④ Shamir, B. , "Meaning, Self and Motivation in Organizations", *Organization Studies*, 1991. Vol. 12 (3)：409.

研究企业组织而形成的理论，是对企业组织雇员行为分析的结果①。公共管理的研究文献——如佩里（Perry）1996—1997 年、休斯敦（Houston）2000 年、克鲁森（Crewson）1997 年等——一直在强调这些动机理论运用于公共机构的局限性，在公共管理领域，一些理论也试着对公共官僚的基本行为动机进行描述，在官僚行为的研究中，学者们将官僚行为划分成许多角色类型，将官僚行为与不同的官僚代表形式联系起来，从不同的角度分析官僚行为②，对此进行系统厘清的是学者怀斯（Wise），他认为西方主要的官僚行为理论流派有：韦伯式的官僚理论（traditional Weberian bureaucracy or responsible bureaucracy）、代表官僚理论（representative bureaucracy）、公共选择理论（public choice）和公共服务动机理论（public service motivation），并分别就各理论流派的理论假设和相应实证研究的结果进行了总结归纳。下面将怀斯（Wise）（2004 年）的观点略述一二。

## （一）韦伯式官僚理论（ traditional Weberian bureaucracy or responsible bureaucracy ）

官僚制指的是一种行政职位为职业文官所把持的体制，通常该体制是对世袭的君主负责③，最为杰出的官僚制理论家马克斯·韦伯的官僚理论认为，官僚扮演着的是代理人（delegate）的角色——代理人是依委托人的要求而行为的人，其行为动机以服从和忠诚为主要特征，他们支持与其具备共同社会背景和群体关系的人们的价值偏好和政策选择。

该理论探讨了官僚行为之间的冲突，认为官僚行为一方面反映了对规则的服从（obedience to the rules）和对组织的忠诚（organizational loyalty），另一方面反映了官僚的自主性（autonomy）和自由裁量权（discretion）。法制（the rule of law）、法律面前人人平等（equal treatment under the law）和中立公正的行为（neutral impartial behavior）是韦伯官僚

---

①　Perry, J. L. & Porter, L. W. , "Factors Affecting the Context for Motivation in Public Organizations", *Academy of Management Review*, 1982. Vol. 7（1）：97.

②　Wise, L. R. , "Bureaucratic Posture：on the Need for a Composite Theory of Bureaucratic Behavior", *Public Administration Review*, 2004. Vol. 64（6）：669 – 680.

③　［英］戴维·毕瑟姆著，韩志明、张毅译：《官僚制（第二版）》，吉林人民出版社 2005 年版，第 3 页。

制的核心律条。公共利益的推动要靠政治与行政的尽可能地分开，而对中立公正性的强调又潜在地抑制了官僚对特殊利益的追求。尽管可以通过明确规定的层级链来增进组织效率，但当代公共管理改革已经注意到了文山会海的无效率。这一流派的研究涵盖了从国家精英阶层官僚到地方基层官僚的广大政府官员。该模式的官僚行为受"适当性逻辑"（the logic of approprtatenesa）的驱动，即官僚们试图为某一特定情境确定适当角色和该角色的责任义务。

### （二）代表官僚理论（representative bureaucracy）

该理论认为官僚扮演着受托人的（trustee）角色，受托人是依据个体和群体的最高利益运用自己的判断而行为的人——尽管他也会考虑参照群体确定的价值和偏好之外的因素。服务和推动某一社群的利益是其主要的行为动机。

代表官僚包括消极代表（passive representation）[也称描述代表（descriptive representation）]和积极代表（active representation）两种。消极（或描述）代表是通过特殊录用、晋升或留任计划来提升的，与其他人力资源决策的标准（如以功绩或绩效为基础的标准）不一致，它会影响到官僚绩效或机构识别和推动公共利益的能力。积极代表涉及官僚与公众之间的态度和政策偏好一致性的程度，也与公务员为制定和执行政策而从社会成员那里汲取资源的程度有关。一些人加入政府组织是为了提升他们社会群体的地位，或推动某一特殊政策的实施，或实现他们支持的价值。该模式的官僚行为也受"适当性逻辑"的驱动，意味着官僚们试图为某一特定情境确定适当角色和该角色应尽的义务。

官僚在最一般情况下是作为受托人而行动的，他们运用裁量权代表那些被代表者的最高利益作出决策。如果公共利益的推动是以实现相关不同成员的价值、观念和偏好为目标，那么代表官僚就会被期望来平衡成员间的特殊利益和促进公共产品的供给。

### （三）公共选择理论（public choice）

公共选择理论是取代官僚是公共利益受托人以及公共政策中立的行政人这两种观念而出现的，该理论认为官僚扮演着政客（politico）的角色，政客是为最大化其政治地位和个人身份而行为的人，他会利用自己在官僚体系中的地位来推行某一特别的政治理念或攫取个人利益，使自己在官僚机构中的地位和身份最大化，其行为的主要动机是通过权力和威望累积个人利益。

公共选择理论主要源于布坎南和塔洛克（Buchanan & Tullock）（1962、1977 年）的思想，它建立于人的理性假设之上。尼斯坎南（Niskanen）对该理论的贡献是将官僚行为与资源和预算的最大化相连。公共选择理论的基本假设是自我利益和个人受益激励着政府雇员，这与对公共利益和官僚绩效的双重考虑有直接的关联。官僚行为被标上不同的标签。比如，埃恩（Ehn）等将注重市场竞争的官僚视为"市场官僚"（market bureaucrats）；用皮特金（Pitkin）的术语，这些官僚就可被称为"政客"（politicos），因为他们的行为是谋求政治地位和身份的最大化；同样可用普雷斯图斯（Presthus）术语中的"攀爬者"（upward mobiles）描述这些官僚，因为他们注重权力和奖酬。这个模式的行为受"结果性逻辑"（the logic of conse-quentiality）的驱动，意味着官僚受着偏好的驱使，试图使结果达到主观的愿望。

按照公共选择理论，官僚是通过增加公共官僚机构的规模和扩大预算而寻求自我利益的最大化，假设官僚依据不同公共政策和项目对其自身自我利益的潜在得失而行动，那么公共雇员会试图最大化他们从公共行为中的收益，这种收益可以体现为更多的利益，也可以体现为更少的有难度的工作任务。公共雇员比一般市民更积极参与政治活动的事实强化了官僚关注自我利益行为的形象，因为政治活动能提供给官僚实现偏好的机会，在政治舞台上产生更大的影响。这一领域的研究者普遍遵循唐斯（Downs）的人性观，并假设理性行为广泛适用于官僚机构："每一个官员显然受着他自我利益的驱使，哪怕他们的行为是出于纯粹官方的身份。"①

但有许多学者对公共选择理论提出挑战，认为公共雇员的动机是复杂的，自利之外的其他动机也对他们的行为起着作用。有研究表明，实际上官僚的自利行为被扩大化了，怀斯和肖尔斯（Wise & Szues）（1996 年）发现，在能够体现官僚自利行为的对公共支出的优先顺序

---

① Wise, L. R., "Bureaucratic Posture: on the Need for a Composite Theory of Bureaucratic Behavior", *Public Administration Review*, 2004. Vol. 64（6）: 674.

和官僚规模决定权上，中央政府的官僚更少表现出扩大官僚机构和预算的偏好①。多兰（Dolan）（2002 年）也发现中央政府雇员的行为并不符合预算最大化的假设②。就行为而言，有研究发现官僚以公共官员角色出现时其自利行为是有限的，他们很少为特殊利益偏好而冒险。③唐斯（Downs）也认为官员的一般动机包括权力、金钱收入、声望、便利、安全、忠诚、精通工作的自豪感、为公共利益服务的愿望、对特定行动计划的承诺，前五个属于纯个人动机，后四个属于混合动机。按照官员的目的和动机，唐斯（Downs）将官员分成权力攀爬者（climbers）、保守者（conservers）、狂热者（zealors）、倡导者（advocates）和政治家（statesmen），其中前两类为完全自私的官员，后三类为混合动机的官员。④

### （四）公共服务动机理论（public service motivation）

公共服务动机理论则是从另外一个全新的视角来分析公共雇员的行为动力，这一流派起源于瑞尼（Rainey）以及佩里和怀斯（Perry & Wise）（1990 年）构建公共服务动机概念的努力中，是学者们集不同学科的研究基础而提出的理论，在学者们看来，公共服务动机是一种服务于一个社区的人、一个州、一个国家甚至全人类利益的普遍的利他动机。它涉及人类情感的、规范的、理性的需求，理性动机是基于个体效用最大化的行为动力，规范动机是促使人们努力符合规范而产生的行为动力，情感动机指对各种各样社会情境作出情绪反应的行为动力。

公共服务动机关涉官僚个体实施绩效行为的过程，该行为使提供公共服务和产品成为满足官僚个体需要的方式。公共服务动机在不同的组织其重要性或

---

① Wise, L. R. & Szues, S., "The Public/Private Cleavage in a Welfare State: Attitudes toward Public Management Reform", *Governance*, 1996. Vol. 9 (1): 43 – 70.

② Dolan, J, "The Budget Minimizing Bureaucrat? Empirical Evidence from the Senior Executive Service", *Public Administration Review*, 2002. Vol. 62 (1): 42 – 50.

③ Wise, L. R., "Bureaucratic Posture: on the Need for a Composite Theory of Bureaucratic Behavior", *Public Administration Review*, 2004. Vol. 64 (6): 669 – 680.

④ ［美］安东尼·唐斯著，郭小聪等译：《官僚制内幕》，中国人民大学出版社 2006 年版，第 4—5 页。

表现力不同，并有可能在任何工作部门中找到①，但是更有可能在那些寻求在公共部门任职的人身上发现②。这个模式的行为符合"结果性逻辑"，意即官僚受偏好的激励，试图使结果达成主观愿望。

该流派的学者认为公共服务动机具有以多种方式推动公共利益的潜能。首先，它们为教育公民和引领公民作为民主国家成员提供了行动基础。其次，它们增强了公务员克服追求自利、道德惰性和规避风险的勇气。因为公共部门的工作就是更多关注社会状况，并推动着公共利益的达成。但目前将公共服务动机与公共利益相联系的研究还很缺乏。

该流派的思想主要来源于学者们的实证研究成果，虽然有较多实证研究的支持，但是作为一个新兴的理论，学者们都各抒己见，导致大家对相关核心概念还存在认识上的差异，以至于一些学者认为这个流派没有形成研究体系。③

### （五）对四大官僚行为动机理论的评价

上面四大官僚行为理论从不同的理论假设出发，分析了官僚的行为特征，它们解决了沙米尔（1991年）所谓的"强烈情境"的问题，考虑到了公共部门的特色，公共部门组织与其他部门组织的不同，虽然这些理论专门针对公共组织背景，研究其成员的行为规律，但是四大流派对官僚体系的研究是基于不同的基本价值观和出发点的。按照沙米尔等学者的分析框架，前三种理论在解释公共雇员行为上仍有明显的不足，并没有完全弥补一般动机理论运用于公共部门的局限性。主要体现在：

#### 1. 个人主义及少数人利益倾向

在韦伯的理论、代表官僚理论及其公共选择理论中，个体被认为是理性最大化者，或少数当选官员利益的维护者，是以权力垄断为基础的。这同样不能解释我们见到的一些组织行为，如：亲社会行为和利他行为，而

① Brewer, G. A. & Selden, S. C., "Whistle Blowers in the Federal Civil Service: New Evidence of the Public Service Ethic", *Journal of Public Administration Research and Theory*, 1998. Vol. 8 (3): 413 – 439.

② Wise, L. R., "Bureaucratic Posture: on the Need for a Composite Theory of Bureaucratic Behavior", *Public Administration Review*, 2004. Vol. 64 (6): 669 – 680.

③ Rainey, H. G. & Steinbauer, P., "Galloping Elephants: Developing Elements of a Theory of Effective Government Organizations", *Journal of Public Administration Research and Theory*, 1999. Vol. 9 (1): 1 – 32.

这种行为又恰恰是目前诸多公共管理学者所崇尚的超越新公共管理的新公共服务的本质特征，新公共服务再三强调政府的职能是服务，而非掌舵，它注重对公民权利的维护，要求公共雇员帮助公民表达需要，并设法满足公民的共同利益需求，乐于为社会作出有意义的贡献，这意味着公共雇员行为的出发点不应该是自己或少数强势者，而是大众，是整个社会的发展进步，它需要公共雇员超越甚至牺牲自我利益，而这些理论中的利己主义倾向恰恰减弱了其解释超越自我利益行为的能力，导致不能很好地解释其他非利己主义文化和亚文化熏陶下出现的公而忘私等利他行为。

**2. 忽视社会道德规范在动机过程中的作用**

个体的行为与道德的发展有关，道德社会化是个体社会化过程中的重要一环，道德社会化通过使个体将社会所肯定的道德准则和道德规范加以内化，从而形成符合社会要求的道德行为，道德社会化的主要目标是将社会主流的价值观、社会规范和行为方式等内化为稳定的道德人格特质和行为反应模式，是个体内部心理结构跟外部社会道德文化环境互动的过程。价值观体现人们的偏好，规范约束人们的行为，应该是行为理论的核心，但是价值观和道德义务没有纳入前三种官僚行为理论的讨论中，它们并未关注社会规范对公共部门员工动机的作用，而只有公共服务动机理论将道德规范纳入对员工行为动机作用的考察中。

**3. 与公共组织目标——追求公共利益相背离**

谋求和增进公共利益是一切公共组织的出发点，应该是其员工行为的灵魂和归宿，可是，上述研究流派的官僚对公共利益的理解和推动公共利益的影响却是不同的。在韦伯官僚模式中，官僚对公共利益的推动受制于政策制定者，因而其最终影响是中立的，而代表官僚的影响尽管最终是积极的，但其程度也取决于公众在官僚体系里有代表的程度。二者所谓的公共利益是在政治上简单界定，由法律作出的表述。公共选择流派中公共利益仅仅体现为个人利益的集合，由于利益各方的竞争，对公共利益的影响也是各方博弈的结果。所以它们所谓的公共利益并非是对民意的最大体现和尊重，充其量不过是官僚行为的副产品，都并未将公共利益作为真正的行为目标。

只有公共服务动机理论弥补了上述不足，它所维护的公共利益是公民共同协商、共同探讨公共价值观的结果，真正体现了民意，它注重公共部门员工的服务意识、利他行为，强调社会规范的作用，真正服务于公共利益，符合各国政府对自己角色的重新定位，也与各国政府改革的方向不谋而合，这应该是我国建设服务型政府的核心内容。

其实公共服务动机理论和几大主要的一般工作动机理论也有一定的联系，按照马斯洛的需要层次理论，公共服务动机实际上体现的是人们的一种自我实现需要，而按照赫兹伯格的双因素理论，公共服务动机属于激励因素，不过这两大理论对于明了公共服务动机的结构没有任何实质性的帮助，对运用公共服务动机更好地进行公共部门的人力资源管理作用也非常有限；而两大主要的过程型激励理论——弗洛姆的期望效价理论、亚当斯的公平理论，都是基于理性选择理论，针对外部诱因背景下的输入和输出结果的不同来分析人们的行为，而在本质上，公共服务动机其实是一种内部动机，所以它远比人们想象的复杂。

尽管公共服务动机理论相对来说不是很完善，最近有些学者鉴于官僚行为的特点，还提出了综合上述四种理论的官僚行为模型[1]，认为四种官僚行为模型在官僚身上都存在，何者起作用应视具体情境而定，但是综合模型也只是各种官僚行为理论的生硬组合，远没有形成体系，也没有实证研究的支持，如果要进行相应的实证研究，那么分析每一模型起作用的具体情境是研究的关键，但其中情境变量的控制难度很大。鉴于新公共服务理念的生命力以及西方公共服务动机的实证研究结果，特别是公共服务动机结构的明确和测量工具的出现[2]，都为公共服务动机的系统的实证研究奠定了基础，同时也开辟了道路，本书选择新兴的公共服务动机理论作为本研究的理论基础来构建研究的框架，考察中国背景下政府公务员的公共服务动机特点，以期为提高我国政府公务员素质，创新政府公务员队伍，建设服务型政府提供理论依据和实践指导。

---

[1] Wise, L. R., "Bureaucratic Posture: on the Need for a Composite Theory of Bureaucratic Behavior", *Public Administration Review*, 2004. Vol. 64 (6): 669–680.

[2] Perry, J. L., "Measuring Public Service Motivation: an Assessment of Construct Reliability and Validity", *Journal of Public Administration Research and Theory*, 1996. Vol. 6 (1): 5–22.

# 第二章 公共服务动机相关
研究综述

## 一 公共服务动机的概念及由来

### （一）公共服务动机概念的由来

西方很多公共管理领域的实践者和学者长期以来都一直认为公共雇员不同于社会其他部门的雇员①，公共服务是一种特殊的行业，进入这一行业的人也许有不同于其他行业人的一系列特征。唐斯（Downs）指出，对政府组织的管理人员而言，政治权力、金钱收入、声望、便利、安全、忠诚、精通工作的自豪感、公共服务的愿望、对某一特定政府机构或政府计划的承诺都是其潜在的工作动机，前五种属于纯个人动机，后四种属于混合动机，并以此为基础对公共组织管理者进行了分类：有两类是完全自私的官员，他们只顾追求自己的利益，有的是权力攀爬者（climbers）——野心家，总是试图爬到更高、更有影响的位置；有的是保守者（conservers），固守着现有的地位和已经得到的东西；还有一些人有着复杂的动机，既为自己，也为社会政策和公众利益。唐斯（Downs）又将这些不断追求更大公共利益的人分成：狂热者（zealors）、倡导者（advocates）和政治家（statesmen）三类。狂热者总是努力实施具体的政策或计划；倡导者支持并维护机构或更广泛的政治领域；政治家对国家或社会忠诚，支持更为广

---

① Perry, J. L. & Porter, L. W., "Factors Affecting the Context for Motivation in Public Organizations", *Academy of Management Review*, 1982. Vol. 7 (1): 89 – 98; Wittmer, D., "Serving the People or Serving for Pay: Reward Preferences among Government, Hybrid Sector, and Business Managers". *Public Productivity and Management Review*, 1991. Vol. 14 (4): 369 – 383.

泛的公共利益。① 至今为止，唐斯（Downs）的论著是政府机构类书籍中被引用最多的一本，虽然他没有通过实证检验自己观点的正确性，但是他提出的一个重要观点：公共组织管理者认为自己对组织、工作和公众利益所承担的义务是他们工作的重要动机②，这一论断给了研究者启示，引发了很多研究者的相关实证研究，滋养和影响了诸多学者的学术生命。

后来，瑞尼（Rainey）（1979 年）在比较企业员工和政府部门员工的动机研究中首先发现公共服务动机的存在，并提出了公共服务动机的概念，开始涉足公共服务动机的研究③，以后，公共服务动机的研究几十年来持续不断，且日益增多。学者们对公共服务动机虽然有大致共同的认识，但是对公共服务动机的界定、采用的具体测量方法却有差异，不过综观研究文献，公共服务动机目前最广为学者们采纳的定义还是佩里和怀斯（Perry & Wise）（1996 年）给出的"个体对主要或者仅仅根植于公共机构和组织中的动机作出反应的倾向"④。下面我们将通过对于文献的综述，来对公共服务动机进行追根索源似的探讨。

学者们对公共服务动机的理解一开始来自于对公共部门、私人部门员工工作态度的比较研究中，诸多学者将探索私人部门员工工作态度的方法运用于公共部门员工并将二者进行比较，他们发现：两部门的员工在很多方面有显著差异，比较研究的结果一直表明公共部门员工不太看重金钱奖励而更看重利他和与服务有关的动机⑤，于是学者们认为公共服务动机作为公共部门特有的现象的确存在，这方面的研究一般从功利性和非功利性两个方面来进行比较。

在功利性方面的比较研究中，研究最多的是两部门员工对金钱态度的

---

① ［美］安东尼·唐斯著，郭小聪等译：《官僚制内幕》，中国人民大学出版社 2006 年版，第4—5 页。

② ［美］海尔·G. 瑞尼著，王孙禹、达飞译：《理解和管理公共组织》，清华大学出版社 2002年版，第 235 页。

③ Rainey, H. G., "Preceptions of Incentives in Business and Government: Implications for Ciil Service Reform", *Public Administration Review*, 1979. Vol. 39（5）: 440 – 448.

④ Perry, J. L., "Measuring Public Service Motivation: an Assessment of Construct Reliability and Validity", *Journal of Public Administration Research and Theory*, 1996. Vol. 6（1）: 6.

⑤ Rainey, H. G., *Understanding and Managing Public Organizations*（2<sup>nd</sup> ed.）, San Francisco, CA: Jossey – Bass Publishers, 1997.

差异，在这方面研究得到的结果也最一致。早在 1964 年科里帕翠克、卡明斯和詹宁斯（Kilpatrick, Cummings & Jennings）的研究就发现：与私人部门员工相比，公共部门员工更不受金钱奖励的诱导[1]，随后舒斯特（Schuster）（1974 年）的研究进一步强化了公共部门员工的这种形象[2]。瑞尼（Rainey）（1982 年）的研究通过对公共部门和私人部门 275 名中层管理者的调查，也发现公共部门管理者较之私人部门的管理者更不会把赚钱作为职业目标[3]。所罗门（Solomon）（1986 年）也发现高奖励在私人部门是一个重要诱因，公共部门却不是。[4] 同样，威特默（Wittmer）（1991 年）[5] 与朱尔基威茨、马西和布朗（Jurkiewicz, Massey & Brown）（1998 年）也得出结论：对私人部门员工最重要的奖赏是高工资，公共部门则不同[6]。这些研究结果一致表明公共部门员工比私人部门员工更少受物质奖赏的激励。[7]

　　功利性方面的研究还比较了晋升、地位和威望等外部因素对两部门员工的重要程度，与公共服务动机的概念一致，公共部门员工认为地位和威望更不重要。威特默（Wittmer）（1991 年）以 210 名公共部门、私人部门和混合部门员工为调查对象，分析了他们对 8 种不同类型奖励的认识差异，结论之一是公共部门和私人部门员工对地位的偏好有显著的不同[8]，

　　[1]　Kilpatrick, F. P., Cummings, M. C. & Jennings, M. K., *The Image of the Federal Service*, Washington, D. C., Brookings, 1964.

　　[2]　Schuster, J. A., "Management Compensation Policy and the Public Interest", *Public Personnel Management*, 1974. Vol. 3: 510 – 523.

　　[3]　Rainey, H. G., "Reward Preferenes Among Public and Private Managers: in Search of the Service Ethic", *American Review of Public Administration*, 1982. Vol. 16 (4): 288 – 302.

　　[4]　Solomon, E., "Private and Public Sector Managers: an Empirical Investigation of Job Characteristics and Organizational Climate", *Journal of Applied Psychology*, 1986. Vol. 71 (2): 247 – 259.

　　[5]　Wittmer, D., "Serving the People or Serving for Pay: Reward Preferences among Government, Hybrid Sector, and Business Managers", *Public Productivity and Management Review*, 1991. Vol. 14 (4): 369 – 383.

　　[6]　Jurkiewicz, C. J., Massey, T. K & Brown, R. G., "Motivation in Public and Private Organizations: a Comparative Study", *Public Productivity and Management Review*, 1998. Vol. 21 (3): 230 – 250.

　　[7]　Houston, D. J., "Public – Service Motivation: a Multivariate Test", *Journal of Public Administration Research and Theory*, 2000. Vol. 10 (4): 713 – 727.

　　[8]　Wittmer, D., "Serving the People or Serving for Pay: Reward Preferences among Government, Hybrid Sector, and Business Managers". *Public Productivity and Management Review*, 1991. Vol. 14 (4): 369 – 383.

克鲁森（Crewson）（1997 年）也证明晋升作为一种激励因素对私人部门员工才更重要①。

非功利性方面的比较集中在员工对维护公共利益、帮助他人、服务社会等因素的认识上，按照公共服务动机的概念，与私人部门员工相比，公共部门员工认为服务于社会、服务于公共利益、工作的价值等内部奖赏更重要。爱德华兹、纳尔班江和韦德尔（Edwards，Nalbandian & Wedel）（1981 年）的研究证实了这一点，他们发现，公共部门员工更强调成就感、平等和社会赏识等终极价值观（terminal values），他们也更看重移情（empathy）、公平和公众利益等工具价值观（instrumental values），但是对效率重要性的评价倒不如私人部门员工高。② 同样，瑞尼（Rainey）（1982 年）和威特默（Wittmer）（1991 年）发现公共部门员工更重视帮助他人和从事对社会有益的工作。

克鲁森（Crewson）（1997 年）通过对全美国社会调查（General Social Survey，GSS）和其他大型调查的数据分析，发现公共部门员工视成就感和从事对社会和其他人有益的工作为更重要的工作特征，而且，美国历年的社会调查数据都显示政府雇员对成就感的评价高于私人部门员工③。由此可见，公共部门员工通常更看重非功利性的内部奖赏。

休斯敦（Houston）（2000 年）通过公共部门员工与相应的私人部门员工的对比研究，也发现公共部门员工更看重由工作所带来的成就感等内部奖赏，而私人部门员工更看重高收入、短工作时间等外在激励手段④，这进一步证明了公共服务动机的存在，公共部门的员工和私人部门的员工受不同动机的驱使。

事实上很多研究也发现，对大多数公共管理者而言，实现重大社会目标是激发他们积极性的源泉，如：瑞尼（Rainey）（1982 年）对政府机构

① Crewson, P. E., "Public – Service Motivation: Building Empirical Evidence of Incidence and Effect", *Journal of Public Administration Research and Theory*, 1997. Vol. 7 (4): 499 – 518.

② Edwards, J. T., Nalbandian, J. & Wedel, K. R., "Individual Values and Professional Practice and Education", *Administration & Society*, 1981. Vol. (13): 123 – 143.

③ Crewson, P. E., "Public – Service Motivation: Building Empirical Evidence of Incidence and Effect", *Journal of Public Administration Research and Theory*, 1997. Vol. 7 (4): 499 – 518.

④ Houston, D. J., "Public – Service Motivation: a Multivariate Test", *Journal of Public Administration Research and Theory*, 2000. Vol. 10 (4): 713 – 727.

和私营企业中层管理者的调查发现，在对各种工作奖赏的态度上，公共组织主管在"得到从事有意义的社会工作的机会"评价上远比企业经理们高；美国维护功绩制委员会（merit systems protection board，MSPB）1987年的一次调查显示，来自大部分联邦机构的被调查者中，20%—40%的人认为有"影响公共事务的机会"是促使他们进入政府部门的重要原因，同样，美国环境保护局65%以上的职员也认为这是他们在环保局工作的原因；霍贾斯特（Khojasteh）（1993年）、威特默（Wittmer）（1991年）等大量调查显示，政府雇员不像企业雇员那样看重金钱，与企业雇员相比，他们更少有人将金钱作为工作和生活的最终目标。对进入政府部门的高层管理者的调查研究显示，尽管大多数人工资低了，但他们并不很在意是否得到补偿，寻找挑战和想要为公众服务是他们选择到政府部门的真正原因，联邦雇员态度调查考察了新雇员对到政府部门就职的各种原因重要性的认识，几乎全部的执行官员都将"富有挑战性的工作"列在首位，级别较低的雇员对工作保障和补助看得重些，但仍有60%的人将"富有挑战性的工作"排在首位。①

　　这些研究都表明，富有挑战性的工作和提供服务公众的机会通常是吸引公共管理人员到公共部门工作的主要因素。对工作挑战性动机的组织行为研究已探讨过，而且它也不是公共组织的唯一特色，很多企业雇员也认为工作的挑战性是他们的工作动力，于是为公众服务的愿望——服务精神吸引了公共管理研究者的兴趣。希库拉（Sikula）（1973年）的调查显示，公共组织中的行政人员和管理人员具有更高的服务公众的意识，同样，科里帕翠克等（Kilpatrick et al）（1964年）也发现联邦政府的行政人员、科学家和工程师在工作价值取向上得分比企业界的同行高。这些工作价值取向包括：无论是否喜欢现有的工作，是否愿意竭尽全力；是否愿意做对社会有益的事；是否以帮助他人为己任并从中得到满足。② 瑞尼（Rainey）（1983年）发现，政府机构的管理人员比大型企业的经理们更看重"为大众做些有意义的事情的机会"。正如前面提到的一样，联邦雇员态度调查结果显示大部分政府管理人员将为公众服务和对社会事务产生影响作为进

---

① ［美］海尔·G. 瑞尼著，王孙禹、达飞译：《理解和管理公共组织》，清华大学出版社2002年版，第232—238页。
② 同上书，第239页。

入政府部门工作的主要原因，而很少有人重视工资和工作保障。[①] 诸如此类的调查结果揭示了以公共服务为信念而发奋工作的人群的共同特点：非常重视那些帮助他人和造福社会、自我奉献、富有责任感、正义感的工作。

越来越多的实证研究表明，公共部门员工与私人部门员工的不同在于他们与工作有关的价值观和需要方面。不少学者发现公共部门员工通常受一种私人部门员工身上所不具备的非功利性"服务感"的激励，艾默·斯塔茨（Elmer Staates）将学者们的这一思想概括为"公共服务是一种观念，一种态度，一种责任感——甚至是一种公共道德意识"[②]。最早这种服务感被学者们称为公共服务道德（public service ethic），后来的研究则正式定义为公共服务动机。[③] 可见公共服务动机（public service motivation，PSM）概念的明确提出来自于学者们对公共部门和私人部门员工工作价值观和需要的比较研究中。

### （二）国外学者对公共服务动机的认识

那么究竟什么是公共服务动机呢？公共服务动机又如何来衡量呢？瑞尼（Rainey）认为，因为公共服务动机结构特点的复杂性，使得公共服务动机从本质上难以测量和界定。公共服务动机概念最初的大部分研究集中在探讨动机的指标上，并倾向于通过探究公共部门和私人部门在内部报酬体系与外部报酬体系上的不同来揭示公共服务动机的指标体系。综观学者们的研究，他们对公共服务动机有大致共同的认识：都是从人本善的角度来考察，一般认为公共服务动机是公共部门的特点，在公共服务中普遍存在，是引导个体从事有意义公共服务（如：公众、社区、社会服务）的动力，并可归因于公共服务动机的其他共同特征还包括强烈的重要感、影响公共事务的能力、责任感和正直感，以及依靠内部奖赏而非外在的薪水或

---

① Crewson, P. E., "Public – Service Motivation: Building Empirical Evidence of Incidence and Effect", *Journal of Public Administration Research and Theory*, 1997. Vol. 7 (4): 499 –518.

② Staats E. B. "Public Service and the Public Interest", *Public Administration Review*, 1988. Vol. 48 (2): 601 –605.

③ Perry, J. L., "Measuring Public Service Motivation: an Assessment of Construct Reliability and Validity", *Journal of Public Administration Research and Theory*, 1996. Vol. 6 (1): 5 –22.

工作保障。① 早期的研究常常将公共服务动机视为单维结构，外延有一定的局限，内部报酬通常被操作化为"从事有意义公共服务的愿望"，外部报酬则通常被操作化为对工资、晋升等其他外部动机的测量。尽管类似问题在公共组织研究中不断被提起，但在佩里（Perry）（1996 年）之前这些研究还谈不上系统，远没有得到预期的结果。

在总结前人研究的基础上，佩里（Perry）等将这种公共部门员工所特有的动机称为公共服务动机，它代表一个人对一些主要或者仅仅根植于公共机构和组织中的动机作出反应的倾向，佩里（Perry）指出"动机"一词用在这儿表示个体感觉到的迫使他去消除的心理缺失或需要②。这些动机体现的是公共部门员工对公共利益和服务于社会的承诺，与忠诚、责任、公民权、公平、机会以及公正之类价值观有关，对公共部门员工的行为有直接的导向作用。

从佩里（Perry）的界定来看，公共部门员工赋予公共部门的内涵远远超出了一般工作的范畴，在他们眼中公共部门意味着一种责任、一种义务，而不仅仅是一项工作。他们把服务于他人而带来的自我满足等内部奖赏看得比自己获取金钱、地位等外部奖赏更重要。由此可以推测，公共管理者有一种潜在的为公众服务的意识，受这种意识的支配，公共管理者渴望关心社会、渴望为公共利益服务，更容易受利他等高尚动机的诱导。概言之，这种公共服务动机的特点就在于它依赖于内部奖赏而不是外部奖赏。内部奖赏与外部奖赏的差异就在于，内部奖赏来自于个体本身，是个体因完成一件任务所带来的满足感，如成就感、自尊感。外部奖赏则来自于个体以外，由其他人或外界环境提供，如来自于增加工资、晋升、工作保障、地位和声望等外在需求的满足。

公共服务动机的研究结果也具有跨文化效应，公共、私人部门需求比较研究在美国以外的国家也有报道，如斯奈德等（Snyder et al）（1996 年）比较研究了拉丁美洲公共组织和私人组织，他们以阿根廷等 12 个国家的 207 名公共、私人组织员工为调查对象，发现公共部门和私人部门

---

① Crewson, P. E., "Public – Service Motivation: Building Empirical Evidence of Incidence and Effect", *Journal of Public Administration Research and Theory*, 1997. Vol. 7 (4): 499 –518.

② Perry, J. L., "Antecedents of Public Service Motivation", *Journal of Public Administration Research and Theory*, 1997. Vol. 7 (2): 181 –197.

的员工认为最重要的因素都是内部奖励：兴趣和挑战、教育培训机会、责任、地位、接触专业的机会，这两个部门的员工在这些内部奖励需要上没有统计差异，至于外部奖励如高工资和地位上也没有统计差异，存在统计差异的两个因素是权力和工作保障，公共部门员工更看重工作保障，而私人部门员工更重视权力。3/4 的公共部门员工认为能有影响国家发展的机会是促使他们呆在公共部门的原因，选择这一因素的公共部门员工显著多于私人部门员工，而绩效奖励这一经济诱因更能吸引私人部门员工。[①]

　　韩国学者乔伊（Choi）[②]（2001 年）为了控制无关变量的影响，专门选择了政府组织、非营利性公共组织、私人企业的会计为调查对象，而且为了保证样本尽可能的匹配，还特意挑选了大型私企会计，他也发现三组人员的公共服务动机有显著差异，进一步的两两比较分析发现，政府雇员的公共服务动机明显比其他两组雇员的公共服务动机高。

　　目前仅有的不支持公共服务动机存在的研究结果来自加布里斯和西莫（Gabris & Simo）（1995 年）的研究[③]，加布里斯和西莫说："公共部门动机可能存在，但就像某些特定的亚原子微粒一样，它们实际上是不可能被分离出来并为肉眼所见的"。两位作者力劝公共管理学者们，"忘掉公共部门动机"，重视实践中能发挥作用的激励方法，比如运用更高的奖励和更完善的监督管理机制等。[④] 但是仔细分析加布里斯和西莫（Gabris & Simo）的研究，我们不难发现他们研究中证据的不充分以及研究设计上的问题。

　　加布里斯和西莫（Gabris & Simo）进行的是一项有关公共服务动机的小规模实证研究。在他们的研究中，调查对象只有 42 个公共部门雇员，分别来自两个市政府机构。他们调查的核心问题就是询问被调查者，

　　① Snyder, M. M., Osland, J. & Hunter, L., "Public and Private Organizations in Latin America: a Comparison of Reward Preferences", *International Journal of Public Sector Management*, 1996. Vol. 9 (2): 15 – 27.

　　② Choi, Y. J., *A Study of Public Service Motivation: the Korean Experience*, Ph. D, University of Idaho, 2001.

　　③ Brewer. G. A. & Selden, S. C., "Whistle Blowers in the Federal Civil Service: New Evidence of the Public Service Ethic", *Journal of Public Administration Research and Theory*, 1998. Vol. 8 (3): 413 – 440.

　　④ Ibid.

哪个部门能提供最刺激、最有挑战性、充分实现抱负的机会。结果显示：
52%的公共部门的雇员选择的是私人部门，而44%的私人部门的雇员和
48%的非营利部门的雇员分别选择的是他们自己所在的部门。基于这些
结果，加布里斯和西莫认为公共服务动机站不住脚。① 但是考虑一下他
们研究的细节，下这个结论是过于草率了：第一，由只有42名调查对象
的这一小样本市政组织雇员的调查结果推论全国范围内的190万公务员，
缺乏说服力。第二，核心调查问题也是值得怀疑的，因为它测量的并非
公共服务动机。第三，就是布鲁尔和塞尔登（Brewer & Selden）（1998
年）所认为的实验的参与者，尤其是私人部门调查对象并不具备足够的
区分公共组织与非营利组织的能力，所以在从三部门中选择上面问题的
答案时，公共雇员都是在公共部门和私人部门间选择，并没有公共雇员
选择非营利组织，而与之不同的是，私人部门的雇员中最少的人选择自
己所在的部门，他们大多是在公共部门最好还是非营利部门最好间选择。
第四，参与者作出判断的依据是值得怀疑的。几乎没有人在三个部门都
工作过，因而他们判断的依据可能来自社会刻板印象而非个人的亲身体
验。因为上述理由，我们认为加布里斯和西莫（Gabris & Simo）（1995
年）的研究结果提出反对公共服务动机的结论是不充分的，根本站不
住脚。

　　当然也有学者试图纠正前期一些研究中对公共服务动机过于片面的一
些观点，认为具有公共服务动机的个体并非完全排斥对功利性的需求，公
共服务动机和功利性需求的关系并不像一些学者所认为的那样完全势不两
立，克鲁森（Crewson）（1997年）根据其研究结论认为公共组织在招募新
员工时，应该尽力使个人报酬预期与组织机构的文化相符②，这一观点得
到不少学者的赞同。但是布鲁尔和塞尔登（Brewer & Selden）（1998年）
认为克鲁森（Crewson）对公共服务动机的测量方法充其量是间接的，而
且克鲁森（Crewson）有关公共服务动机双重性的主张也是值得商榷的。
对经济报酬的渴望并不一定会减少从事公共服务相关行为的愿望。对经济

---

① Gabris, G. T. & Simo, G., "Public Sector Motivation as an Independent Variable Affecting Career Decision", *Public Personnel Management*, 1995. Vol. 24 (1)：33 – 51.

② Crewson, P. E., "Public – Service Motivation：Building Empirical Evidence of Incidence and Effect", *Journal of Public Administration Research and Theory*, 1997. Vol. 7 (4)：499 – 518.

报酬的愿望弱是公共部门员工共有的，它不必作为定义公共服务动机的特征。①

就学者们对公共服务动机的理解，布鲁尔和塞尔登（Brewer & Selden）（1998 年）总结出两个层面，并建议在两大前提假设下重构公共服务动机理论，以弄清公共服务动机的真正内涵：第一，公共服务动机是引导个体从事有意义公共服务（如：为公众、社区和社会服务）的动力；第二，公共服务动机在公众服务者中普遍存在。两个前提假设试图分别从不同的层面揭示出公共服务的含义。②

第一个前提假设意味着利他动机和亲社会行为间有着不可磨灭的联系。公共服务动机的核心信条是：仅仅从狭隘的自我利益出发并不能促进公共服务动机的产生，因此，公共服务动机理论主要建立在超越自我利益的利他动机之上。公共服务涉及从事有意义的政府服务、社区服务和社会服务，所以，它是一种发生在公共行政组织背景上的亲社会行为。

第二个前提假设认定公共服务动机在公共部门中是普遍存在的。这个前提源于如下信念：政府为个人从事有意义的公共服务提供了更好的机会。那么一方面，具有强烈公共服务动机的个体将会被吸引到公共部门，因为这一职业更能提供给他们履行公共服务动机的机会；更重要的是，另一方面，那些在公共组织工作的人受组织工作环境背景的影响，公共服务动机观念会因不断得到灌输并强化而产生潜移默化的影响并逐渐深入人心。③ 因此，第二个前提假设是以第一个前提假设为基础的，它对公共管理领域有直接意义。

在一篇对公共服务动机与绩效间的关系进行理论探讨和实证研究的文章中，瑞尼和斯坦鲍尔（Rainey & Steinbauer）（1999 年）进一步区分了公共雇员的三种不同的动机形式：公共服务动机（public service motivation）、使命动机（mission motivation）、任务动机（task motivation）④。他们的区分

---

① Brewer, G. A. & Selden, S. C. , "Whistle Blowers in the Federal Civil Service: New Evidence of the Public Service Ethic", *Journal of Public Administration Research and Theory*, 1998. Vol. 8 (3): 416.

② Ibid. , 1998. Vol. 8 (3): 413 – 439.

③ Romzek, B. S. , "Employee Investment and Commitment: the Ties that Bind" . *Public Administration Review*, 1990. Vol. 50 (3): 374 – 382.

④ Rainey, H. G. & Steinbauer, P. , "Galloping Elephants: Developing Elements of a Theory of Effective Government Organizations", *Journal of Public Administration Research and Theory*, 1999. Vol. 9 (1): 1 – 32.

有助于我们更好地把握公共服务动机的概念。

瑞尼和斯坦鲍尔（Rainey & Steinbauer）认为，使命动机是驱使组织成员实现组织目标、完成组织使命的动力，它融入组织文化中，是促使组织成员朝向组织目标的一种使命感，它通过目标设置、象征性行为等手段激励组织成员以高涨的热情来完成组织机构的使命。

任务动机则是促使组织成员完成角色任务以获得各种内外奖赏的动力，它针对工作任务本身。公共服务动机针对的则是全社会、乃至全人类的公共利益，是驱使人们从事帮助他人、有益于社会工作的动力。

瑞尼和斯坦鲍尔（Rainey & Steinbauer）认为，在高效的组织机构中公共服务动机与使命动机二者彼此高度相关，但是公共服务动机针对的是有益于社会或人类的利他服务，使命动机的目标仅仅是组织机构的使命，二者的着眼点并不相同。

在瑞尼和斯坦鲍尔（Rainey & Steinbauer）看来，公共服务动机、使命动机和任务动机能共同促使一个组织达成其组织目标。他们认为有效的政府机构，其雇员具有更高水平的公共服务动机，有效的领导则能在实际工作中引发个体的公共服务动机，并使个人的公共服务动机与组织机构的使命和任务的绩效相联系；而且通过任务本身、通过组织机构的成员意识到任务活动和任务的完成有助于组织使命的实现，可以对组织成员产生预期的外部奖励和内部奖励作用，这反过来会有助于组织机构提供有价值的公共服务。

但是也有西方学者认为，在最初的研究中对于公共服务动机的认识过于强调它只是公共部门的特色，因而掩盖了公共服务动机的普遍性，导致一些学者认为它在公共部门、私人部门两大部门间造成了"一种有害的、错误的两分"[1]。其实，正如学者们所指出的公共服务动机，并非公共部门、私人部门之间绝对的动机差异，很多非营利组织和私人组织的成员也具有从事公共服务的倾向[2]，甚至在有些情况下，这些动机还很强烈，而且由其激发的服务行为对社会至关重要。为了解释公共服务动机的有效性

① Brewer, G. A. & Selden, S. C., "Whistle Blowers in the Federal Civil Service: New Evidence of the Public Service Ethic", *Journal of Public Administration Research and Theory*, 1998. Vol. 8 (3): 418.

② Mann, G. A., "A Motive to Serve: Public Service Motivation in Human Resource Management and the Role of PSM in the Nonprofit Sector", *Public Personnel Management*, 2006. Vol. 35 (1): 40.

和有关公共服务动机的一些研究结果的矛盾，布鲁尔（Brewer）（2002年）曾试图同时从自私和利他的角度将公共服务动机再造为自我与利他动机共存的亲社会行为。①

所以，从最初公共部门员工与私人部门员工需要差异的表象意识到公共服务动机的存在，到试图通过区别公共服务动机与其他概念，挖掘出公共服务动机的实质，西方学者对公共服务动机的认识是随着研究的深入而不断深化的。

总结西方学者对公共服务动机的认识，笔者认为公共服务动机是促使个体为公众服务的一种内驱力，是一种个体服务于公众、维护公共利益的意识，其核心体现在以公众的需要为导向，以为公众提供优质、高效的服务为准绳。

概括公共服务动机的特点，笔者认为它主要体现在以下几点：1. 利他性而非自我性。这是公共服务动机最突出的特点，公共服务动机体现的就是在解决社会问题的过程中，个体将一切为大众服务的理念贯穿于行为中，将公众利益置于首位，在自我利益与公众利益冲突时，为了维护公众的利益甚至可以无私地牺牲个人利益。2. 服务性而非管理性。公共服务动机体现的是个体对自身角色认知的根本性转变，个体不是试图去掌控社会，引领社会的发展方向，而是更多地促成公众去表达意愿并设法满足其需求，在解决社会问题的过程中协调各种利益、化解矛盾冲突。3. 人本位而非官本位。公共服务动机体现的国家社会价值观不是以"官"来定位，而是以"民"定位，是一切以人为本，以民为中心，坚持把人民的利益放在第一位，把改善人民生活，促进社会的全面和谐发展作为出发点和归宿，充分发挥市场机制配置资源的作用，让一切社会资源的取舍不再服从于权力的控制。

理解公共服务动机应注意区分一些类似的概念，公共服务动机与下面概念有部分的包容关系但又不尽相同：

1. 公共部门动机：公共部门动机本质上是一种择业动机，它的出发点仅仅是工作与个体的关系，而公共服务动机更多的是从个体与社会的关系着眼。

---

① Mann, G. A., "A Motive to Serve: Public Service Motivation in Human Resource Management and the Role of PSM in the Nonprofit Sector", *Public Personnel Management*, 2006. Vol. 35（1）: 35.

2. 工作动机：工作动机本质上是任务动机，是从个体与完成工作任务的角度来分析个体的行为动力。工作动机描述的是个体努力工作和干好工作的愿望——体现为工作背景下努力的唤醒、定向和持续。[1]

3. 公共服务道德：道德更多的是一种外界的标准，它对行为的约束来自于社会的力量，而公共服务动机则是将这种外界的标尺内化为了自身行为的动力，是道德体现的一种更高境界。

## 二　公共服务动机的结构及测量

西方有关公共服务动机概念的研究沿着两条线索展开，除比较公共部门和私人部门的差异以了解公共服务动机的内涵外，另一条思路就是试图去弄清公共服务动机的结构以便测量并深入研究。[2] 公共服务动机理论与其他动机理论一样，认为未得到满足的需要会使个体产生紧张感，从而激发个体舒缓紧张行为的动力。所以组织可以通过明确员工的需要，并设法满足符合组织目标行为的需要，来促使员工努力的方向与组织目标一致，那么对公共服务动机的测量必须建立在人们需要的基础上。瑞尼（Rainey）（1982、1997 年）认为公共服务动机是一个很复杂、难以捉摸的概念，公共服务动机的测量相当复杂[3]，有多少学者研究公共服务动机就有多少种公共服务动机的测量方法[4]，随着对公共服务动机概念认识的深入，人们趋同存异，对公共服务动机的测量也日趋成熟和完善，分析西方公共服务动机研究，可以将这些测量方法分成间接测量和直接测量两大类。

### （一）间接测量
公共服务动机的间接测量方法不是从动机本身入手来测量，而是从分

---

① Rainey, H. G., *Understanding and Managing Public Organizations* ($2^{nd}ed$). San Francisco, CA: Jossey - Bass Publishers, 1997: 201.

② Brewer, G. A., Selden, S. C. & Facer, R. L. II., "Individual Conceptions of Public Service Motivation", *Public Administration Review*, 2000. Vol. 60 (3): 254 - 264.

③ Mann, G. A., "A Motive to Serve: Public Service Motivation in Human Resource Management and the Role of PSM in the Nonprofit Sector", *Public Personnel Management*, 2006. Vol. 35 (1): 34.

④ Choi, Y. J., *A Study of Public Service Motivation: the Korean Experience*, Ph. D, University of Idaho, 2001.

析公共服务动机的过程入手，通过测量动机过程的其他相关变量来间接反映动机，这种方法又可以根据所替代测量变量与动机的关系归结为两类：引发动机的内在需要测量、对动机后果的外显行为测量。

### 1. 内在需要测量

这类方法从引发动机的因素入手，假设人们的需要和对奖励的偏好之间存在着独特的联系，用人们对奖励的偏好来测量动机。起初，大多数公共服务动机的研究都采用这种方法，特别是有关公共部门、私人部门工作动机的比较研究，更是通过比较公共、私人部门员工的需要、奖励偏好来分析公共服务动机的特点。它基于的假设就是需要越强烈、人们越看重，驱动人们满足需要的动力就越大，所以从人们对需要的认识程度可以折射出其动机的强弱。

该方法源自瑞尼（Rainey）（1982年）的研究，并得到很多学者的认同。瑞尼（Rainey）（1982年）的研究质疑了布坎南（Buchanan）（1975年）用工作投入作为公共服务动机测量替代变量的有效性，采用直接询问公共部门、私人部门中的中层管理者对"从事有意义公共服务"的奖励偏好来测量公共服务动机。[①] 瑞尼（Rainey）发现公共部门管理者的公共服务动机显著高于私人部门管理者，并且公共服务动机与公共管理者的工作满意度相关，而与工作投入没有关系，由此瑞尼（Rainey）认为公共服务动机与工作投入并非相关变量。[②] 诺林（Nowlin）（1982年）则发现80%的公共部门管理者将责任感列为最重要的激励因素，然后依次是工作本身、深造的机会、薪酬，至于地位、工作条件等对公共管理者的激励作用很小；对公共管理者最没有吸引力的是晋升机会。[③] 威特默（Wittmer）（1991年）也试图用奖励偏好来说明公共服务动机，他通过调查研究发现，公共部门管理者偏好帮助他人、喜欢从事社区服务，而私人部门管理者追求的是薪酬、地位和声望[④]。瑞尼（Rainey）（1997年）进一步采用5个公共

---

① Rainey, H. G., "Reward Preferences among Public and Private Managers: in Search of the Service Ethic", *American Review of Public Administration*, 1982, Vol. 16 (4): 288–302.

② Ibid.

③ Nowlin, W. A., "Factors the Motivate Public and Private Sector Managers: a Comparison", *Public Personnel Management Journal*, 1982. Vol. 11 (3): 224–227.

④ Wittmer, D., "Serving the People or Serving for Pay: Reward Preferences among Government, Hybrid Sector, and Business Managers". *Public Productivity and Management Review*, 1991. Vol. 14 (4): 369–383.

组织、4 个私人组织的调查数据来研究公共、私人部门的奖励偏好差异，发现公共雇员对帮助他人、做对社会有意义的事情等利他行为更感兴趣，而对于经济方面的奖励不如私人雇员感兴趣。[①] 他们对公共服务动机的界定是公共雇员所特有的激发其工作热情的奖励需要，是一种对需要的笼统测量。

　　在此基础上，克鲁森（Crewson）（1997 年）和休斯敦（Houston）（2000 年）根据内部动机与外部动机的不同，扩展了公共服务动机的概念，他们将奖励偏好进一步分解为内部奖励和外部奖励。内部奖励是一种内部动机，来自活动本身，是个体对活动本身感兴趣（如成功完成一项任务后的成就感）；而外部奖励来自活动以外的他人，是对活动结果产生兴趣（如晋升、加工资）。他们依据公共服务动机双重性的假设：公共服务动机与内部奖赏正相关而与外部奖赏负相关，采用第二手资料——国家现有的统计调查结果来考察公共服务动机。克鲁森（Crewson）（1997 年）将公共服务动机操作化为个体的服务导向（service orientation）与个体的经济导向（economic orientation）间的差异[②]，他认为个体的服务导向体现的是个体对内部奖赏的偏好，个体的经济导向体现的是个体对外部奖赏的偏好，应以个体的服务导向与经济导向之差值来衡量公共服务动机的强弱。他把有益于社会、帮助他人、成就感这些高层次的需要作为内部奖赏或服务导向，把工作保障、高工资、晋升、绩效奖励这些较低层次的需要作为外部奖赏或经济导向，以检验是否公共雇员比私人雇员有更高的内部奖赏偏好、更低的外部奖赏偏好；他通过分析一些现有的国家统计资料，得到公共部门雇员把有益于社会和帮助他人的需要看得比私人部门雇员重，而私人部门雇员对工作保障、晋升的需要比公共雇员强的预期结果；考虑到部门间存在差异，同时部门内部由于组织风格、职业、使命等的不同，可能也会对公共服务动机产生影响，而在实验的设计上，这些因素又不可能同时控制，于是克鲁森（Crewson）进一步分析了 1994 年的 IEEE（Institution for Electrical and Electronics Engineers，电气和电子工程师协会）数据，该数据由于调查对象都是工程师，只不过分别来自不同的部门、单位，所

---

　　① Crewson, P. E., "Public – Service Motivation: Building Empirical Evidence of Incidence and Effect", *Journal of Public Administration Research and Theory*, 1997. Vol. 7 (4): 500.

　　② Ibid. Vol. 7 (4): 499 – 518.

以很好地控制了职业这一变量，结果同样显示公共雇员更重视内部奖赏，特别是更重视做对社会有意义的事情，而对外部奖赏如工作保障、高工资、晋升的需要两部门雇员没有显著差异。由此克鲁森（Crewson）得出结论：公共雇员的公共服务动机显著高于私人部门，可见，克鲁森（Crewson）对公共服务动机的测量是建立在动机过程的基础上，他区分了内部动机与外部动机，说明了公共服务动机的测量应从内部需要着眼。

为了考察这种公共部门、私人部门的差异是否具有稳定性，克鲁森（Crewson）还进一步分析了1973—1993年间全美国社会调查（General Social Survey，简称GSS）的14次调查结果，比较调查对象对收入、工作保障、业余时间、晋升机会、成就感重要性的评定差异，结果发现14次调查中，对内部动机成就感重要性的评定，在两部门绝大多数调查结果中差异都达到统计上的显著水平，虽然每次调查的结果不一样，但是每次公共雇员的成就感需要都高于私人部门雇员，在14次调查中，在此项问题上的平均差异达到14%，相反，经济奖励的需要在私人部门雇员身上更普遍，所以克鲁森（Crewson）（1997年）认为公共部门存在更大的公共服务动机且不随时间而改变。

克鲁森（Crewson）（1997年）对公共服务动机的测量方法为休斯敦（Houston）接纳，并用于借助美国社会调查（GSS）的调查数据比较公共部门、私人部门员工内部和外部报酬的差异研究中。休斯敦（Houston）（2000年）按照克鲁森（Crewson）（1997年）对公共服务动机的定义和测量，分析了两部门员工在如下五个方面的需要差异：高工资、工作保障、晋升、短工作时间、工作意义及成就感。按照公共服务动机的定义，他假设：公共雇员比私人雇员更不看重高工资、短工作时间、工作保障和晋升这些外部需要而更看重成就感这一内部需要。休斯敦（Houston）在控制了年龄、性别、收入水平这些人口统计变量后，通过多因素分析来看部门差异的净效应，研究结果支持了他的假设，公共雇员更强调工作意义，他们的内部奖赏需要强于外部奖赏需要。[1]

由此可见，这种测量方法是通过对替代变量的测量来间接反映公共服务动机的强弱，将公共服务动机界定为对内部奖赏的偏好超过对外部奖赏

---

[1]　Houston, D. J., "Public-Service Motivation: a Multivariate Test", *Journal of Public Administration Research and Theory*, 2000. Vol. 10 (4): 713-727.

的偏好；是从动机引发的需要着眼，来测量公共服务动机。这一测量方法遭到了一些学者的质疑，认为它测量的并非公共服务动机本身；而且采用两部门差异来测量公共服务动机也不科学。两部门差异方法是将公共服务动机定位于人们工作的部门而非个体本身，公共服务动机应该是个体层面的概念，是个体活动的驱力，定位于工作部门测量到的其实是公共部门动机，而不是从个体角度而言的公共服务动机。他们这种将公共服务动机与公共部门动机等同的前提假设是：所有的公共部门雇员都受公共服务道德伦理的激励，而所有其他部门的人却并非如此，这显然缺乏充分的依据。

### 2. 外显行为测量

这种方法从动机的后果入手，它最早可以索源到布坎南（Buchanan）（1975 年）的研究。[①] 他用工作投入（job involvement）衡量公共服务动机，后来的学者则直接将公共服务动机与可观察到的外显行为相联系，这主要是受行为主义者的影响，因为行为主义者拒绝使用内部结构测量动机或态度，而是鼓励研究者测量时针对外显的、可观察到的行为。学者们认为从人们的行为表现可以反过来推断人们动机的强弱，基于的假设就是：人们的动机越强，由动机所引发的行为也越持久、出现的频率也越高。

目前采用这种方法测量公共服务动机的是布鲁尔和塞尔登（Brewer & Selden）（1998 年），他们采用行为测量的方法，试图将公共服务动机与亲社会行为相联系，在批判性地综述公共服务动机的研究文献后，他们认为公共服务动机是一个复杂、多维的概念，需要设计精确的测量量表，难度较大，为了避开这个问题，他们没有采用奖励偏好的间接测量方法，也没有自行设计测量量表直接测量动机，而是选择了公共服务动机的一种行为表现——举报不良行为的倾向来测量公共服务动机的强弱[②]，这种方法基于的假设就是受公共服务动机驱动的个体具有与公共组织一致的价值观，也就是说，公共组织的价值观和情操在公共服务动机高的个体身上体现得更加突出。

---

① ［美］海尔·G. 瑞尼著，王孙禹、达飞译：《理解和管理公共组织》，清华大学出版社 2002 年版，第 284 页；Brewer, G. A. ; Selden, S. C. & Facer, R. L. II. , "Individual Conceptions of Public Service Motivation", *Public Administration Review*, 2000. Vol. 60（3）：255.

② Brewer, G. A. & Selden, S. C. , "Whistle Blowers in the Federal Civil Service: New Evidence of the Public Service Ethic", *Journal of Public Administration Research and Theory*, 1998. Vol. 8（3）：413 –440.

布鲁尔和塞尔登（Brewer & Selden）（1998 年）通过文献综述发现，以往的举报行为（Whistle Blowing）研究虽然运用不同的取样方法和不同的研究方法，但是它们都主要集中于公共服务动机和举报行为二者之间的联系。第一，举报体现出的并非功利行为，因为举报者经常会遭到报复。第二，与功利主义者相反，大多数举报者行为的出发点是维护公共物品和公共利益，而非自我利益。第三，大多数举报者是工作高效率、对组织有价值且高度忠诚的组织成员。基于上述原因，他们认为举报行为为公共服务动机提供了实证依据。于是他们着手研究那些在工作组织中观察到不合法（illegal）或浪费行为（wasteful activity）的人，并根据他们是否举报这些不良行为，而将他们分为举报者（whistle blowers）和不举报者（inactive observers），通过量化分析考查举报者和不举报者的个体间差异。鉴于对于不良行为举报者比不举报者更可能受到维护公共利益的驱动，他们将举报行为作为公共服务动机的一种核心行为——众所周知，举报意味着自我牺牲；举报那些具有不道德行为的雇员会威胁到组织机构的权威性，举报者可能会迅速遭到惩罚和报复。这样的行为很难从功利主义的角度来解释，因为从狭义的目标——手段间关系角度而言，自我牺牲是不合理性的。而事实是很多举报者似乎乐意冒险来保护公共产品、深化公共利益——这些动机与公共服务动机紧密相连。布鲁尔和塞尔登（Brewer & Selden）（1998 年）考察了公共服务动机对奖励偏好的影响以及对工作承诺、工作满意度的影响，发现举报者比不举报者的工作承诺、工作满意程度都更高，绩效评定成绩也更好，他们一般在绩效更高的组织工作，而且更不可能看重工作保障。由此，两位研究者认为"联邦雇员中的举报者其行为方式与公共服务动机理论一致"[①]。但是这一测量公共服务动机的方法也遭到学者的质疑，认为布鲁尔和塞尔登（Brewer & Selden）（1998 年）研究的是举报行为本身而非公共服务动机，举报行为比公共服务动机的外延要窄，举报行为研究的结果能否推广到其他展现公共服务动机的行为上还是一个问题，以具体的行为替代公共服务动机的测量，其测量的范围大大缩小，远没有公共服务动机的概念宽泛，没有包容公共服务动机的所有内涵；而且公共服务动机可能并不能解释所有的举报行为，因为不是所有的举报者都

---

① Brewer, G. A. & Selden, S. C., "Whistle Blowers in the Federal Civil Service: New Evidence of the Public Service Ethic", *Journal of Public Administration Research and Theory*, 1998. Vol. 8: 413.

有高尚的动机，大多数举报者的动机是复杂的。布鲁尔和塞尔登（Brewer & Selden）（1998年）自己也坦言"举报行为是对公共服务动机的极端检验"①，应该形成更好的测量公共服务动机的方法②。

### （二）直接测量

公共服务动机的直接测量，是从分析公共服务动机的概念内涵及其外延本身入手，挖掘推动人们从事公共服务的驱动力量，并依此建立测量量表的一种测量方式。

起初，对公共服务动机的直接测量多将公共服务动机界定为从事有意义公共服务的意向，并且大都采用单维度方法测量。比如最早研究公共服务动机的学者瑞尼（Rainey），就通过直接询问调查对象"从事有意义的公共服务的意愿"来测量其公共服务动机的强弱，然而，正如学者们所说的，直接提问可能由于粉饰作用导致测量到的仅仅是人们的社会愿望，而非体现于个体身上的真正动因，也可能由于私人部门雇员尽管同样受公众需要的激励，也许具有与公共部门雇员一样高的公共服务动机，但因为没有意识到这就是公共服务，或者没有意识到公共服务是其角色职能的一部分，而造成两部门动机结果的差异。③

从前面的分析可以看到，尽管不少学者认为公共服务动机的结构复杂，远非单一维度可解释，但在佩里（Perry）之前，对公共服务动机结构的研究没有取得任何突破性进展，不论是将工作投入、奖励偏好作为对公共服务动机的替代测量，还是将可直接观察到的行为表现等作为公共服务动机的替代性测量，都谈不上是对公共服务动机结构有所认识。直到佩里（Perry）（1996年）的研究提出了理解公共服务动机的理论框架，才使得对公共服务动机的测量由替代性测量走向相对科学的直接测量。

佩里和怀斯（Perry & Wise）（1990年）在大量文献研究的基础上，将公共服务动机界定为"一种个体对主要或仅仅根植于公共机构和组织的

---

① Brewer, G. A. & Selden, S. C., "Whistle Blowers in the Federal Civil Service: New Evidence of the Public Service Ethic", *Journal of Public Administration Research and Theory*, 1998. Vol. 8 (3): 433.

② Ibid., 1998. Vol. 8 (3): 434.

③ Ibid., 1998. Vol. 8 (3): 414.

反应倾向"①，（不过后来怀斯又将这修订为"一种个体从事公共服务活动、改进社会生活质量的需要"）。佩里（Perry）（1996年）在明确了公共服务动机概念的内涵以后，又开始了对公共服务动机外延的探索。他先借助于文献资料，从理论上分析了公共服务动机的构架，并通过实证研究合并了其中重复的成分，提出了公共服务动机的四维度结构。②

以诺克和赖特—艾萨克（Knoke & Wright – Isak）（1982年）动机的理性、规范、情感三维度理论为蓝本，佩里（Perry）（1996年）认为公共服务动机同样可以分成三种不同的类型：理性的（rational）、规范的（norm – based）和情感的（affective）。理性动机是基于个体效用最大化的行为动力，规范动机指努力符合规范而产生的行为动力，情感动机指对各种各样社会情境作出情绪反应的行为动力。

根据凯尔曼（Kelman）（1987年）的分析，佩里（Perry）认为，推动个体从事公共服务的理性动机来自于参与公共政策规划的机会。制定公共政策对人有很大的吸引力，能令人兴奋，增进人们的自尊感，提升人们为社会作贡献、为公民服务的价值感。③ 这种动机是公共机构所特有的，它基于合理的自我利益（enlightened self – interest），体现在那些坚信自己的利益与大众利益一致的个体身上，因为个人认同这些政策项目或组织，这些个体表达的其实是一种对公共政策的承诺或对特定利益的拥护。④

推动个体从事公共服务的规范动机来自于公共利益的承诺、公民责任意识和社会公平感。学者们一致公认的公共服务的规范之一是对公共利益的承诺，唐斯（Downs）（1967年）认为服务于公共利益的愿望从本质上而言是利他的，即使在公共利益以个人标准评判时也是如此。其他学者可能不同意唐斯（Downs）对公共利益的解释，但是赞同规范是

① Perry, J. L. & Wise, L. R., "The Motivational Bases of Public Service", *Public Administration Review*, 1990. Vol. 50 (3): 367 – 373.

② Perry, J. L., "Measuring Public Service Motivation: an Assessment of Construct Reliability and Validity", *Journal of Public Administration Research and Theory*, 1996. Vol. 6 (1): 5 – 22.

③ Perry, J. L. & Wise, L. R., "The Motivational Bases of Public Service ", *Public Administration Review*, 1990. Vol. 50 (3): 367 – 373.

④ Mann, G. A., "A Motive to Serve: Public Service Motivation in Human Resource Management and the Role of PSM in the Nonprofit Sector", *Public Personnel Management*, 2006. Vol. 35 (1): 33 – 48.

公共服务动机概念的一个组成成分。① 规范动机描述的其实是服务于公共利益的一种愿望，体现的是对政府的一种责任和忠诚，展示的是对社会公平的关注。②

服务于公共利益的愿望是公共服务动机结构中唯一的价值成分，布坎南（Buchanan）（1975 年）参考弗雷德里克·莫舍（Frederick Mosher）的经典著作《民主和公共服务》，认为公共服务道德包括一种独特的公民责任意识，这种意识源自国家的统治力量和公共雇员作为这种统治力量一部分的非竞选代理人角色。③

公共管理者的另一个规范标准是社会公平。社会公平的目的在于增进缺乏政治和经济资源的少数人的福利。弗雷德里克森（Frederickson）（1971 年）认为公共管理者的义务有三个方面：有效地、经济地提供服务同时增进社会公平，也即效率性、经济性、公平性。他认为将社会公平包含在公共管理者的价值体系中，有助于明确公共管理者角色的政治本质。④

推动个体从事公共服务的情感动机是以愿意或渴望帮助他人为特征的，它来自于弗雷德里克森和哈特（Frederickson & Hart）（1985 年）认为的公务员的首要动机——"仁慈的爱国主义（patriotism of benevolence）"（佩里则冠之以"同情心"这一术语）。他们定义"仁慈的爱国主义"为"对我们政治范围内所有人的一种广泛的爱以及通过法律文件确保他们所有的最基本权力必须得到保护的规则"⑤。弗雷德里克森和哈特（Frederickson & Hart）认为，这一概念组合了对政体价值观的爱和对其他人的爱，虽然他们认为仁慈的爱国主义代表了一种独特的道德观念，但是它也可以被理解为是一种情绪状态。事实上，佩里（Perry）认为，弗雷德里克森和哈特（Frederickson & Hart）构造的道德"英雄主义"的类型可能只

---

① Perry, J. L. & Wise, L. R., "The Motivational Bases of Public Service", *Public Administration Review*, 1990. Vol. 50 (3): 367 –373.

② Mann, G. A., "A Motive to Serve: Public Service Motivation in Human Resource Management and the Role of PSM in the Nonprofit Sector", *Public Personnel Management*, 2006. Vol. 35 (1): 33 –48.

③ Perry, J. L. & Wise, L. R., "The Motivational Bases of Public Service", *Public Administration Review*, 1990. Vol. 50 (3): 367 –373.

④ Ibid.

⑤ Perry, J. L., "Measuring Public Service Motivation: an Assessment of Construct Reliability and Validity", *Journal of Public Administration Research and Theory*, 1996. Vol. 6 (1): 7.

能通过人类的情绪反应而获得。[①]

佩里（Perry）在文献研究中发现的第六个常与公共服务相连的动机是自我牺牲——一种愿意为其他人服务而不是获得实际的个人奖励的意向。肯尼迪总统的"不要问你的国家能为你做些什么，问问你自己能为国家做些什么"的号召是自我牺牲动机的典型例子。后来，麦斯（Macy）更具体地描述了这种动机，他认为公务员具有这种从服务于公众中获得无形奖励的意向，并且这种意向优先于获得经济奖励的意向。

基于对前面学者所提理论的挖掘，佩里（Perry）由此建构了公共服务动机的六大成分：政策制定的吸引、公共利益的承诺、社会公正、公民责任、同情心、自我牺牲。他将这六个因素编成包含 40 个项目的利克特五级量表，通过对 MPA 研究生调查数据的实证性因素分析，佩里（Perry）得到四个因素、24 个项目的公共服务动机测量问卷[②]，他发现公共服务动机结构远没有文献描述的复杂，模型产生的统计分析过程表明公共雇员在公民责任、社会公正、公共利益的承诺上没有显著差别，而这三个维度都从属于规范性动机。佩里（Perry）于是认为规范性动机是个合成的概念，是对公共福利的关心。于是他将这几个相似成分合并，得出比较精简的四维度公共服务动机结构模式：公共政策的吸引、公共利益的承诺、同情心、自我牺牲，前三个成分完全与诺克和赖特—艾萨克（Knoke & Wright – Isak）（1982 年）所提出的动机结构有理性、规范和情感三维度的理论相吻合[③]，第四个因素——自我牺牲代表的是公共服务动机文献中共同的因素。佩里（Perry）的验证性因素分析结果也揭示出公共服务动机三维度和四维度结构在验证性因素分析中的 GFI（goodness of fit index）、AGFI（adjusted goodness of fit index）等各项指标上差异不大，说明公共服务动机的三维度和四维度模型均可成立，但是考虑到自我牺牲历来为人们所公认是与公共服务相连，佩里（Perry）还是将自我牺牲作为一个独立的维度保留在问卷中。佩里（Perry）所提出的公共服务动机测量问卷是目前

---

①　Perry, J. L. & Wise, L. R., "The Motivational Bases of Public Service", *Public Administration Review*, 1990. Vol. 50 (3)：367 – 373.

②　Perry, J. L., "Measuring Public Service Motivation：an Assessment of Construct Reliability and Validity", *Journal of Public Administration Research and Theory*, 1996. Vol. 6 (1)：5 – 22.

③　Ibid., 1996, Vol. 6 (1)：20.

广为接受的公共服务动机测量工具，很多学者依此测量公共部门员工的公
共服务动机水平，并进一步开展公共服务动机与其他变量关系的相关研
究。美国维护功绩制委员会（Merit Systems Protection Board，MSPB）所作
的大型调查——功绩制调查（Merit Principle Survey）就采用了其中的 6 个
项目。但是，这 24 个项目的量表本身还有待完善，佩里（Perry）本人就
承认公共政策制定的吸引分量表项目过少，带来信度不如其他分量表高的
现象。① 后来佩里（Perry）还在此基础上构建了公共服务动机过程理论，
主要关注动机过程中不同机构的亲社会行为（pro social behavior）及其变
化规律。②

　　与此同时，斯奈德、奥斯兰和亨特（Snyder，Osland & Hunter）（1996
年）参照瑞尼（Rainey）以及加拿大国家的一些公共部门、私人部门比较
研究，以有助于国家经济繁荣、对国家有利、为人民服务、通过工作帮助
他人、服务于客户、有益于需要帮助的人、对公共政策有影响、有助于国
家政治的发展这 8 个项目作为公共服务动机指标，来测量公共部门、私人
部门员工的公共服务动机。他们发现公共雇员的公共服务动机显著高于私
人雇员的公共服务动机，而私人雇员在工作有助于组织的成功及其为顾客
生产有价值的产品上的得分显著高于公共组织雇员。③ 不过他们对公共服
务动机的测量只是将前人的研究所涉及的项目简单组合起来，没有得到实
证研究的支持，而且从项目构成上缺乏理论的支撑，也远没有佩里（Per-
ry）的科学。

　　威尔逊（Wilson）（2003 年）基于佩里和怀斯（Perry & Wise）（1990
年）的公共服务动机的理性、规范、情感三成分，提出了一种新的公共服
务动机测量方法。④ 他认为理性成分体现于维护行政人员的自我利益中，

　　① Perry, J. L., "Antecedents of Public Service Motivation", *Journal of Public Administration Research and Theory*, 1997. Vol. 7 (2)：181 –197.

　　② Perry, J. L., "Bring Society in：toward a Theory of Public – Service Motivation", *Journal of Public Administration Research and Theory*, 2000 年. Vol. 10 (2)：471 –488.

　　③ Snyder, M. M., Osland, J. & Hunter, L., "Public and Private Organizations in Latin America：a Comparison of Reward Preferences", *International Journal of Public Sector Management*, 1996. Vol. 9 (2)：15 –27.

　　④ Wilson, P. A., "Politics, Values, and Commitment：an Innovative Research Design to Operationalize and Measure Public Service Motives", *International Journal of Public Administration*, 2003. Vol. 26 (2)：157 –172.

所以他从研究的一个变量——政治中立价值观的操作化测量的三个项目中，选出其中一个项目"确保高级主管避免独断、反复的行为"作为公共服务动机理性成分的测量，他认为该项目的目标就是保护管理者，确保他们的安全，这就是个体效用的最大化。对于规范成分的操作化测量，威尔逊（Wilson）采用的是政治中立价值观的其余两个目标项目：1. 确保职业行政人员占政治任命官员一定的比例，以保证公共项目管理中项目的持续性和公共政策的稳定性；2. 确保公共利益导向的行政体系免于不适当政治的干预。威尔逊认为那些具有公共服务规范动机的人对政府有强烈的责任感和义务感，有一种服务于公共利益的愿望，上面两项目标的实施体现的是一种利他行为，对行政人员很重要，是他们价值观的反映。在威尔逊的研究中，承诺被操作化为公共服务动机的情感成分，人们会因为对特定项目的喜爱或承诺等积极情绪和情感而产生特定的行为；这种积极的情感，在威尔逊的测量项目中还具体体现为对政府的爱和忠诚[①]。威尔逊的测量量表虽然在结构上与佩里（Perry）的大体一致，但是我们来仔细研究一下他的公共服务动机三成分：它们只是个体某些政治观、价值观、承诺概念的混合，诚然，个体的公共服务动机与上面三个概念有必然的联系，但是它们毕竟属于不同的范畴，动机是个体行为的内在动力，它受人们的政治、价值观的影响，但是它产生的前提是需要，需要的缺失才引发人们设法满足需要的行为，产生驱动作用，这才是动机，不能把这些不同层次的概念混淆。他的这种公共服务动机测量方法其实就是借助其他相关概念的一种间接测量方法，不过他测量的是人们的价值观和承诺强度，而不是基于产生动机的心理变量——需要，所以从严格意义上不是动机测量。

　　虽然佩里（Perry）的方法为众多学者采纳，但是这种直接测量的方法也有它自身的局限性，毕竟公共服务动机和其他动机一样，不能被直接观察到，所以明确公共服务动机的过程相当复杂。那么参照测量态度和内部动机的常用方法，使用问卷调查这种直接测量的技术来研究公共服务动机，同样存在一些不足，因为问卷调查仅仅依赖调查对象自陈的态度和动

---

① Wilson, P. A., "Politics, Values, and Commitment: an Innovative Research Design to Operationalize and Measure Public Service Motives", *International Journal of Public Administration*, 2003. Vol. 26 (2): 157 – 172.

机来衡量公共服务动机的强弱，那么就有可能出现如下问题：1. 个体可能会因为看重现在职位具有的一些工作特征，而通过调节自身的需要（动机因素）来适应目前的工作环境①；2. 可能存在社会期望效应，即个体有可能按照社会规范来选择他们认为更能为社会所接受的答案。不过尽管如此，问卷调查这种直接测量的方法仍然是公共服务动机研究中的主要方法②。

## 三　公共服务动机的类型

瑞尼（Rainey）认为公共服务动机是一个含意广泛、多重的概念，从个体角度，也许每个个体都有不同于他人的公共服务动机观念。③ 瑞尼（Rainey）的设想被布鲁尔、塞尔登和费瑟（Brewer, Selden & Facer）（2000 年）的研究所证实，布鲁尔（Brewer）等利用佩里（Perry）最初测量公共服务动机所编制的由 40 个项目组成的原始量表（项目分别负荷在公共服务动机的六个子维度上），采用另外一种数据处理方式——Q 方法（Q – methodology）来考察与公共服务有关的态度与动机，结果发现公共服务动机概念包括至少四种不同的取向，并且每一种取向代表公共服务的一种独特观念。这四种取向分别是乐善好施者（samaritans）、共产主义者（communitarians）、爱国者（patriots）和人道主义者（humanitatians）。④ 布鲁尔、塞尔登和费瑟（Brewer, Selden & Facer）认为每一种观念有多种动机成分起作用，并没有一种主导性成分，不过这四种不同态度基础和行为取向的公共服务动机观念也有很多共性，每一种观念都体现出强烈的从事公共服务的愿望。

乐善好施者：这类个体视自己为贫困者的卫士，他们看到处于困境的

---

①　Houston, D. J. , "Public – Service Motivation: a Multivariate Test", *Journal of Public Administration Research and Theory*, 2000 年. Vol. 10 (4): 713 –727.

②　Mann, G. A. , "A Motive to Serve: Public Service Motivation in Human Resource Management and the Role of PSM in the Nonprofit Sector", *Public Personnel Management*, 2006. Vol. 35 (1): 33 –48.

③　Rainey, H. G. , "Reward Preferences among Public and Private Managers: in Search of the Service Ethic", *American Review of Public Administration*, 1982. Vol. 16 (4): 288 –302.

④　Brewer, G. A. , Selden, S. C. & Facer, R. L. II. , "Individual Conceptions of Public Service Motivation", *Public Administration Review*, 2000. Vol. 60 (3): 254 –264.

人就会在情绪上受感染，正是这种情绪体验促使他们采取行动去帮助贫困者。乐善好施者热衷于为不幸的人提供服务，似乎是因为他们认同这些不幸的人。在他们看来，如果曾经接受过他人帮助，人们就应该更多地回报社会。然而，乐善好施者对受助者也有相对高的期望，他们讨厌那些不愿意自己采取行动自救的人。在某种意义上，乐善好施者持有的是一种互惠的助人观，他们希望受助者自己也同时努力。

这类人相信有很多公共事业值得支持，并采取行动积极支持各项公共计划，以帮助那些不幸的人。但是乐善好施者却不愿意牺牲自己的利益，他们帮助处于困境的人是因为这能给他们带来满足感并且因为他们能认同这些不幸者，乐善好施者不是出于一种对国家的责任感或出于自我牺牲倾向而去助人的，他们的动机并不是完全利他的，他们在关心他人的同时会权衡自己的需要和利益。

共产主义者：这类人认为公务员和公民间有一种独特的联系，在他们看来，公共服务是"公民职责的最高形式之一"——是个体能服务于社会或国家的一种方式。受公民责任和公共服务感所激励，共产主义者充满激情并渴望参与社会活动，他们将公共服务与政府服务相连，有一种优越感和自豪感，信奉公共官员有更高的道德水准，应对他们寄予厚望。

这些个体是热心公益事业的，他们看重的是做善事而不看重个人收益，因此，共产主义者并非受自我利益的吸引：他们相信公民应该更多地回报社会而不是从社会中索取。共产主义者不同于乐善好施者在于他们不后悔帮助贫困者和弱势群体，显然，他们的动机是服务于社会、回报社会、从事有意义的公共服务。

爱国者：爱国者倡导并维护公共利益，愿为公共利益而工作，他们的出发点是为事业而不是为自己。布坎南（Buchanan）（1975年）认为：这一类人特别忠于职守，他们视"责任先于自我"，不仅责任比自我更重要而且这类人"愿意冒个人损失的风险去帮助他人"[1]；这些个体把自己看作人们的卫士，视对公众的义务和责任高于对上司的忠诚、高于自己的需要，他们想要公共官员不计个人后果做对整个社会最有益的事情，像共产

①　Brewer, G. A.; Selden, S. C. & Facer, R. L. II., "Individual Conceptions of Public Service Motivation", *Public Administration Review*, 2000. Vol. 60（3）：254－264.

主义者一样，他们支持用更高的道德标准和期望要求公共官员。

与弗雷德里克森（H. George Frederickson）的公共服务观点一致，爱国者行事是出于仁爱心和对公众的关心而不是出于自我利益。他们是理想主义和行动主义的独特结合，愿意为了维护其他人的权利和为了社会的美好而冒任何风险。

人道主义者：人道主义者受强烈的社会公正感和公共服务感所激励，他们像乐善好施者一样，十分重视很多公共事业和公共计划并视政府为维持社会公平的载体。当人道主义者被贫困者的处境所触动时，他们比乐善好施者更多考虑的是社会福利，他们认为如果任何群体被排除在社会的发展与繁荣之外，对整个社会而言是一大退步，因为整个社会的状况更糟了。

人道主义者受影响社会的愿望所驱动：影响社会对他们而言意味着比取得个人成就更有意义。与行动是为了自我满意的乐善好施者相比，人道主义者的行事更多出自公民感、爱国主义和责任心。像共产主义者和爱国者一样，这类人坚信公共官员应该是注重伦理道德的、应该是有能力的。

这四种公共服务观念在某些方面有所重叠。

乐善好施者和人道主义者是富有同情心和充满热情的，他们关心那些缺乏政治和经济资源的人。但是，他们的导向有些许不同，乐善好施者是因为他们个人认同贫困者而助人，而人道主义者是从社会发展繁荣的角度关心人类的福利；乐善好施者的观点没有人道主义者那样利他（他们留心自己的需要，也许因为他们经历过类似的困境），人道主义者被激励着去影响社会，和爱国者一样，他们受强烈的责任感和爱国主义的驱动。

共产主义者和爱国者展示的是自我牺牲的动机，这种动机来自公民责任感。这两类人都感到对公众负有责任，但是爱国者愿意用更大胆的策略满足公众需要，他们更有闯劲，比共产主义者更爱冒险，他们愿意冒个人损失的风险去帮助他人。而共产主义者更关心社会，认为他们有责任回报社会，而不应仅仅关注贫困或不幸者的需要。

可见，这四种公共服务动机观念在关注的范围上并不同：乐善好施者关注的是他人，共产主义者关注的是社会，爱国者关注的是国家，人道主义者关注的是人类。四种类型人所关注的范围逐渐升级扩大，但是后者并不一定将前者的观点内化。布鲁尔（Brewer）等的研究揭示出，即使是在公共服务动机上得分一致，具有同样公共服务动机得分的个体也可能呈现不同的特点，为我们提供了一个认识公共服务动机的全新的、更丰富的视角。

## 四　公共服务动机与其他变量的关系研究

从国外公共服务动机的研究文献来看，它们遵循的是一般的研究思路：即对公共服务动机的研究，除了试图明了公共服务动机概念的内涵和外延外，其他的研究一般从探讨公共服务动机的前因（antecedent）和后果（consequence）两方面展开。前因是指促使该动机产生的原因、条件，后果指该动机对行为可能产生的影响，可能给个体和组织带来的作用。从下面布鲁尔和塞尔登（Brewer & Selden）（1998 年）构建的公共服务动机的过程图中可以看出，这一研究思路就是设法弄清公共服务动机的来龙去脉（见图 2 - 1）。

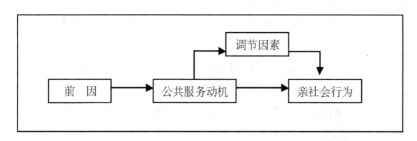

**图 2 - 1　公共服务动机的过程**

目前国外对公共服务动机的研究中以后果的研究居多，不少学者就公共服务动机对组织行为方面的影响进行了相应实证分析，取得了不少有意义的结论；相对而言，公共服务动机前因方面的探讨就相当薄弱了，到目前为止只有佩里（Perry）（1997 年）在这方面进行了一些初步的尝试。在此，笔者拟通过对公共服务动机研究文献的回顾及相关领域的知识来为形成本研究的理论假设作铺垫。

### （一）公共服务动机前因（antecedent）分析

在组织行为学中，对行为动机前因的研究一般按照波特和麦尔斯

（Porter & Miles）（1974 年）的分类，从个体特征、工作特征、工作环境特征、外部环境特征四个方面来分析。① 佩里（Perry）（1982 年）按照这一思路总结了前人有关影响公共组织工作动机因素的实证研究结果。由于个体的一些特征在进入组织以后受组织文化的熏陶以及领导、同事的影响而会有所改变，所以这里的个体特征是指个体带到工作情境中的特征（就如佩里所言，如果说政府管理不同于其他管理，那么根本点是由于工作特征或工作环境的不同，而不是由于它吸引或雇用的个体不同），影响个体动机的个体特征变量的研究主要针对的是个体的需要。盖约特（Guyot）（1961 年）比较了联邦政府和企业部门中层管理者的成就需要、归属需要和权力需要，他发现，与学术上以及公众对公务员的印象相反，和企业中层管理者相比，政府中层管理者的成就需要更高而归属需要更低，但是二者对权力的需要一致。② 罗尔斯（Rawls）及其同事（1975 年）的两项研究以求职学生为调查对象，他们发现打算到非营利组织（特别是政府部门）工作的学生比打算到企业工作的学生明显更具支配欲和变通性，并且更看重身份地位更不看重金钱，但在权力需要和安全需要上二者没有差异。③ 瑞尼（Rainey）等学者发现公共管理者的工作满意度较企业管理者的低。④

虽然人们普遍认为政府组织结构的特点对影响公共部门动机过程的个体特征没有什么作用，但是政府部门独特的组织结构和目标特性影响公共部门工作设计，研究文献发现个体绩效的可测度、目标的清晰度、工作挑战程度是重要的工作特征变量。⑤

工作环境特征对动机的影响可分成直接工作环境特征和组织作用两方面，前者包括目标的宜人性、个人作用（对组织贡献）的强化、期望的稳定性、参照群体的作用（如工作团队的同质性、上司的素质），后者则包

---

① Perry, J. L. & Porter, L. W., "Factors Affecting the Context for Motivation in Public Organizations", *Academy of Management Review*, 1982. Vol. 7 (1): 89.

② Ibid., 1982. Vol. 7 (1): 90.

③ Perry, J. L. & Porter, L. W., "Factors Affecting the Context for Motivation in Public Organizations", *Academy of Management Review*, 1982. Vol. 7 (1): 90.

④ Ibid..

⑤ Ibid..

括：系统奖励、个人奖励、组织氛围。[①]

外部环境特征对个体的组织行为是有重要影响，佩里（Perry）将之分成如下几类：社会规范、政治、人口、经济和科技。后来的实证研究主要将工作特征变量细化，以期为激发公共雇员的工作动机提供依据。[②]

目前，在国外关于公共服务动机前因的研究中，大多数学者主要涉及的变量集中在工作部门性质及一些人口统计变量上，相关研究大多探讨这两类因素与雇员公共服务动机的关系。关于员工所在工作部门对其公共服务动机的影响，笔者在前面的综述中有详细的介绍，这里不再重复；至于人口统计变量与公共服务动机关系的研究则被分散在探讨公共服务动机的研究中。

人口统计变量对公共服务动机的影响研究虽然比较多——几乎研究公共服务动机的都涉及这方面的分析，不过所得结果并不完全一致。如佩里（Perry）（1997 年）发现年龄、性别、受教育水平、收入对公共服务动机有影响[③]；奇尔哈特（Tschirhart）（1998 年）发现年龄与公共服务动机正相关[④]；内弗和克拉姆（Naff & Crum）（1999 年）发现种族、性别和受教育水平影响公共服务动机[⑤]；乔伊（Choi）（2001 年）发现公共服务动机与调查对象性别和所在工作部门有关，与年龄、任职时间、收入、受教育程度无关[⑥]；布莱特（Bright）（2005 年）通过调查研究公共雇员的公共服务动机与个人特征、管理层级、经济偏好间的关系，结果发现公共服务动机与公共雇员的性别、受教育水平、管理层级、经济偏好显著相关[⑦]。

---

① Perry, J. L. & Porter, L. W., "Factors Affecting the Context for Motivation in Public Organizations", *Academy of Management Review*, 1982. Vol. 7 (1): 91–93.

② Wright, B. E., "The Role of Work Context in Work Motivation: a Public Sector Application of Goal and Social Cognitive Theories", *Journal of Public Administration Research and Theory*, 2004. Vol. 14 (1): 59–78.

③ Perry, J. L., "Antecedents of Public Service Motivation", *Journal of Public Administration Research and Theory*, 1997. Vol. 7 (2): 189.

④ Tschirhart, M., "Understanding the Older Stipended Volunteer: Age–Related Differences Among Americorps Members", *Public Productivity & Management Review*, 1998. Vol. 22 (1): 35–49.

⑤ Naff, K. C. & Crum, J., "Working for America: Does Public Service Motivation Make a Difference?", *Review of Public Personnel Administration*, 1999. Vol. 19 (4): 5–17.

⑥ Choi, Y. J, *A study of Public Service Motivation: the Korean Experience*, Ph. D, University of Idaho, 2001: 103.

⑦ Bright, L., "Public Employees with High Levels of Public Service Motivation – Who are They, and What do They Want?", *Review of Public Personnel Administration*, 2005. Vol. 25 (2): 138–154.

　　用实证研究方法系统探究公共服务动机影响因素的研究目前还很缺乏。佩里（Perry）（1997年）在这方面进行了初步的尝试，较系统地从个体层面探讨了公共服务动机的前因变量，由于是开创性的研究，这之前的公共管理文献并没有为公共服务动机的前因变量的研究提供什么指导，于是佩里（Perry）（1997年）从其他方面来寻求公共服务动机的前因。与公共服务动机四因素有关的其他研究——如心理学对同情心、利他行为的研究以及之前有关公民责任、公共政策制定吸引的实证研究等，都为他进行公共服务动机的前因研究提供了思路。考虑到开创性的前因研究不能期望探讨所有潜在的因素，佩里（Perry）（1997年）选择了个体社会化过程中家庭的作用、宗教的影响、职业的认同、政治信仰以及一些人口统计变量进行分析。其中家庭的社会化作用被操作化为两个变量：父母助人行为及利他行为的榜样作用、儿女与父母关系的融洽程度；宗教的影响被操作化为宗教观、对上帝的态度、个体参与宗教活动的程度；政治意识形态被操作化为个体的保守主义或自由主义倾向；相关的人口统计变量包括年龄、性别、受教育程度、收入。研究发现，个体的公共服务动机在个体的社会化过程中形成，与儿童期父母的影响有关、也与宗教的作用有关、还特别和职业经历有关，显示出了家庭、学校、职业经历对公共服务动机形成的重要性。佩里（Perry）（1997年）回归分析的结果进一步表明，其中一些因素能显著影响公共服务动机的变化，如对上帝的态度、父母的榜样作用、受教育程度与年龄等因素至少显著影响公共服务动机的一个层面，宗教观及其子女与父母的关系等因素与公共服务动机无关。① 职业的社会化使个体习得特定的知识技能和公共服务价值观念，是佩里（Perry）（1997年）所研究的前因变量中影响公共服务动机最显著的变量，它与公共服务动机的公民责任和自我牺牲两个因素正相关，与公共政策的制定负相关；政治信仰与公共服务动机的公共政策制定、自我牺牲因素相关；参与宗教活动的程度与公共服务动机的同情心、自我牺牲因素相关。虽然佩里（Perry）（1997年）的研究中考察的这些因素对公共服务动机有一定的解释力，但远没有达到理想水平，并不能很好地解释公共服务动机的所有变异，所以佩里（Perry）

---

　　① Perry, J. L., "Antecedents of Public Service Motivation", *Journal of Public Administration Research and Theory*, 1997. Vol. 7 (2): 181 - 197.

（1997 年）建议，进一步的研究可以超出他设计的这些变量范围，一方面可以考察教育经历对公共服务动机的影响，另一方面可以探讨组织对个体公共服务动机的影响，比如组织的政策、领导的影响等。不过佩里（Perry）还是觉得公共服务动机的研究重点应放在公共服务动机的作用和效果方面，即公共服务动机研究的重点应该放在公共服务动机对个体、组织的作用上。①

### （二）公共服务动机的作用研究

公共服务动机对个体及组织作用的实证研究比较丰富，这方面的研究主要体现在探讨公共服务动机对个体离职行为、组织承诺、组织公民行为、工作态度等组织行为变量及组织绩效的影响上，这些变量也是大部分组织研究中需要深入探讨的变量。就公共服务动机的作用，佩里和怀斯（Perry & Wise）提出三大命题：第一，个体的公共服务动机越强，那他加盟公共组织的可能性就越大。第二，在公共组织中，公共服务动机与工作绩效正相关。第三，公共组织能够吸引公共服务动机高的个体，这些组织有效激励个人绩效时，更少依赖功利性的激励措施。②

### 1. 公共服务动机与工作满意度

工作满意度是个体对工作及其工作相关方面的感受，目前工作满意度研究的一个重大问题是研究者不愿意使用前人设计好的工作满意度问卷，这样导致每一位研究者都有自己设计的工作满意度问卷。对工作满意度测量方法的不一致意味着研究者们对工作满意度概念的不同界定，洛克（Locke）（1983 年）就发现，在已有的 3500 多项工作满意度研究中对工作满意度如何定义并无一致看法③，大多数学者认为工作满意度是一个综合概念，包含各种层面，一般工作满意度的测量方法都要求详细询问有关个

---

① Perry, J. L., "Antecedents of Public Service Motivation", *Journal of Public Administration Research and Theory*, 1997. Vol. 7 (2)：193.

② Perry, J. L. & Wise, L. R., "The Motivational Bases of Public Service", *Public Administration Review*, 1990. Vol. 50 (3)：367 – 373.

③ ［美］海尔·G. 瑞尼著，王孙禹、达飞译：《理解和管理公共组织》，清华大学出版社 2002 年版，第 272 页。

人工作的方方面面。尽管测量工作满意度的方法不尽一致，但是有关工作满意度与公共服务动机关系的研究还是得出了一些类似的结论，瑞尼（Rainey）（1982 年）采用史密斯、肯德尔和赫林（Simth, Kendall & Hulin）（1969 年）设计的工作描述指标（job descriptive index, JDI），从工作的五个主要方面来测量满意度：工作本身、晋升机会、同事、上司、工资。他们发现，公共管理者如果越是认为从事有意义的公共服务是一种奖赏，则工作满意度越高，且二者的相关系数达到显著水平，也就是公共服务动机高的个体，对工作、上司、同事、晋升的满意度也高。[①] 布鲁尔和塞尔登（Brewer & Selden）（1998 年）采用由四个项目组成的指标体系来测量工作满意度，他们比较了举报者与非举报者两组调查对象的工作满意度差异，发现举报者的工作满意度水平显著高于非举报者的（差异达到 0.01 的显著性水平）。[②] 因为他们将举报行为作为公共服务动机的测量标准，所以他们得出结论——公共服务动机对工作满意度有积极影响。内弗和克拉姆（Naff & Crum）（1999 年）采用简单的直接提问方式来测量工作满意度，他们发现，在控制了其他人口统计变量后，工作满意度与公共服务动机正相关。[③] 乔伊（Choi）（2001 年）也采用工作描述（JDI）指标作为工作满意度的测量工具，他通过回归分析探讨了公共服务动机与工作满意度间的关系，发现建立的模型能解释工作满意度 26.8% 的变异，其中公共服务动机及三个工作特征变量：技能多样性、任务重要性、工作自主程度对工作满意度有显著影响，他还进一步分析了公共服务动机与工作满意度各份指标的关系，发现公共服务动机对工资满意度、上司满意度、同事满意度的影响达到统计上的显著性水平，但对晋升满意度的影响不显著。[④] 金（Kim）（2004 年）对韩国 1739 名政府雇员调查数据进行了回归分析，结果发现：在控制了性别、年龄、受教育程度、服务年限、级别的影响后，

①　Rainey, H. G., "Reward Preferences among Public and Private Managers: in Search of the Service Ethic". *American Review of Public Administration*, 1982. Vol. 16 (4): 288–302.

②　Brewer, G. A. & Selden, S. C., "Whistle Blowers in the Federal Civil Service: New Evidence of the Public Service Ethic", *Journal of Public Administration Research and Theory*, 1998. Vol. 8 (3): 413–440.

③　Naff, K. C. & Crum, J., "Working for America: Does Public Service Motivation Make a Difference?", *Review of Public Personnel Administration*. 1999. Vol. 19 (4): 5–17.

④　Choi, Y. J, *A Study of Public Service Motivation: the Korean Experience*, Ph. D, University of Idaho, 2001.

公共服务动机与工作满意度正相关。[①] 在金（Kim）（2004年）的研究中，工作满意度是一种积极的情绪或情感状态，来自于人们对工作或工作经历的评价，工作满意度体现个体对工作各方面的情绪或情感体验，与动机、工作投入、组织公民行为、组织承诺、生活满意、心理健康、工作绩效正相关，而与个体的缺席、离职、压力感负相关。

### 2. 公共服务动机与组织承诺

组织承诺是个体认同并投入特定组织的程度，承诺表示个体超越了对组织的被动忠诚，它涉及一切与组织有关的活动，使得个体愿意为了组织的利益而奉献自己。承诺不仅能从个体的信念和意见中推断而且可以从行动中推断。[②] 波特（Porter）等学者认为组织承诺至少有三方面的特点：第一，对组织目标、价值观的强烈信念及其接受程度。第二，为了组织利益愿意尽最大努力。第三，维持组织成员资格的强烈愿望。[③]

文献研究中占主导的两种组织承诺观点是组织承诺的态度观和行为观。态度观将组织承诺看作是一种反映雇员和组织间联系特征和质量的态度，行为观则将组织承诺主要与个体自身行为过程相连，而非与组织归属感相连。[④]

安格尔和佩里（Angle & Perry）（1981年）确定了组织承诺的两个子量表：价值承诺及坚守组织的承诺，前者反映个体对组织目标的承诺，后者反映个体愿意保留组织成员资格的愿望。[⑤] 迈耶和艾伦（Meyer & Allen）（1984年）用情感承诺（affective commitment）和继续承诺（continuance commitment）来分别测量组织承诺的态度观点和行为观点。[⑥] 奥赖利和查

---

① Kim, S., "Individual – Level Factors and Organizational Performance in Government Organizations", *Journal of Public Administration Research and Theory*, 2004. Vol. 15 (2)：245 – 261.

② Mowday, R. T., Steers R. M. & Porter L. W., "The Measurement of Organizational Commitment". *Journal of Vocational Behavior*, 1979. Vol. 14 (2)：224 – 247.

③ Liou, K. T. & Nyhan R. C., "Dimensions of Organizational Commitment in the Public Sector：an Empirical Assessment", *Public Administration Quarterly*, 1994. Vol. 18 (1)：99 – 118.

④ Ibid.

⑤ Angle, H. L. & Perry, J. L., "An Empirical Assessment of Organizational Commitment and Organizational Effectiveness", *Administrative Science Quarterly*, 1981. Vol. 26：1 – 13.

⑥ Meyer, S. P. & Allen, N. J., "Testing the 'Side – bet Theory' of Organizational Commitment：Some Methodological Considerations". *Journal of Applied Psychology*, 1987. Vol. (69)：372 – 378.

特曼（O'Reilly & Chatman）（1986 年）则形成了量表测量组织承诺的三种定义：顺从（compliance）承诺、认同（identification）承诺、内化（internealization）承诺。① 鲍尔弗和韦克斯勒（Balfour & Wechsler）（1996 年）对公共雇员组织承诺的研究，将组织承诺的三个维度分为：从属（affiliation）承诺、认同（identification）承诺、交换（exchange）承诺。② 不过目前研究文献引用较多的还是迈耶和艾伦（Meyer & Allen）（1991 年）的观点，认为组织承诺有三大成分：情感（affective）承诺、继续（continuance）承诺和规范（normative）承诺。情感承诺指雇员对组织的情绪依赖、认同和投入，继续承诺指雇员对离开组织的成本知觉，规范承诺指维持雇佣关系的义务感。③

　　西方对组织承诺的研究同样是出于企业管理的需要，是为了提高企业组织的组织绩效而开始探讨的一种个体态度行为变量——因为研究发现组织承诺与整个组织的效能具有一致性。虽然对于组织承诺的研究及其理论基础和应用范围不论是国外的研究报道还是国内目前的研究都是大多围绕企业组织进行，但是近年来公共部门组织承诺的研究在西方越来越被人们所关注，由此可以预见，我国公共管理领域组织承诺的研究在不远的将来也将掀起研究热潮。与私人部门相比，公共部门往往具有其独特性，公共组织目标的复杂性和不明确、公共部门绩效衡量的多面性等特点，都相应地会影响到其成员个体的组织承诺与行为，使得研究公共组织的组织承诺更具意义。西方对于公共雇员组织承诺的研究在 20 世纪 90 年代以前主要集中于公共与私人部门的员工组织承诺的比较研究方面，例如，布坎南和布鲁斯（Buchanan & Bruce）（1974 年）、博佐齐斯（Boyztzis）（1982 年）、佩里和瑞尼（Perry & Rainey）（1988 年）、查布和莫（Chubb & Moe）（1990 年）的研究都一致认为公共组织雇员比私人组织雇员具有更低的组

---

① O'Reilly, C. A. & Chatman, J. A. , "Organization Commitment and Psychological Attachment: the Effects of Compliance, Identification, and Internalization on Prosocial Behavior", *Journal of Applied Psychology*, 1986. Vol. 71 (3): 492–499.

② Balfour, D. L. & Wechsler, B. , "Organizational Commitment: Antecedents and Outcomes in Public Organizations", *Public Productivity and Management Review*, 1996. Vol. 19 (3): 260.

③ Meyer, J. & Allen, N. "A Three Component Conceptualization of Organizational Commitment". *Human Resource Management Review*, 1991. Vol. (1): 61–89.

织承诺。[①] 此外，布坎南和布鲁斯（Buchanan & Bruce）（1974 年）还特别指出，与企业管理者相比较，政府的管理者通常工作投入少，忠诚度更低，并且对组织目标的认同度也更低——因为公共组织的管理者并没有强烈感受到他们对组织的个人影响力。[②] 尽管这些研究对理解公共组织的组织承诺特点有一定的作用，但是先前的这些研究都没有去探究公共组织的组织承诺多维度结构，测量组织承诺也仅仅是使用单维度的组织承诺问卷或干脆通过直接测量调查对象的"留职意向"、"离职意愿"等替代变量来测量组织承诺。

　　后来有一些研究尝试从多维度探讨公共雇员的组织承诺，不过其中的一些实证研究存在着结论不一致的现象，科斯洛斯凯（Koslowsky）（1990年）发现一线警察与从事行政工作的警察在情感承诺方面没有差异，但是他们在工作承诺上却有显著的差异：一线警察知觉到的工作与组织目标的一致性更高。[③] 鲍尔弗和韦克斯勒（Balfour & Wechsler）（1990 年）使用奥赖利和查特曼（O'Reilly & Chatman）（1986 年）组织承诺的顺从、认同、内化三维度结构，发现公共部门任职与认同承诺呈显著负相关，公共部门任职与顺从承诺无显著相关，但是公共部门任职与内化承诺呈显著的负相关。[④] 鲍尔弗和韦克斯勒（Balfour & Wechsler）（1991 年）进一步确定影响公共部门员工组织承诺的前因变量，发现承诺与员工的留职意愿相关，但是与其工作的额外努力无关，增强员工的组织承诺感可能并不是促使员工努力以及提高其工作绩效的有效方式。[⑤] 在先前的研究中，困扰公共管理学者的是公共雇员组织承诺研究中缺乏统一的结构维度和测量标准，导致公共雇员的特征与组织承诺间的关系很多研究结果并不一致，为此刘和奈汉（Liou & Nyhan）（1994 年）专门探讨了公共雇员组织承诺的

---

① ［美］海尔·G. 瑞尼著，王孙禹、达飞译：《理解和管理公共组织》，清华大学出版社 2002 年版，第 284—285 页。

② 同上书，第 284 页。

③ Koslowsky, M., "Staff/line Distinctions in Job and Organizational Commitment", *Journal of Occupational Psychology*, 1990. Vol. (63): 167 – 173.

④ Balfour, D. L. & Wechsler, B., "Organizational Commitment: a Reconceptualization and Empirical Test of Public – Private Differences", *Review of Public Personnel Administration*, 1990. Vol. 10 (3): 23 – 40.

⑤ Balfour, D. L. & Wechsler, B., "Commitment, Performance, and Productivity in Public Organizations". *Public Productivity & Management Review*. 1991. Vol. 14 (4): 355.

结构以及公共雇员组织承诺与其个体特征变量之间的关系，不过刘和奈汉（Liou & Nyhan）（1994 年）的组织承诺只有情感和继续承诺两个维度，通过研究员工的工作年限和管理职位对情感承诺与继续承诺的影响，他们发现这些变量对于情感承诺具有较好的预测效力。[①]

　　最先将公共服务动机与组织承诺联系在一起的是瑞尼（Rainey）等一些西方公共管理领域的学者[②]，他们开始意识到认清公共部门员工动机和承诺结构的重要性，认为组织承诺是提高公共服务动机的关键，对于公共部门组织承诺的实证研究应该探究其动机基础，要确定公共部门组织承诺的结构，首先必须明确公共部门员工组织承诺的动机。罗姆泽克（Romzek）（1990 年）提出了雇员与组织间存在的两种心理联系：一是基于雇员在工作部门所做的投资，二是基于雇员共享组织机构的重要价值观的承诺。[③]

　　克鲁森（Crewson）（1997 年）则通过文献研究系统探讨了组织承诺的前因变量[④]，他发现 20 年前斯蒂尔斯（Steers）（1977 年）就明确了组织承诺的三种重要前因变量：个人特征、工作特征、工作经历，斯蒂尔斯（Steers）（1977 年）提出的交换理论（exchange theory）就是与这三类自变量有关的理论预期的前提基础，即：处在被个体视为能提供可靠奖励组织中的雇员，比那些发现自己处在不能满足个体需要组织中的雇员的组织承诺感更高。在研究中，个人特征所包括的变量有：任职年限、性别、教育程度、成就需要。成就需要高者组织承诺高，在组织中投入更多时间者组织承诺也更可能高；任职年限的影响与罗索（Rosow）（1965 年）的预期一致，那些将组织价值观成功内化的个体的组织承诺更高；性别对组织承诺的影响目前的研究结果并不一致，丘斯默（Chusmir）（1986 年）发现性别对组织承诺无影响，罗森塔尔（Rosenthal）（1982 年）发现男性比女性的

　　①　Liou, K. T. & Nyhan R. C., "Dimensions of Organizational Commitment in the Public Sector: an Empirical Assessment", *Public Administration Quarterly*, 1994. Vol. 18: 99 –118.

　　②　[美] 海尔·G. 瑞尼著，王孙禹、达飞译：《理解和管理公共组织》，清华大学出版社 2002 年版，第 281—288 页。

　　③　Romzek, B. S., "Employee Investment and Commitment: the Ties that Bind". *Public Administration Review*, 1990. Vol. 50 (3): 375.

　　④　Crewson, P. E., "Public – Service Motivation: Building Empirical Evidence of Incidence and Effect", *Journal of Public Administration Research and Theory*, 1997. Vol. 7 (4): 510.

承诺更高，而莫戴（Mowday）等（1982 年）的研究表明女性的组织承诺比男性更高①。

斯蒂尔斯（Steers）认为，首先，受教育程度高的雇员其期望值也更高，因此他们比受教育程度低的雇员更难以得到满足；其次，对职业价值观和目标的认同导致受过高等教育的雇员的职业承诺高于组织承诺；最后，工资是相对地位、权力、责任的体现，即使那些职位高的雇员没有将组织的文化社会化，他们也能觉察到他们的职业生涯、声誉、个人的未来与组织的绩效紧密相连。这一预期有很好的依据，莱茵哈特等（Rhinehart et al）（1969 年）进行了一项对 2000 年多名公共、私人部门医务管理者的研究，发现个体所处的管理层级越高，需要的满足越大。②

工作特征是克鲁森（Crewson）（1997 年）文献研究中发现的影响承诺的第二类变量，这包括任务的复杂性和与其他同事的相互影响，二者都对组织承诺有积极影响。斯蒂尔斯（Steers）（1977 年）以及哈克曼和劳勒（Hackman & Lawler）（1971 年）发现，从头到尾参与任务的各个环节者其组织承诺更高、与同事相处愉快者组织承诺也更高。③

对于第三类影响组织承诺的因素，克鲁森（Crewson）（1997 年）认为是雇员在组织中的工作经历，工作经历包括个人期望与现实的差距、与雇员相处中雇员产生的重要感、组织可靠感。斯蒂尔斯（Steers）发现，与预期一致的雇员、重要感高的雇员、对组织有强烈信任感的雇员组织承诺都更高。④

考虑到评估公共组织的绩效特别困难，并且服务相对于产品质量而言是个软指标，没有有效的方法测量服务及其结果，克鲁森（Crewson）（1997 年）试图通过探讨公共服务动机与组织承诺的关系，以弄清公共服务动机对绩效的作用。他依照莫戴、波特和斯蒂尔斯（Mowday，Porter & Steers）（1982 年）的界定，视组织承诺为个体认同及投入特定组织的强度，将组织承诺操作化为三个独特的因素：对组织目标和价值观的强烈信念及接受程度、努力为组织工作的渴望、保留组织成员资格的愿望。由于无论是理论上还是实践上都没有证据表

①　Crewson, P. E., "Public – Service Motivation: Building Empirical Evidence of Incidence and Effect", *Journal of Public Administration Research and Theory*, 1997. Vol. 7 (4): 510.

②　Ibid., 1997. Vol. 7 (4): 511.

③　Ibid.

④　Ibid.

明组织承诺的三个成分应有不同的权重，所以克鲁森（Crewson）（1997 年）以每一个因素的均值作为该因素的得分，组织承诺分数是三个因子分数的总和，分值越高表明组织承诺越强。

　　克鲁森（Crewson）（1997 年）用普通最小二乘法（OLS）回归模型验证个体特征、同事的影响、组织经历对组织承诺的影响，他所基于的理论假设是：在控制了其他与组织承诺有关的因素后，服务导向对组织承诺有积极影响（服务导向指的是联邦雇员更看重服务等的内部奖赏，见本书第 49 页），克鲁森（Crewson）将公共服务动机定义为个体的服务导向与其他的导向之差，差值为正，则雇员被视为服务导向型，差值为负则雇员被视为经济导向型）。虽然在克鲁森（Crewson）的研究中，对组织承诺变量测量的有效性可能有点问题，但是模型——特别是回归系数值——显示的结果与使用其他方式测量组织承诺的研究类似，更重要的是模型中的另一变量——服务导向的作用显著，服务导向型联邦雇员的组织承诺比经济导向型联邦雇员的组织承诺要高，这些研究结果与霍尔、斯奈德和尼格伦（Hall，Schneider & Nygren）（1970 年）的研究结果一致[1]，克鲁森（Crewson）发现服务导向的人最有可能产生组织认同，这一结果并不足以为怪，因为大多数联邦组织都是服务型组织。

　　从克鲁森（Crewson）（1997 年）的结果可以看出，服务导向的公共雇员有更高的组织承诺，这给我们的启示是经济奖励导向的雇员更可能是罗姆泽克（Romzek）（1990 年）描绘的疏远型雇员，雇用经济奖励导向的雇员可能对任何一个服务型组织都不利，除非组织的标准换成经济奖励导向，但是考虑到公共服务的特殊性以及预算的限制，公共组织的标准变更又是不可能的。

　　后来，布鲁尔和塞尔登（Brewer & Selden）（1998 年）考察了公共服务动机与工作承诺间的关系，对于工作承诺则通过价值观与组织类似、兴趣以工作为中心、组织激励三个指标测量，结果发现举报者比不举报者的工作承诺水平更高，差异达到非常显著的水平[2]，也即公共服务动机对工作

---

① Crewson, P. E., "Public – Service Motivation: Building Empirical Evidence of Incidence and Effect", *Journal of Public Administration Research and Theory*, 1997. Vol. 7（4）：512.

② Brewer, G. A. & Selden, S. C., "Whistle Blowers in the Federal Civil Service: New Evidence of the Public Service Ethic", *Journal of Public Administration Research and Theory*, 1998. Vol. 8（3）：413 – 440.

承诺有显著影响。

布鲁尔和塞尔登（Brewer & Selden）（2000 年）的研究虽然没有将组织承诺的影响因素分得这么细，但是他们也发现一些个人层面的变量如任务结构、任务动机、公共服务动机、个人绩效是组织承诺的重要预测变量[①]。

乔伊（Choi）（2001）以人格特征变量、工作特征变量、工作经历变量、公共服务动机为自变量，以组织承诺为因变量，通过回归分析探讨了公共服务动机与组织承诺的关系，发现公共服务动机显著影响组织承诺，是进入方程的所有变量中解释力最高的[②]；金（Kim）（2004）对韩国1739 名政府雇员调查数据进行的回归分析，发现控制了性别、年龄、受教育程度、服务年限、职务级别的影响后，公共服务动机与情感承诺相关显著，与前面学者的观点一致[③]。

那么公共服务动机怎么会与组织承诺相连呢？诺克和赖特—艾萨克（Knoke & Wright – Isak）（1982 年）在倾向/机会（predisposition/opportunity）模型中提出，"个体是否献身组织取决于个体的动机倾向和组织诱因体系类型间的关系，个体行为的心理倾向必须与组织的机会结构相匹配。缺少任一元素将导致个体不产生承诺"[④]，可以说是对该问题的很好回答。如斯蒂尔斯和波特（Steers & Porter）（1983）所言，当外界诱因与个体的动机一致时，组织可以期待个体产生他们期待的行为反应。高组织承诺的现实意义就在于它会降低员工的离职和旷工行为，促进员工努力并增进其工作绩效。[⑤]

---

① Brewer, G. A.; Selden, S. C., "Why Elephants Gallop: Assessing and Predicting Organizational Performance in Federal Agencies", *Journal of Public Administration Research and Theory*, 2000. Vol. 10 (4): 685 – 711.

② Choi, Y. J, *A Study of Public Service Motivation: the Korean Experience*, Ph. D, University of Idaho, 2001: 122 – 125.

③ Kim, S., "Individual – level Factors and Organizational Performance in Government Organizations", *Journal of Public Administration Research and Theory*, 2004. Vol. 15 (2): 245 – 261.

④ Knock, D. & Wright – Isak, "Individual Motives and Organizational Incentive Systems", *Research in the Sociology of Organizations*, 1982. Vol. 1: 210.

⑤ Crewson, P. E., "Public – Service Motivation: Building Empirical Evidence of Incidence and Effect", *Journal of Public Administration Research and Theory*, 1997. Vol. 7 (4): 508.

　　在国外的研究中，组织承诺一般被看作一个比其他态度变量（如：工作满意度）更好的员工行为预测变量。波特等学者（Porter et al）（1974 年）发现，承诺比工作满意度更能区分组织的留职者与离职者；布坎南（Buchanan）（1974 年）甚至认为"承诺总的来说是一个组织成功的前提"，如果没有能获得经济利益的预期，人们不可能努力工作。① 员工承诺对那些只有有限的资源而不具备足够实力实行经济奖励的组织特别重要，因为组织的维持不能仅仅依赖经济奖励和利益，尤其是高承诺的个体更可能积极参与组织工作——即使对工作、奖金、上司不满。罗姆泽克（Romzek）（1990）的研究发现雇员承诺对组织机构和个体都有积极作用，承诺的雇员做对组织有益的事情，因为它将增进组织利益与改进个体的价值观相联系。根据承诺程度的不同，罗姆泽克（Romzek）还将承诺者的承诺程度由高到低依次分成以下几种：狂热者（zealots）、高承诺者（the highly committed）、中等承诺者（the moderately committed）、边缘承诺者（the marginally committed）、疏远者（the alienated）。疏远者是处于个人价值观与组织价值观冲突环境者，这种冲突会导致敌意，产生绩效不理想，而随着承诺水平的提高，员工的绩效可能增加。②

　　至于组织承诺的作用，很多研究发现高组织承诺雇员的绩效更高，高水平的组织承诺与高层次的工作绩效相连。然而，对于组织绩效而言，情感承诺比继续承诺和规范承诺都更重要，有研究者对规范承诺的概念缺乏信心并质疑了该概念的明确性③。迈耶等人（Meyer et al）（1989 年）发现，情感承诺与大型食品服务企业低层管理者的绩效正相关而继续承诺与他们的绩效负相关④；萨默斯和伯恩鲍姆（Somers & Birnbanum）（2000

①　Crewson, P. E. , "Public – Service Motivation: Building Empirical Evidence of Incidence and Effect", *Journal of Public Administration Research and Theory*, 1997. Vol. 7（4）: 508.

②　Romzek, B. S. , "Employee Investment and Commitment: the Ties that Bind" . *Public Administration Review*, 1990. Vol. 50（3）: 374 –382.

③　Allen, N. J. & Meyer, J. P. , "The Measurement and Antecedents of Affective, Continuance and Normative Commitment to the Organization", *Journal of Occupational Psychology*, 1990. Vol. 63（1）: 1 –18.

④　Meyer, J. P. , S. V. Paunonen, I. R. Gellatly & R. D. Goffin, "Organizational Commitment and Job Performance: It's the Nature of the Commitment that Counts", *Journal of Applied Psychology*, 1989. Vol. 74（1）: 152 –156.

年）对医疗中心专业人员的分析也得到同样的结果，只有情感承诺与理想的结果有关[1]；安格尔和劳森（Angle & Lawson）（1994 年）[2] 以及肖尔和韦恩（Shore & Wayne）（1993 年）[3] 的实证分析显示，高持续承诺的雇员绩效更低。实证研究的结果也支持了情感承诺对公共组织的重要性，公共雇员的承诺主要基于对公共组织的情绪联系、认同和投入。[4]

### 3. 公共服务动机与绩效

（1）公共服务动机与个体工作绩效

佩里和怀斯（Perry & Wise）（1990 年）认为有高公共服务动机的个体比其他人更倾向于选择到政府部门工作，这些人一般绩效更高，一旦在政府部门工作更倾向于对非功利性激励作出反应。[5] 对于公共服务动机对个体绩效的影响问题，瑞尼（Rainey）（1982 年）和威特默（Wittmer）（1991 年）的研究发现，公共雇员更注重帮助他人和从事有益于社会的工作。[6] 克鲁森（Crewson）（1997 年）发现，公共雇员较之私人雇员更认为成就感、从事有益于社会和他人的工作是工作的重要特征。[7] 内夫和克拉姆（Naff & Crum）（1999 年）发现，公共服务动机与联邦雇员的工作满意度、

---

① Somers, M. & D. Birnbaum, "Exploring the Relationship Between Commitment Profiles and Work Attitudes, Employee Withdrawal and Job Performance", *Public Personnel Management*, 2000. Vol. 29 (3): 353 – 365.

② Angle, H. L. & Lawson, M. B., "Organizational Commitment and Employees' Performance Ratings: both Type of Commitment and Type of Performance Count", *Psychological Reports*, 1994. Vol. 75: 1539 – 1551.

③ Shore, L. M. & Wayne, S. J., "Commitment and Employee Behavior: Comparison of Affective Commitment and Continuance Commitment with Perceived Organizational Support", *Journal of Applied Psychology*, 1993. Vol. 78 (5): 774 – 780.

④ Liou, K. T. & Nyhan R. C., "Dimensions of Organizational Commitment in the Public Sector: an Empirical Assessment", *Public Aadministration Quarterly*, 1994. Vol. 18 (1): 99 – 118.

⑤ Perry, J. L. & Wise, L. R., "The Motivational Bases of Public Service", *Public Administration Review*, 1990. Vol. 50 (3): 370 – 371.

⑥ Rainey, H. G., "Reward Preferences among Public and Private Managers: in Search of the Service Ethic". *American Review of Public Administration*, 1982. Vol. 16 (4): 288 – 302; Wittmer, D., "Serving the People or Serving for Pay: Reward Preferences among Government, Hybrid Sector, and Business Managers". *Public Productivity and Management Review*, 1991. Vol. 14 (4): 369 – 383.

⑦ Crewson, P. E., "Public – Service Motivation: Building Empirical Evidence of Incidence and Effect", *Journal of Public Administration Research and Theory*, 1997. Vol. 7 (4): 499 – 518.

绩效、呆在政府部门的意向、支持政府改革的态度相关显著。[1] 休斯敦（Houston）（2000 年）的研究显示公共服务动机的确存在，公共雇员更注重工作所带来的重要感、成就感之类的内部奖励。[2] 阿朗索和刘易斯（Alonso & Lewis）（2001 年）对 1991 年的联邦雇员调查（Survey of Federal Employee）结果及 1996 年的功绩制调查（Merit Principles Survey）结果进行了多元回归和 Logit 分析，试图检验公共服务动机与个体工作绩效间的关系，在公共服务动机是否积极影响雇员的级别和绩效评定上得到混合的结果：期望因额外绩效获得物质奖赏的雇员取得的级别更高，得到的绩效评定也更好，但是并没有证据表明高公共服务动机者的物质奖赏和绩效得分低。[3]

但是高工作绩效是公共服务动机理论的核心。几项调查表明，举报者的工作绩效更高，而且严厉的报复会降低举报者工作绩效的说法并没有得到实证研究的支持。[4] 总结这些发现，米塞利和尼尔（Miceli & Near）认为："使用不同研究方法，所得到的结果中最一致的结论是举报者比其他组织成员工作更有效率。"[5] 米塞利和尼尔（Miceli & Near）等的研究发现，大多数举报者并非不满的员工，恰好相反，他们是所在组织中工作最有效率，评价最高和忠诚度最高的员工。博曼（Bowman）等的研究显示，大多数的举报者都是有强烈良知的普通人，此外，大多数举报者还是高绩效者。实证研究还显示，大多数举报者与组织的正式目标一致，认同组织而且有很强的职业责任感。作为个体，举报者是对工作尽职尽责的保守人士，他们遵守制度，思想传统而且有爱国心。他们认为，当他们面临道德或伦理的两难境地时，会有一种"扩大的责任感"（extended sense of re-

---

① Naff, K. C. & Crum, J., "Working for America: does Public Service Motivation Make a Difference?", *Review of Public Personnel Administration*. 1999. Vol. 19 (4): 5 – 17.

② Houston, D. J., "Public – Service Motivation: a Multivariate Test", *Journal of Public Administration Research and Theory*, 2000. Vol. 10 (4): 713 – 727.

③ Alonso, P. & Lewis, G. B., "Public Service Motivation and Job Performance: Evidence from the Federal Sector", *American Review of Public Administration*. 2001. Vol. 31 (4): 363 – 380.

④ Miceli, M. P., Near, J. P. & Schwenk, C. R., "Who Blows the Whistle and Why?", *Industrial and Labor Relations Review*, 1991. Vol. 45 (1): 113 – 130.

⑤ Brewer, G. A. & Selden, S. C., "Whistle Blowers in the Federal Civil Service: New Evidence of the Public Service Ethic", *Journal of Public Administration Research and Theory*, 1998. Vol. 8 (3): 425.

sponsibility）。总之，他们把责任看得很重①。

布鲁尔和塞尔登（Brewer & Selden）（1998 年）探讨了举报行为与个人绩效、组织绩效的关系，结果发现举报者的个人绩效、所在组织的绩效都显著高于非举报者的，特别是个人绩效的差异，两组达到 0.001 的显著性水平。② 通过由美国维护功绩制委员会（merit systems protection board，MSPB）提供的档案数据来检验这些推测，布鲁尔和塞尔登（Brewer & Selden）认为，举报者的行为与公共服务动机的理论一致。也就是说，举报者是工作高效率者，有更高水平的成就感，激励他们的是对公共利益的关心，而且，举报者似乎更乐意工作于高绩效的工作团队和组织。可以说，这项研究为公共服务动机理论提供了强有力的实证支持。

也有学者试图探讨影响个体绩效的其他因素，其中关注较多的是工作满意度与个体绩效间的关系，但是得到的工作满意度与绩效间的关系结论却是不太一致的，贾弗丹诺和马奇斯基（Jaffaldano & Muchinsky）（1985 年）对 74 项研究总共 12192 名调查对象调查数据的元分析结果显示，只有少部分研究表明工作满意度与个体工作绩效正相关③；伽杰等学者（Judge et al）（2001 年）则进一步明确了结果令人费解的一些关键原因，并设法弄清了工作满意度和绩效间的真正关系，在对 312 组样本 54417 名调查对象的新元分析中，伽杰（Judge）等学者发现，工作满意度与个体的工作绩效正相关，虽然相关系数只有 0.3④；杨西弗（Yousef）（1998 年）对阿拉伯联合酋长国公共部门和私人部门雇员的分析也发现，雇员对工作保障越满意，工作绩效就越高⑤。

（2）公共服务动机与组织绩效

公共部门的组织绩效难以测量，是研究者们遇到的最头疼问题，布鲁

---

① Brewer, G. A. & Selden, S. C., "Whistle Blowers in the Federal Civil Service: New Evidence of the Public Service Ethic", *Journal of Public Administration Research and Theory*, 1998. Vol. 8 (3): 420.

② Ibid., 1998. Vol. 8 (3): 413 –439.

③ Jaffaldano, M. T. & Muchinsky, P. M., "Job Satisfaction and Job Performance: A meta – analysis", *Psychological Bulletin*, 1995. Vol. 97 (2): 251 –273.

④ Judge, T. A., Thoresen, C. J., Bono, J. E. & Parron, G. K., "The Satisfaction – Job Performance Relationship: a Qualitative and Quantivative Review", *Psychological Bulletin*, 2001. Vol. 127 (3): 376 –407.

⑤ Yousef, D. A., "Satisfaction with Job Security as a Predictor of Organizational Commitment and Job Performance in a Multicultural Environment". *International Journal of Manpower*, 1998. Vol. 19 (3): 184 –194.

尔和塞尔登(Brewer & Selden)(2000 年)提出，应基于组织成员的知觉来测量组织绩效。[①] 虽然传统的用客观数据来测量组织绩效的方法，被人们认为偏见成分少，可是客观数据又常常难以得到（特别是有关公共部门的绩效数据）。当难以得到客观的绩效数据时，学者们认为主观的绩效（如知觉到的绩效）测量可能就是合理的选择了。[②] 那么主观的绩效测量结果效度如何呢？虽然人们对绩效测量的自陈方式或知觉方式总是有所疑义，但是有证据显示，知觉到的组织绩效与客观测量的绩效高度相关，最早研究组织绩效主观测量效度的是企业管理策略专家，后来逐渐进入到其他领域。如德斯和罗宾森(Dess & Robinson)(1984 年)发现知觉的数据与金融绩效测量高度正相关。如果不能获得客观的绩效数据，那么，可以认为，绩效测量的主观方法是可行的，而且恐怕也是最合适的相对绩效测量方法。其他研究也发现知觉到的组织绩效与客观的组织绩效高度正相关[③]，特别是近期的一些研究用大量的知觉结果来测量组织绩效以探讨管理策略对组织绩效的影响，这些研究发现，不论是营利性组织还是非营利性组织都可以使用知觉方式测量组织绩效，因为非营利性组织要获得客观的绩效数据通常很难[④]。

不过，当前学者们对组织绩效和组织效能的标准还缺乏一致的认识，很多研究者使用单一的指标，如波珀韦奇（Popovich）（1998 年）就将高效组织界定为"能在同等资源甚至更少资源的情况下，以更高的质量为人

① Brewer, G. A., Selden, S. C., "Why Elephants Gallop: Assessing and Predicting Organizational Performance in Federal Agencies", *Journal of Public Administration Research and Theory*, 2000. Vol. 10 (4): 698.

② Allen, R. S. & Helms, M. M., "Employee Perceptions of the Relationship between Strategy, Rewards and Organizational Performance", *Journal of Business Strategies*, 2002. Vol. 19 (2): 115 – 139.

③ Dolling, M. L. & Golden, P. A., "Interorganizational and Collective Stragegies in Small Firms: Environmental Effects and Performance", *Journal of Management*, 1992. Vol. 18 (4): 695 – 715; McCracken, M. J., McIlwain, T. E. & Fottler, M. D, "Measuring Organizational Performance in the Hospital Industry: an Exploratory Comparison of Objective and Subjective Methods", *Health Services Management Research*, 2001. Vol. 14 (4): 211 – 219.

④ McCracken, M. J., McIlwain, T. E. & Fottler, M. D, "Measuring Organizational Performance in the Hospital Industry: an Exploratory Comparison of Objective and Subjective Methods", *Health Services Management Research*, 2001. Vol. 14 (4): 211 – 219.

们提供所需要的产品或服务的员工团体"①，仅仅从效率角度看待绩效。但是，人们普遍认为组织评估需要更全面的标准，能综合内部成员（组织成员）和外部成员（顾客和公民）对组织多方面的评价②。早在 1982 年，乔布森和施讷克（Jobson & Schneck）就提出全面评估组织绩效需要从内部、外部设置多重标准，爱泼斯坦（Epstein）（1992 年）也认为，要测量公共服务组织的绩效，不能仅仅只向内盯着它的运作效果，也要向外看到服务对象——公众对此的反应。全面理解公共服务组织绩效，有助于公共组织既实现公共服务对外部公众的责任又实现其内部管理的责任。博斯屈肯（Boschken）（1992 年）就采用通过选民测量公共组织绩效的方法，沃尔夫（Wolf）（1997 年）用结果导向和操作导向两种标准评估绩效，也就是从结果和过程两方面对绩效进行测量。③

从上面的综述可以看出，这些学者对组织绩效的认识仅仅局限于效率层面，而公共组织单纯追求效率可能带来一些问题。布鲁尔和塞尔登（Brewer & Selden）（2000 年）认为，先前的研究倾向于从狭窄的角度切入，测量的是效率层面的绩效而忽视了对诸如平等、公正等价值观的考察，这样狭窄地测量组织绩效会导致有关组织效能的一些结论令人误解。④

根据瑞尼和斯坦鲍尔（Rainey & Steinbauer）（1999 年）对组织绩效的认识：组织绩效指的是组织在履行管理使命和运作职能上是否做得好，组织是否真正产生了寻求使命或制度命令的行为和结果，组织的内部管理和运作是否有助于组织目标的实现。⑤ 布鲁尔和塞尔登（Brewer & Selden）（2000 年）将公共部门组织绩效的维度分成内部绩效和外部绩效两个层面，每一层面又分别按照绩效相关价值观分成效

---

① Kim, S., "Individual – Level Factors and Organizational Performance in Government Organizations", *Journal of Public Administration Research and Theory*, 2004. Vol. 15 (2): 245.

② Ibid., 2004. Vol. 15 (2): 250.

③ Ibid.

④ Brewer, G. A., Selden, S. C., "Why Elephants Gallop: Assessing and Predicting Organizational Performance in Federal Agencies", *Journal of Public Administration Research and Theory*, 2000. Vol. 10 (4): 688.

⑤ Rainey, H. G., & Steinbauer, P., "Galloping Elephants: Developing Elements of a Theory of Effective Government Organizations", *Journal of Public Administration Research and Theory*, 1999. Vol. 9 (1): 1 – 32.

率、效能和公平三项指标[①]。

对于公共服务动机与组织绩效的关系，瑞尼和斯坦鲍尔（Rainey & Steinbauer）（1999 年）发现，动机决定组织的效能。布鲁尔和塞尔登（Brewer & Selden）（2000 年）在验证影响公共组织绩效的因素的综合模型中也发现公共服务动机是公共组织绩效的一个较重要的预测变量。但是阿朗索和刘易斯（Alonso & Lewis）（2001 年）的发现，揭示出公共服务动机与绩效间的关系还不是很强。[②] 奥斯特罗夫（Ostroff）（1992 年）对 298 所学校 13808 名教师的数据分析结果支持的是雇员工作满意度与组织绩效正相关的结论。[③]

基于瑞尼和斯坦鲍尔（Rainey & Steinbauer）（1999 年）提出的有效政府组织理论，以及布鲁尔和塞尔登（Brewer & Selden）（2000 年）政府绩效理论模型的实证研究结果，金（Kim）（2004 年）探讨了公共雇员个人的态度和行为对政府绩效的影响。依据波珀韦奇（Popovich）高效组织的定义，金（Kim）认为优秀的公共雇员应该具备如下特征：高工作满意度、高组织承诺、高公共服务动机、强烈的为组织尽心尽力工作的意向。具备上述特征的雇员有助于提高组织绩效，因为他们愿意为组织目标和目的的实现而工作，愿意全心全意为组织和公众服务，进而增进组织绩效。而高的组织绩效反过来也会产生工作满意和组织承诺，从而使员工有更强的公共服务动机。[④] 通过对 1793 名韩国政府雇员的调查分析，金（Kim）探讨了个体层面的因素，如工作满意度、组织承诺、公共服务动机、组织公民行为对组织绩效的影响，结果发现公共服务动机与组织绩效正相关。[⑤] 金（Kim）（2004 年）的研究揭示出在个人层级的变量中，工作满意度、组织公民行为、情感承诺、公共服务动机都影响组织绩效，并且对公共部门组织绩效的预测能力依

　　① Brewer, G. A. & Selden, S. C. , "Why Elephants Gallop: Assessing and Predicting Organizational Performance in Federal Agencies", *Journal of Public Administration Research and Theory*, 2000. Vol. 10 (4): 689.

　　② Alonso, P. & Lewis, G. B. , "Public Service Motivation and Job Performance: Evidence from the Federal Sector", *American Review of Public Administration* 2001. Vol. 31 (4): 363 – 380.

　　③ Ostroff, C. , "The Relationship between Satisfaction, Attitudes, and Performance: an Organizational Level Analysis", *Journal of Applied Psychology*, 1992. Vol. 77 (6): 963 – 975.

　　④ Kim, S. , "Individual – Level Factors and Organizational Performance in Government Organizations", *Journal of Public Administration Research and Theory*, 2004. Vol. 15 (2): 245.

　　⑤ Ibid. , 2004. Vol. 15 (2): 245 – 261.

次降低，所以金（Kim）认为通过改进公共雇员的工作满意度可以增进公共组织绩效，他的研究结果与奥斯特罗夫（Ostroff）（1992 年）、杨西弗（Yousef）（1998 年）、伽杰等（Judge et al）（2001 年）的一致；情感承诺与组织绩效相关，也支持了迈耶（Meyer）等人（1998 年）以及萨默斯和伯恩鲍姆（Somers & Birnbanum）（2000 年）的发现；金（Kim）的研究发现公共服务动机影响组织绩效，证实了内夫和克拉姆（Naff & Crum）（1999 年）以及布鲁尔和塞尔登（Brewer & Selden）（2000 年）的结果，同样也验证了瑞尼和斯坦鲍尔（Rainey & Steinbauer）（1999 年）提出的观点：有效的政府机构中的员工的公共服务动机水平高；也揭示了组织公民行为与组织绩效间的积极关系，支持了史密斯、奥根和尼尔（Smith，Organ & Near）（1983 年）、波丹斯科夫和麦肯兹（Podanskoff & Mackenzie）（1997 年）、科伊（Koys）（2001 年）的研究结果。[①]

布鲁尔和塞尔登（Brewer & Selden）（1998 年）的研究，考查了发现违法或贪污行为后举报者和不举报者这两类人的差异，结果显示，举报者和不举报者在对工作稳定性和对公众利益的认识上存在显著的不同。那些更多注重工作稳定性的雇员明显不可能举报违法行为，而举报者对工作稳定性明显看得没那么重，却在对尊重公众利益的态度上表现出显著高于不举报者的趋势。[②] 这些结果跟公共服务动机理论是一致的，也就是说，举报者表现出追求公共产品和深化公众利益的趋向，而将工作的稳定性这类功利性需求放在其次。这一结果表明：举报者会举报那些对公众造成严重后果或对公众利益构成严重威胁的行为。

对文献回顾的结果显示，公共服务动机与积极的个人特征和积极的组织条件密切相关。与此理论一致，布鲁尔和塞尔登（Brewer & Selden）（1998）的研究还发现，举报者有更好的工作表现和更大的工作成就，而且有更高的工作承诺和工作满意度。此外，研究结果还显示：举报者大都工作在更高绩效的团队和组织中。[③] 这些发现都说明，公共服务动机对公

---

① Kim, S., "Individual – Level Factors and Organizational Performance in Government Organizations", *Journal of Public Administration Research and Theory*, 2004. Vol. 15 (2)：254.

② Brewer, G. A. & Selden, S. C., "Whistle Blowers in the Federal Civil Service：New Evidence of the Public Service Ethic", *Journal of Public Administration Research and Theory*, 1998. Vol. 8 (3)：413 –440.

③ Ibid. .

共管理有着广泛的、积极的意义，有力地驳斥了一般人对举报者的消极刻板印象，也就是：如果举报者是自私自利的麻烦制造者的话，他们会比其他雇员承诺更低、满意度更低，而且表现更糟糕，他们所处的团队和组织也会因此表现出更低的组织绩效。

### 4. 公共服务动机的其他作用研究

在公共服务动机研究中，探讨比较多的问题还有组织公民行为，组织公民行为是个体的一种随意行为，它与正式的奖励体系没有直接或外显的联系，但能从整体上有效地提高组织的效率和效能。① 组织公民行为包括做超出工作责任需要的事情（如帮助他人完成任务）、营造积极的工作环境、避免不必要的冲突、参与组织活动、从事超出常规角色需要的任务等，组织公民行为的现实意义就在于它能增进公共组织和私人组织的效率和效能。

史密斯、奥根和尼尔（Smith，Organ & Near）（1983 年）采用 16 个项目来测量组织公民行为，这 16 个项目分为两个相对独立的因子：利他主义（altruism）和一般服从（general compliance）。利他是亲自帮助同事，如帮助同事拎重物；一般服从是指非个人的有益行为，如准时上班、不浪费工作时间。②

奥根（Organ）（1988 年）提出了五类组织公民行为：责任意识（conscientiousness）、利他（altruism）、公民道德（civic virtue）、运动员精神（sportmanship）、谦恭礼貌（courtesy）。责任意识是雇员表现出超越组织最低要求的角色内行为；利他是给他人提供帮助；公民道德是雇员积极参与组织的政治生活；运动员精神是个人任劳任怨、态度积极；谦恭礼貌是尊重他人。③

一般人们认为，组织公民行为可以通过润滑组织的社会机制来增进组织绩效。然而，与大量研究探讨组织公民行为的前因相反，学者们很

---

① Kim, S., "Individual – Level Factors and Organizational Performance in Government Organizations", *Journal of Public Administration Research and Theory*, 2004. Vol. 15 (2): 249.

② Smith, C. A., Organ D. W. & Near, J. P., "Organizational Citizenship Behavior: Its Nature and Antecedents", *Journal of Applied Psychology*, 1983. Vol. 68 (4): 653 – 663.

③ Kim, S., "Individual – Level Factors and Organizational Performance in Government Organizations", *Journal of Public Administration Research and Theory*, 2004. Vol. 15 (2): 249.

少研究组织公民行为与组织绩效的关系。波丹斯科夫和麦肯兹（Podanskoff & Mackenzie）（1997 年）坚持认为组织公民行为与组织绩效相关；科伊（Koys）（2001 年）则发现组织公民行为影响组织的收益率[①]；金（Kim）（2004 年）对韩国 1739 名政府雇员调查数据回归分析的结果发现，控制了性别、年龄、受教育程度、服务年限、级别的影响后，不仅公共服务动机与工作满意度、情感承诺相关显著，组织公民行为也与公共服务动机正相关。[②]

乔伊（Choi）（2001 年）则借助布鲁尔和塞尔登（Brewer & Selden）（1999 年）的公共组织雇员的角色和责任知觉研究成果，首次探讨了政府雇员的公共服务动机对其四种角色或责任的知觉——中立角色（neutrality）、主动管理（proactive administration）、管理效率（managerial efficiency）、社会公平（social equity）的影响，认为公共服务动机能够积极影响政府雇员的中立性、主动管理、管理效率、社会公平知觉，公共服务动机能增进政府雇员的角色和责任知觉。同时影响政府雇员角色和责任知觉的还有性别、级别等其他人口统计特征变量，不过对于每一种角色知觉的作用，这些人口统计特征变量的地位并不相同，在这四种角色知觉中除中立角色外，在其他三种角色知觉上女性均显著高于男性。[③]

克鲁森（Crewson）（1997 年）还探讨了公共服务动机对政策及政治态度的影响。依据对公共雇员角色的理解，尼斯坎南（Niskanen）（1991 年）认为服务取向的雇员更会促进政府的成熟，因为他们热心于服务他人，所以会制定更多的政策、项目，扩大政府的作用；于是克鲁森（Crewson）探讨了公共服务动机对公共政策态度以及政治态度的影响，采用美国 1989 年全国社会调查（general social survey，简称 GSS）数据来比较服务动机占主导者与不占主导者对政府角色认识的差异。至于对政府角色的认识，克鲁森（Crewson）编制了三个具体的情境问题来反映雇员对政府职能的态度（如政府对公民医疗卫生的责任、对失业者的基本生活保障责任、解决国家问题的

---

① Kim, S., "Individual – Level Factors and Organizational Performance in Government Organizations", *Journal of Public Administration Research and Theory*, 2004. Vol. 15（2）：250.

② Ibid., 2004. Vol. 15（2）：254.

③ Choi, Y. J., *A Study of Public Service Motivation: the Korean Experience*, Ph. D, University of Idaho, 2001.

责任等），在探讨雇员的报酬导向（reward orientation）与对政府角色的态度二者之间的关系时，克鲁森（Crewson）发现经济导向（economic oriented）和服务导向（service oriented）的雇员在对政府角色的态度上没有显著差异，于是他认为，至少在研究所探讨的政府这三方面角色中，公共部门即使有大量服务导向的雇员也不会改变政府主要的政策立场；在比较雇员的报酬导向（reward orientation）与雇员的党派关系（party affiliation）（民主派、独立派、共和派）以及政治意识形态（political ideology）（自由、保守、中间）的关系时也得到类似的结果。基于这些初步的比较分析，克鲁森（Crewson）认为，强烈公共服务动机的存在不可能带来政策偏好，即公共服务动机对政策和政治态度的影响不明显。[1]

在克鲁森（Crewson）（1997 年）的研究中，不论是对涉及不同组织类型、很多职业的全国性样本的研究，还是只针对同一职业的不同部门的研究，都发现公共部门和私人部门的雇员在报酬偏好上存在显著差异，那么，这是自我选择的结果还是由于受工作环境的熏陶呢？克鲁森（Crewson）认为两部门雇员存在这些差异，乃组织的目标和使命使然，营利性企业更可能吸引经济导向的雇员，而公共服务组织和公共非营利组织更可能吸引服务导向的雇员，尽管报酬动机上的差异并没有影响雇员对政府角色的态度，但是研究结果还是显示出，服务导向的雇员比经济导向的雇员绩效更高。

公共服务动机甚至能改变人们对组织环境的知觉，斯科特和潘德（Scott & Pandey）（2003 年）研究了公共服务动机对雇员组织程序限制知觉的影响。通过大量的测量数据，他们发现有高水平公共服务动机的公共管理者更不可能知觉到组织机构的程序限制，在公共服务动机的四个维度中，公共政策的吸引对机构程序限制知觉的影响最大。[2]

## 五 我国目前的相关研究

我国目前尚未有专门针对公共服务动机的研究。有关公共部门员工行

---

① Crewson, P. E., "Public - Service Motivation: Building Empirical Evidence of Incidence and Effect", *Journal of Public Administration Research and Theory*, 1997. Vol. 7 (4): 499 – 518.

② Scott, P. G. & Pandey, S. K., "Red Tape and Public Service Motivation - Findings from a National Survey of Managers in State Health and Human Services Agencies", *Review of Public Personnel Administration*. 2005. Vol. 25 (2): 155 – 180.

为的分析，更多的是从道德伦理的角度来进行规范性分析，有限的实证研究也主要是针对工作态度等组织行为变量来进行的，有关公共服务动机及其公共服务动机对这些组织行为变量影响的研究尚未见报道。可以说我国学者还游离在公共服务动机研究领域之外，还更多的是从伦理学角度切入相关主题，仅仅局限于经验层面。

我国学者张康之（2003 年）认为，在权治、法治、德治三种不同的社会治理行为模式中，统治型社会治理模式是以权治为主，法治和德治只是辅助手段；管理型社会治理模式是以法治为主，排斥德治；服务型社会治理模式是法治与德治的有机结合，以德治为主。公共管理所要确立的是德治的制度体系。① 在倡导服务型政府、节约型政府的今天，公共管理是一种服务定位的社会治理方式，它把统治型和管理型社会治理活动中的对象性限制转化成社会治理主体的自我限制，公共管理不是殚精竭虑地控制治理对象，而是通过治理主体的自我约束、自我限制来保证提供优质高效的服务，人类社会对德治的选择是历史的必然。现代哲学对人性的分析已经基本取得了共识：人既有理性的一面又有非理性的一面，在现实生活中，纯粹的经济人和纯粹的道德人都不存在，社会不允许绝对利己而从不利他的人存在，也不可能为绝对利他而从不利己的人提供生存的空间，所以现实中的人总是表现为经济人和道德人的混合，是善与恶、理性与非理性、利己与利他的矛盾统一体。

我国学者李建华（2002 年）认为，官德属于角色道德范畴而非职业道德范畴。职业是人们由于社会分工从事具有专门业务和特定职责并以此作为主要生活来源的社会活动，而角色是指在社会生活中处于一定社会位置、具有一定社会规范的活动个体及行为模式②；职业侧重于社会的自然分工并是养家糊口的基本方式，而角色侧重于人们的身份和地位；职业是个人自致和社会指定的结果，往往是固定的和单一的，有时是终身的，而角色则是社会关系的产物，具有变动性、同兼性等特点。职业道德是从事一定职业的人们在其特定的工作或劳动中的行为规范的总和，具有内容上的稳定性、范围上的限定性、形式上的多样性等特点；角色道德是人们在社会生活中充当某种角色时必须遵守的行为准则、价值观念及其道德实

---

① 张康之：《公共管理伦理学》，中国人民大学出版社 2003 年版，第 84 页。

② 李建华：《中国官德》，四川人民出版社 2002 年版，第 32 页。

践。职业道德突出了行业性的群体特点；而角色道德则突出了在社会关系中的个体性。

把官德定位于职业道德，在理论和实践上都不利于加强官德建设：首先，这样会降低官德的社会地位和自身要求，因为官员如果仅仅是为了挣钱养家、仅仅为了谋生，则在为官动机上就混同于一般老百姓，在从政行为中会为保饭碗而不求有功但求无过；其次，官德的职业定位会弱化角色意识。

角色意识是形成角色权利和义务、地位与作用观念的前提，角色意识中渗透着角色的自我认可、自我评价，因而又是角色自信心、自尊心的源泉，正确的角色意识可以使所担任的角色得以成功，错误的角色意识则会使角色趋于失败。

为官者的价值支柱应该是：全心全意为人民服务，将人民的利益置于第一位、廉洁、公正。对此，张康之（2003 年）将那些在以往的社会治理模式中被视为美德、在公共管理中被视为责任义务的公共管理者公共服务德行概括为仁爱、公正、求实、宽容、节制五个方面。仁爱是与他人相与为友的德性。

由此可见，我国这方面的相关研究还没有明确提出公共服务动机的概念，学者更多的是从道德的角度来探讨相应问题，而且仅仅处于定性分析阶段，与国外存在一定的差距。张康之的分析认识到了人有利他的一面，以及德治在公共管理中的重要作用；李建华则进一步看到了官德不是一般的职业道德，加强官德建设不能仅仅局限于职业层面，而应该加强官员的角色意识。但是，他们的分析没有实证研究的支撑，而且仅仅是从伦理道德的角度来解释公共管理者合符规范的公共服务动机，这似乎还不够。

# 第三章　研究的构思与理论假设

## 一　问题的提出

近年来，公共服务动机在西方成为公共管理学者研究的热点并非偶然，它折射了公共管理改革实践的需要。自 20 世纪 70 年代末以来，席卷世界的公共管理改革运动，倡导企业家精神，以市场导向、回应顾客需求的企业化政府管理方式取代了传统的、僵化的、科层制官僚政府管理方式，将私人部门的管理技术和方法运用到公共部门，有力地促进了西方国家摆脱管理危机、财政危机和信任危机。但是，新公共管理自身的内在矛盾与冲突，特别是它对公共价值观的削弱，遭到诸多学者的批评，促使了超越新公共管理的新公共服务理念的诞生。与新公共管理不同的是，新公共服务建立在公共利益的观念基础上，建立在公共管理者为公民服务之上，它倡导公民的主导地位，呼吁维护公共利益，尊重公民的权利，这就要求公共管理者要重新定位自己的角色，当管制和命令的管理者角色让位于协调和裁决的服务者角色时，公共管理者就必须意识到：他们仅仅是公共项目和公共资源的管家、是公民权和民主对话的促进者、是社区参与的催化剂和基层的领导者。如果没有这样一种服务意识，公共管理者就无法适应变革的环境，无法满足公众的需求，政府职能也就不能得到很好的发挥，并将制约着国家和社会的发展。如何使公共管理者发挥出服务于公众的热情，已成为公共管理领域学者考虑的一大问题，公共服务动机研究的正是公共部门员工的公共服务动力，这一动力能够促进公共组织的效能，所以得到诸多学者的关注。

另外，工作动机也一直是组织行为学研究的热点问题，它的很多研究成果都来源于国外企业组织的管理实践，公共组织因为与私人组织的职能不同，公共服务是公共组织特有的责任和义务，公共服务动机必然有别于一般企业组织员工的工作动机，探讨公共部门员工公共服务动机的特点与规律，可以丰富工作动机理论，这显然是非常必要而且意义重大的，这也是公共管理学者们致力其中的原因之一。

在我国，公共服务动机的系统研究目前还很缺乏，分别以"公共服务动机"为关键词查询中国期刊网、维普网、万方数据库等网络资源，搜索不到相关的研究文献，以"公共服务"为关键词能搜索到几十篇相关文章，但大都是介绍国外公共服务理念和揭示对我国政府改革启示的，并没有从对政府公务员的行为分析这些微观管理的角度来进行实证研究探讨。在我国社科基金申报指南中，最近两年的选题计划也只是将公共服务中的提供机制改革这些宏观管理的问题作为选题参考，还没有更细的考虑到员工行为的微观管理上来。

但是公共服务动机的思想和内容对中国人来说并不陌生，作为一个崇尚道德、重视操守的民族，我国几千年的文化，形成了许多敬业乐群、公而忘私的传统美德，公共服务动机与我国的这些传统美德可谓异曲同工，特别是与我国一直倡导的全心全意为人民服务的公仆理念有着惊人的相似。早在先秦时期，我国伟大的思想家荀子就指出："君者，舟也；庶人者，水也；水则载舟，水则覆舟。"此外还有"故君人者欲安，则莫若平政爱民矣；欲荣，则莫若隆礼敬士矣；欲立功名，则莫若尚贤使能矣，是君人者之大节也"（《荀子·王制》）、"治国有常，而利民为本"（《淮南子·氾论训》）以及"故夫为人臣者，以富乐民为功，以贫苦民为罪"（《新书·大政上》）等，都将为公众服务作为为官之道，将富民乐民作为评价官员道德的标尺，这种以民为本、得民者昌、失民者亡的思想在我国古代有很多类似的精辟论述。

毛泽东在总结我国干部道德的实践中，提出了"全心全意为人民服务"、"毫不利己、专门利人"、"一切从人民的利益出发"的思想；邓小平理论中的"管理就是服务"和江泽民的"三个代表"重要思想，也都确立了以人为本的发展理念和立党为公、执政为民的要求；胡锦涛多次指出的权为民所用，利为民所谋，情为民所系，成为当今干部道德的核心内容；这充分反映了我国历届领导人对政府所给予的共同道德期望和政治要求。自新中国成立以来，我国政府一直倡导的公仆理念，要求干部公正廉洁、忠诚积极、全心全意为人民服务，反对官僚主义、弄虚作假、利用职权牟取私利，就是对公共服务动机的很好诠释。在计划经济时代，刚刚获得新生当家做主的人们都以空前高涨的热情投身社会的建设；20世纪60

年代掀起的学雷锋热潮更使得人们争先表现出处处为他人着想的利他行为，无私奉献、任劳任怨、大公无私的精神在那个时代可谓深入人心；公仆焦裕禄身先士卒、以身作则、公而忘私又成为公共服务领域的一面旗帜；那个时代不计报酬的自我奉献是人们工作的价值观和动力，精神激励、道德教化成为管理的主要手段。20世纪90年代以来，随着市场经济的发展，人们在计划经济时代建立起的工作价值观逐渐消失，管理者发现物质激励更直接有效，原先的宣传在物质的冲击下逐渐苍白无力，道德的教化甚至被一些人视为陈腐，权力寻租、腐败现象的产生也让人们对一些为官者的为官动机产生怀疑。尽管如此，在这个时代还是涌现出了敢于献身、甘当公仆的现代焦裕禄——孔繁森、人民的好卫士——任长霞、"有福民享，有难官当"的基层村官吴仁宝……可以说，一个个令人肃然起敬的名字后面都连着一串串可圈可点、可歌可泣的事迹。

建设服务型政府是我国转型时期政府改革的方向。服务型政府是在借鉴西方国家行政改革的先进经验基础上，结合我国具体国情，着眼于全面建设小康社会的需要而提出的政府治理模式。服务型政府是在公民本位、社会本位理念指导下，在整个社会民主秩序的框架下，通过法定程序，按照公民意志组建起来的以为公民服务为宗旨并承担着服务责任的政府。[①]它要求政府以公民的需求为导向，做到"权为民所用，情为民所系，利为民所谋"。这就需要政府公务员转变角色认知，重拾传统美德，以公共服务为工作的动机导向，而管理者则必须在充分认识公共服务动机的基础上，采取相应的措施提高员工管理的效率。我们可以预见，尽管我国目前尚未有专门针对公共服务动机的研究，但是随着我国服务型政府改革进程的深入，我国公共组织的公共服务动机研究将逐渐为公共管理学者所重视。

基于上述认识，笔者尝试着去探讨当今社会背景下我国公共部门员工的公共服务动机，希望通过本书的探索性研究，能够抛砖引玉，带来我国公共服务动机研究的繁荣，缩小与国外的差距，同时揭示我国公共部门员工的公共服务动机的特征，为我国公共部门改革和管理提供政策依据。

---

① 刘熙瑞：《服务型政府——经济全球化背景下中国政府改革的目标选择》，《中国行政管理》2002年第7期，第5—7页。

## 二　研究的总体构思

公共服务动机的测量是本研究量化分析的基础和关键，因为我国目前尚无公共服务动机的测量问卷，所以在国外研究的基础上，首先得编制相应的测量问卷，本研究拟通过对公共部门员工的深入访谈获得相应问题条目，依此形成初始问卷，再对公共部门员工进行初步测试，然后通过项目分析，修订不合格条目并形成正式的公共服务动机测量问卷。

根据已有的文献回顾，本研究拟遵从一般的研究思路，从三个方面来进行分析：公共服务动机的特点、公共服务动机的影响因素和公共服务动机的作用。

公共服务动机的特点研究，主要通过各部门员工公共服务动机的比较来揭示公共服务动机的部门差异，检验公共服务动机的跨文化效应。这方面的研究主要考察各部门员工的公共服务动机与人口统计诸变量间的关系，从人口统计特征变量方面进行描述分析。

我国 MPA 研究生绝大多数是政府公务员，也有少部分来自私人部门或非政府公共组织，根据目前国外已有的研究成果，公共服务动机具有部门特点。但是国外的研究有的是将公共部门和私人部门的员工进行比较，发现公共服务动机在公共部门员工身上体现明显；有的则进一步将前者细分为政府组织和非政府公共组织，发现三部门员工中政府雇员的公共服务动机最强；所以国外公共服务动机前因和后果的研究，要么是只针对政府雇员，要么是针对所有公共组织的雇员。因为我们国家没有相关研究可以借鉴，对公共服务动机的影响因素和公共服务动机的作用的研究，如果将所有 MPA 学生的资料混在一起，很可能由于公共服务动机在各部门员工身上强度不同而影响最终结果，所以后面的分析对象要依前面的结果而定：如果我们发现政府公务员的公共服务动机与非政府公共组织员工的公共服务动机没有显著差异，我们将在后面的分析中只将私人部门的员工排除在分析之外；如果二者存在显著差异，我们则只以政府公务员为研究对象来分析影响政府公务员公共服务动机的影响因素、政府公务员公共服务动机的作用。考虑到我国三个部门的特点，结合西方的研究结果，笔者预计我国政府公务员的公共服务动机可能有别于其他两类人员，而且不同部门组织背景不同、绩效考核等的要求也不一致，所以在深入探讨公共服务动机的影响因素和公共服务动机的作用时笔者将只以政府公务员为对象。

关于对公共服务动机影响因素的探讨：因为一项研究不可能涉及很多变量，本研究仅从微观管理的角度，着眼于组织行为特征，主要分析认知因素和人格因素这两类变量对公共服务动机的影响。按照社会认知理论，社会认知是认识人的复杂性社会行为的关键，人们的社会行为是建立在人们的认知基础之上，人们对环境的知觉、对他人的知觉、对角色的知觉以及对群体的知觉都会影响其社会行为。所以本研究将考察政府公务员的角色知觉、环境背景的知觉对其公共服务动机的影响，通过自我评估的方式获得政府公务员的角色知觉、组织知觉等方面的数据，然后定量分析政府公务员的角色知觉、组织知觉这些知觉变量对其公共服务动机的影响；按照佩里（Perry）（1997 年）的研究，人们在社会化过程中父母的榜样作用、学校的教化、同伴的影响等都会对个体的公共服务动机产生影响[①]，而个体社会化的过程是人格的建立和形成的过程，故笔者借助目前国际上盛行的"大五"人格量表获得政府公务员的人格特征，并考察人格特征变量与公共服务动机的关系。

关于公共服务动机的作用：通过考察公共服务动机与组织行为诸变量的关系来探讨，主要分析公共服务动机对个体工作态度、工作绩效等方面的影响。笔者也是以自我评估的方式收集我国政府公务员的工作满意度、组织承诺、个体绩效、组织绩效等方面的数据，定量分析公共服务动机与这些变量的关系。研究的构架如图 3 - 1 所示。

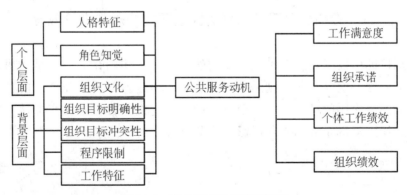

图 3 - 1  公共服务动机研究架构

① Perry, J. L., "Antecedents of Public Service Motivation", *Journal of Public Administration Research and Theory*, 1997. Vol. 7 (2)：181 - 197.

## 三　公共服务动机特点研究构思与理论假设

公共服务动机跨文化研究的重要性已经被学者们意识到并得到大力提倡[①]。在崇尚个人主义的美国、加拿大、英国、拉丁美洲等西方国家，学者们发现了公共雇员的行为可以用以利他为导向的公共服务动机来解释；在东方的韩国，也发现政府雇员的行为可以用公共服务动机来解释[②]；那么在我国传统儒家文化熏陶下，将善良、正义的信念，勤俭、奋发的人格，天下为公的道理深深植入心田的中国人，公共服务动机方面的特征应该更明显，特别是受党多年的教育培养而成长起来的中国政府官员的行为更应该可以用公共服务动机理论来解释。

基于前面国内外文献的综述，笔者对我国背景下公共服务动机特点提出如下假设，以期在后面的实证研究中通过数据分析加以检验：

H 1.1：我国政府公务员行为中含有公共服务动机成分，政府公务员的公共服务动机水平要高于非政府公务员的公共服务动机水平。

H 1.2：性别、年龄、职位影响个体的公共服务动机水平。

H 1.3：当地的经济发展状况制约个体的公共服务动机水平。

H 1.4：个体所属单位的层级影响其公共服务动机水平。

## 四　影响公共服务动机的因素研究构思与理论假设

动机的引发受内外两种因素共同的驱动：个体内在的需要是动机产生的根本原因，而外在条件则是动机产生的诱因，外部诱因与个体内在的需要碰撞产生作用的结果会引导个体趋向于特定的目标。本研究拟从个体因素和组织因素两个方面来探讨影响公共服务动机的因素。

---

① Perry, J. L., "Antecedents of Public Service Motivation", *Journal of Public Administration Research and Theory*, 1997. Vol. 7 (2): 181 - 197.

② Kim, S., "Individual - Level Factors and Organizational Performance in Government Organizations", *Journal of Public Administration Research and Theory*, 2004. Vol. 15 (2): 245 - 261.

### （一）个体层面的因素对公共服务动机的影响

#### 1. 人格与公共服务动机

在西方，已有的研究发现了个体社会化过程对公共服务动机有一定的影响。[①] 个体社会化是个体在特定的人类物质文化生活中，通过与社会环境的交互作用，由自然人变成社会人的过程，其中道德的社会化是学者们关注的焦点，道德社会化体现了个体在成长的过程中社会规范在个体人格特征上留下的烙印，它通过社会教化和个体内化来实现人格的形成和发展，个体在这一过程中会形成特定的道德观念、价值体系，这种道德观念和价值体系将支配着人们的认知活动，那么人格与公共服务动机有何关系呢？这一点目前国内外还未见相关研究报道，本研究拟作探索性分析。

"大五"人格理论是目前世界上盛行的人格理论，许多心理学家都证明了人格五因素模型，但对五因素的界定、结构的看法不尽相同，其中接受较广的是麦可雷和科斯塔（McCrae & Costa）在 NEO – PI—R（以"大五因素"人格理论为基础编制的人格特质问卷修订本）中使用的概念[②]。麦可雷和科斯塔（McCrae & Costa）（1992 年）将人格的基本结构分为外倾性（extraversion）、宜人性（agreeableness）、责任感（conscientious-ness）、神经质（neuroticism）、开放性（openness to experience）五大因素。其中责任感又分胜任感、条理性、责任心、事业心、自律性、审慎心六个方面，表示克制和拘谨，代表获得成就的愿望，能部分反映对目标的计划、坚持和有意识的努力，与成就动机和组织计划有关，高分者做事有条理、有计划、并能够持之以恒，而低分者则马虎大意，见异思迁、不可靠[③]；宜人性表示利他、友好、富有爱心，分信任、坦诚、利他、顺从、谦虚、温存六个方面，得分高的人乐于助人、可信赖并富有同情心，注重合作而不强调竞争，得分低的人则多抱有敌意，为人多疑，喜欢为了利益

---

① Perry, J. L., "Antecedents of Public Service Motivation", *Journal of Public Administration Research and Theory*, 1997. Vol. 7 (2): 181 – 197.

② 刘玉凡、王二平：《"大五"人格与职务绩效的关系》，《心理学动态》2000 年第 8（3）期，第 73 页。

③ 李红燕：《简介"大五"人格因素模型》，《陕西师范大学学报（哲学社会科学版）》2002 年第 31（6）期，第 89—91 页。

和信念而争斗①。公共服务动机是一种以利他为导向的行为动机，是建立在人们道德感、责任心、事业心的基础上的。针对公共服务动机的特点，本研究拟探讨人格特征中的责任感和宜人性与公共服务动机的关系，并提出如下假设：

H 2.1：政府公务员的责任感（自律性、尽责性）与公共服务动机相关。

H 2.2：政府公务员的宜人性与公共服务动机相关。

### 2. 角色知觉与公共服务动机

根据社会认知理论，个体对自我角色的认知会影响其社会行为，那么政府公务员如何认知自己的角色呢？这种角色认知与公共服务动机的关系如何呢？西方有一些相关的理论研究成果，但相应的实证研究比较少，我国目前还尚未见相关研究报道。政府公务员的角色责任知觉是让政府公务员对其责任产生稳定预期的一系列与工作有关的价值观和态度，这种工作价值观和态度也是个体在社会化的过程中将社会对一系列与工作相关的职责规范内化的结果，这种规范的内化会左右着人们对工作环境的认知，产生与工作规范内容相符的需要，从而驱动人们的工作相关行为，政府公务员对其角色责任的感知不同则需要不同、公共服务的驱动力不同。目前有关政府公务员角色知觉与公共服务动机间关系的探讨只有乔伊（Choi）（2001 年）有过尝试，不过乔伊（Choi）是将公共服务动机作为自变量，政府公务员的角色知觉为因变量，来探讨二者之间的关系，并发现公共服务动机有助于增进政府公务员的角色知觉②，但他的研究是将动机作为一个先决因素，这一点值得商榷。根据心理学家对动机产生的理论描述，认知因素是激发动机的一个原因，所以本研究拟按照前面的分析从动机的产生过程入手，分析我国政府公务员的角色知觉对其公共服务动机的影响。鉴于目前公共雇员角色知觉的研究得到较多认同的是登哈特和德利翁（Denhardt & deLeon）（1995 年）的观点③，本研究拟以此为研究的基础。

---

① 任国华、刘继亮：《"大五"人格和工作绩效相关性研究的进展》，《心理科学》2005 年第 28（2）期，第 406—408 页。

② Choi, Y. J., *A Study of Public Service Motivation：the Korean Experience*, Ph. D, University of Idaho, 2001.

③ Selden, S. C. & Brewer, G. A., "Reconciling Competing Values in Public Administration：Understanding the Administrative Role Concept", *Administration and Society*, 1999. Vol. 31（2）：171 – 204.

登哈特和德利翁（Denhardt & deLeon）从工具目标（instrumental goals）和责任机制（accountability mechanisms）两个维度将公共雇员的角色和责任知觉分成管理效率（managerial efficiency）、社会公平（social equity）、中立（neutrality）、主动管理（proactive administration）、政治回应（political responsiveness）五个方面，并用两条连线来揭示他们既相互依存又相互冲突的本质特点（如图 3－2 所示），水平连线代表了从严格的政治责任义务到积极主动管理之间的职责范围，垂直连线则代表了介于管理效率和社会公平之间的工具目标范围，行政中立位于两连线的交点。其实，管理效率和社会公平是人类社会生活的两大永恒主题，是人类一直追求的两大价值目标，它从工具价值的角度来分析公共雇员的角色行为。社会公平是社会的公正与平等，它不是简单的平均与均等，它体现的是从理念、规则、程序到机会、结果和监督的全过程的公平。在现代社会，权利公平、机会公平、规则公平、效率公平、分配公平、社会保障公平相互联系，互为一体，构成一个完整的社会公平体系，所以公平是全要素的公平，即对各类人群或各阶层人民的普遍公平。管理效率则是在给定投入中实现产出的最大化，体现的是单位生产要素在单位时间内投入的产出，但这个生产要素是全部生产要素，因此，效率是全部生产要素的总体效率。公平与效率是人类社会经济生活中的一对基本矛盾。中立、主动管理和政治回应是从公共雇员职责的角度来分析其角色，中立是西方对文官的要求，它限制政府雇员参加政治活动，是西方政府政治与行政分工的产物，它是使行政摆脱政治控制从而使其成为政府工作的一个独特内容的前提和基础，而且是确保政府工作连续、稳定、高效、不受政党政治负面影响的一个重要手段，是西方政治体制的产物，是在政党控制政府而展开权力斗争的情况下，为了不使政党的频繁更替造成政府工作的中断和混乱，而对业务官员的要求；政治回应与主动管理相对，政治回应是仅仅被动地服从当选官员的意愿，按照权威的意愿办事，以权威为工作中心，满足权威的需要，工作中仅仅是一味地服从；主动管理则是在工作中处处表现出主动，是从为公众服务的角度，主动满足公众需求，以公众为工作的中心。

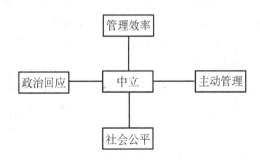

**图 3 - 2　公共管理者角色知觉理论框架**

公平和效率的工具性价值分类不以国家的政体为转移，具有跨文化的普遍适应性；但是中立、政治回应等职责的分类涉及政体等因素，并不具备普遍性：其中政治回应是公共雇员实现当选官员政治意愿的意识，就与我国的情况不符，鉴于我国的一党执政多党合作政体，本研究考虑删去该维度；中立角色也是针对西方多党情况而提出的对行政官员的要求，我国也不存在这种情况，但仔细分析西方研究文献中对中立角色的操作化定义①，我们发现其内涵与我国的中庸思想有着相似之处，受我国传统文化精髓影响的中庸之道可以说已经渗透到了每个中国人的骨子里，中庸与中立角色的要求类似，中庸者一方面严格按照规章制度办事，不折不扣地执行上级的指示，这其实是他们的职责，但是从另一方面也反映出中庸者不求有功但求无过的处事态度，公共服务仅仅被视为工作，仅仅作为谋生的手段，所以本研究保留了中立角色，并认为公共部门员工的角色中立性越强，一方面可能表现出公共服务的热情越高，另一方面也可以体现为越发明哲保身，不会积极主动的工作，则公共服务动机越低，因此中立角色对公共服务动机的影响方向就不好判断；而认为自己的职责应该是开拓进取、积极主动的公共部门员工则越是将自己的利益置之度外，公共服务动机会越高。本研究将按照登哈特和德利翁（Denhardt & deLeon）的框架，分析这些变量对公共服务动机的影响，通过实证分析检验如下假设：

H 2.3：政府公务员的效率角色知觉对其公共服务动机有积极影响。

---

① Selden, S. C. & Brewer, G. A., "Reconciling Competing Values in Public Administration: Understanding the Administrative Role Concept", *Administration and Society*, 1999. Vol. 31 (2): 181.

H 2.4：政府公务员的公平角色知觉对其公共服务动机有积极影响。

H 2.5：政府公务员的中立角色知觉影响其公共服务动机，但方向不好判断。

H 2.6：政府公务员的主动管理角色知觉对其公共服务动机有积极影响。

### （二）背影层面的因素对公共服务动机的影响

按照动机的社会认知理论，个体对外界环境的知觉会对其行为动机产生影响，本研究将从组织环境和工作环境两个方面来探讨这一作用，其中组织环境又包括组织文化和组织特征两大组织因素。

### 1. 组织文化与公共服务动机

对于组织文化的界定，约翰·W. 纽斯特罗姆和基斯·戴维斯（John W. Newstrom & Keith Davis）认为组织文化是随制度化的产生而逐步形成的，是指组织成员共有的一整套假设、信仰、价值观和行为准则，具有整合组织、激励员工、适应环境的功能，是影响绩效的一个重要变量。① 莎茵（Schein，1984 年）认为组织文化是指在一定的社会经济条件下通过社会实践所形成的并为全体成员遵循的共同意识、价值观念、职业道德、行为规范和准则的总和，是一个组织在自身发展过程中形成的以价值为核心的独特的文化管理模式，是社会文化与组织管理实践相融合的产物。② 梁润冰（2003 年）认为："公共部门组织文化是以'公共服务思想'和'公共精神'为基础的一套价值观体系，是区别于私营部门与第三部门、独具特色的共同价值观和行为准则。它反映和代表了公共部门组织成员的整体精神、共同的价值标准、合乎时代的伦理和追求发展的文化素质。"③

迄今为止，学术界对于组织文化的内涵尚未达成共识，但对于组织文化存在的一些认识，学术界是统一的，学者们都认为，任何部门都具有自己独特的组织文化，组织文化作为一个独立变量，会影响组织成员的态度

---

① ［美］约翰·W. 纽斯特罗姆、基斯·戴维斯著，陈兴珠、罗继等译：《组织行为学：工作中的人类行为（第十版）》，经济科学出版社 2000 年版。

② Schein, E. H., "Coming to a New Awareness of Organizational Culture", *Sloan Management Review*, 1984. Vol. 25（2）：3 – 16.

③ 梁润冰：《跨越官僚制再造组织文化 我国公共部门"企业家文化"的构建》，《云南行政学院学报》2003 年第 2 期，第 38 页。

和行为。组织文化的作用是通过影响组织成员的价值观、工作态度，进而影响其工作努力程度、工作方式，并最终影响组织绩效。虽然组织文化体现于不同的层级，但最重要的层级是组织成员的基本图式和信念①，公共部门组织文化的要素包括重视员工的意见、增进团队合作精神、培养对公共利益的关注，以及依赖协作、保护员工②。依照社会认知理论，我们假设个体对组织文化的知觉会影响其公共服务动机，处在一个受重视、宜人的公共组织环境中的个体将有更大的动力完成组织的使命为公众服务，而且个体所处的组织文化如果与公共服务的价值观一致，则会增进其公共服务动机，为此笔者通过自评方式收集相关数据以检验如下假设：

H 3.1：政府公务员受重视感影响其公共服务动机。

H 3.2：政府组织的协作精神影响员工的公共服务动机。

H 3.3：政府组织关注公共利益的文化影响员工的公共服务动机。

H 3.4：政府组织对员工的保护影响员工的公共服务动机。

## 2. 组织特征与公共服务动机

对公共组织研究比较多的一个特征，也是为人们所批评最多的一个特征，它就是公共组织的官僚习气。西方学者在实际研究中有的将之操作化为官样文件（red tape），有的则进一步具体化为程序限制（procedural constraints）。斯科特和潘德（Scott & Pandey）（2005 年）研究了公共雇员的公共服务动机对其组织程序限制知觉的影响③，发现公共服务动机高的个体更少知觉到组织的程序限制。按照我们动机的社会认知理论，那么知觉到的程序限制程度对员工的公共服务动机有影响吗？如果有，那么是如何影响的呢？笔者拟在这部分作相关探讨。至于公共组织的其他明确特征，研究得比较多的是公共组织的目标明确性、公共组织目标的冲突性等变量对组织成员工作动机的影响，那么这些变量与公共服务动机的关系如何呢？本研究拟探讨组织的这些特征对组织成员公共服务动机的影响，并通过自

---

①  Brewer, G. A. & Selden, S. C., "Whistle Blowers in the Federal Civil Service: New Evidence of the Public Service Ethic", *Journal of Public Administration Research and Theory*, 1998. Vol. 8 (3): 413－440.

②  Rainey, H. G. & Steinbauer, P., "Galloping Elephants: Developing Elements of a Theory of Effective Government Organizations", *Journal of Public Administration Research and Theory*, 1999. Vol. 9 (1): 1－32.

③  Scott, P. G. & Pandey, S. K., "Red Tape and Public Service Motivation－Findings from a National Survey of Managers in State Health and Human Services Agencies", *Review of Public Personnel Administration*. 2005. Vol. 25 (2): 155－180.

评方式收集相关数据, 检验如下假设:

    H 3.5: 政府公务员的组织程序限制知觉影响其公共服务动机。

    H 3.6: 政府公务员的组织目标冲突知觉影响其公共服务动机。

    H 3.7: 政府公务员的组织目标明确性知觉影响其公共服务动机。

**3. 工作特征与公共服务动机**

个体所处的工作环境, 除了组织方面的因素外, 还有工作本身的一些因素, 也会对个体的工作动机产生影响。近年来很多组织都非常重视工作的重新设计, 旨在通过增强工作本身对组织员工的内在激励来实现和保持组织的优势。对员工工作特征的描述有很多维度, 最广为接受的是哈克曼和奥尔德姆 (Hackman & Oldham) 的工作特征模型。该模型认为, 工作特征将影响员工工作的心理状态, 进而影响到员工的工作动力、工作绩效、工作满意度和离职意愿。工作特征模型将工作内容分成五种核心特征: 技能多样性、任务整体性、任务重要性、工作自主性、反馈。[①] 其中技能多样性是指工作的内容需要员工应用多种技能和能力的程度; 任务整体性是指工作任务为员工提供的全面完成一项任务的程度; 任务重要性是指工作结果对员工的工作与生活影响的程度; 工作自主性是指工作方式允许员工自由、独立安排工作进度和具体实施方式的程度; 反馈是指员工能从工作本身得到有关自己工作效果的信息反馈的程度。技能多样性、任务整体性、任务重要性能使员工感到自己工作的意义, 工作自主性能使员工感到自己工作结果的责任, 反馈能使员工了解自己工作的成果, 这些心理状态将对员工的态度和行为产生重要影响。积极的工作结果是通过激发员工的工作意义、责任感和对工作结果的了解程度三种心理状态而产生的, 而这三种关键的心理状态又受到员工对五个核心工作特征知觉的影响。[②] 但是目前还鲜见在中国背景下, 政府公务员的工作特征对其公共服务动机影响的实证研究, 为此本研究拟尝试探讨工作特征变量对我国政府公务员公共服务动机的影响, 通过问卷调查收集资料并检验如下假设:

---

① Hackman, J. R. & Oldham, G. R., "Motivation Through the Design of Work: Test of a Theory", *Organizational Behavior and Human Performance*, 1976. Vol. 16 (2): 250–279.

② 程志超、马天超、杨正国:《影响员工满意感的工作特征研究》,《天津大学学报 (社会科学版)》2001 年第 3 期, 第 60—63 页。

H 3.8：技能多样性影响政府公务员的公共服务动机。

H 3.9：任务整体性影响政府公务员的公共服务动机。

H 3.10：任务重要性影响政府公务员的公共服务动机。

H 3.11：工作自主性影响政府公务员的公共服务动机。

H 3.12：反馈影响政府公务员的公共服务动机。

## 五　公共服务动机对组织行为变量作用的研究构思与理论假设

关于公共服务动机对组织行为变量的影响，西方公共服务动机研究大多集中在这一层面，相关的研究文献较多，对这些组织行为变量的研究在中国背景下有些实证研究成果，但这些成果大多针对企业组织，针对公共组织、特别是政府部门的还不多，在我国背景下探讨公共服务动机对这些组织行为变量的影响的实证研究还很鲜见，本研究拟在这方面进行相关探讨，而且按照建构效度的定义——通过对某些理论概念或特质的测量结果的考察，来验证测量对理论建构的衡量程度，我们可以参照国外的相关研究成果，进一步检验本研究对公共服务动机测量的建构效度。而在效度的内容效度、准则效度、建构效度三种类型中，又以建构效度为最强有力的效度测定程序，因为它不仅需要对一个概念的两个以上的测量法，而且还需要其他概念及其通过命题与所研究的概念相关的测量方法。① 为此，笔者通过自评方式收集调查对象的相关组织行为资料并通过数据分析验证假设。

从现有的公共服务动机研究文献来看，有关公共部门员工工作态度变量研究较多的是针对工作满意度和组织承诺方面，组织公民行为变量在西方的研究文献中虽有所涉及，但考虑到组织公民行为与公共服务动机在概念上有重叠之处，笔者的研究目前只探讨工作满意度和组织承诺两类态度变量。

工作满意度是员工对其工作或工作经历评估的一种态度的反映，是员工职业生活质量的一项重要心理指标，它衡量的是个体对工作的

---

① 袁方：《社会研究方法教程》，北京大学出版社2000年版，第157—158页。

感觉以及个人感觉的各种不同方面。一般认为，个体的工作满意度水平越高，对工作就越可能持积极的态度，工作满意度水平越低，则对工作就越可能持消极的态度。工作满意度具有较强的主观性，它反映个体的偏好和工作中的感受。与工作满意度密切相关的是个体的离职意向，一般认为，满意度越高的个体对组织越忠诚，越没有离职的打算。根据现有研究文献，公共服务动机强的个体不计较报酬，具有自我牺牲精神，应该越容易对工作满意，越不会想到离职。考虑到我国目前正处于改革阶段，各方面的情况并非特别明朗，公务员职位在人们心目中的地位从这几年公务员招考竞争空前激烈中可见一斑，我们可以想象政府公务员离职与否可能考虑的绝非干得是否开心那么简单，所以本研究只致力于探讨公共服务动机与工作满意度的关系，并拟通过自陈问卷检验如下假设：

H 4.1：政府公务员的公共服务动机与其工作满意度正相关。

组织承诺（organizational commitment）是个体认同或投入特定组织的程度，自贝克尔（Becker）（1960 年）提出组织承诺的单边投入理论以来，学者们从不同的角度对组织承诺的含义进行了重新界定，贝克尔（Becker）（1960 年）认为，随着员工对组织在时间、精力甚至金钱上投入的增加，员工一旦离开该组织，就会损失如退休金、补助等各种福利待遇，同时在组织中学到的技术也会失去作用，因此，员工对组织投入越多，就越离不开组织。[1] 莫戴等人（Mowday et al）（1979 年）认为，组织承诺更多地表现为员工对组织的一种情感依赖[2]，而不是贝克尔（Becker）的单方面投入或经济损失，他们编制的组织承诺问卷，从员工对组织的情感角度定义组织承诺，认为组织承诺是员工对组织的一种情感依赖以及员工对组织的肯定性的内在倾向，它包含了 15 个项目。此后，威纳（Wiener）（1982 年）用认同过程理论解释组织承诺，认为组织承诺完全是个人对组织的责任感，是一种内化了的行为规范，是由于内化的行为规范的压力而使得员工的行为

---

[1]　Becker, H. S., "Notes on the Concept of Commitment", *American Journal of Sociology*, 1960. Vol. 66：132 – 142.

[2]　Mowday, R. T., Steers, R. M. & Porter, L. M., "The Measurement of Organizational Commitment", *Journal of Vocational Behavior*, 1979. Vol. 14（2）：224 – 247.

符合组织的目标和利益要求①。艾伦和迈耶（Allen & Meyer）（1990
年）在情感承诺的基础上吸收贝克尔（Becker）的思想，增加了继续
承诺的维度，并在吸收了威纳（Wiener）（1982 年）的思想后，又增
加了规范承诺的维度。② 他们提出的组织承诺的情感承诺（affective
commitment）、继续承诺（continuance commitment）和规范承诺（norm-
ative commitment）三维度结构，分别从心理学、经济学、社会文化角
度全面揭示了人的心理承诺状态。该模式得到许多实证研究的支持，
是目前被大多数人所接受的组织承诺定义。③ 其中，情感承诺是员工对
组织的一种肯定性的心理倾向，它表现为员工对组织价值观的认同以
及自愿为组织作出贡献的心理，情感承诺高的员工对组织非常忠诚而
且工作积极努力，他们以成为组织的一员而感到自豪，努力工作不是
为了得到物质利益的满足，而是出于对组织的认同和情感，依据公共
服务动机的界定，公共服务动机强的个体会更认同公共组织服务于公
共利益的目标，这样情感承诺水平会更高；继续承诺是指员工担心离
开组织会失去一些有价值的东西（如高工资、组织内的人际关系和资
历等）而不得不留在组织中，它多与个人的物质利益直接挂钩，带有
明显的交易色彩，依据公共服务动机的界定，公共服务动机强的个体
应该更少考虑个人利益；规范承诺是指员工对组织的责任感和对工作、
组织尽自己应尽的责任和义务，按照公共服务动机的定义，公共服务
动机强的个体对组织的责任感也越强。西方目前的研究都是探讨组织
承诺的情感层面与公共服务动机的关系，他们认为公共服务动机强的
个体组织承诺高。本研究拟探讨公共服务动机对组织承诺三维度的影
响，故借助自评方式收集资料，检验如下假设：

H 4.2：政府公务员的公共服务动机与其情感承诺正相关。

H 4.3：政府公务员的公共服务动机与其继续承诺负相关。

---

① Wiener, Y., "Commitment in Organizations: a Normative View", *Academy of Management Re-
view*, 1982. Vol. 7（3）: 418 – 428.

② Allen, N. J. & Meyer, J. P., "The Measurement and Antecedents of Affective, Continuance and
Normative Commitment to the Organization", *Journal of Occupational Psychology*, 1990. Vol. 63（1）: 1 – 18.

③ 熊会兵、关培兰：《组织承诺职业承诺与人才流失管理》，《中国人力资源开发》2004 年
第 11 期，第 16—18 页。

　　H 4.4：政府公务员的公共服务动机与其规范承诺正相关。

　　动机的直接作用是对行为产生影响，动机对组织行为举足轻重，公共组织方面的动机研究最终也大都落脚到组织成员的工作绩效及公共组织的整体绩效上。根据前面的文献综述，公共服务动机有助于提高公共组织的绩效，公共服务动机强的个体其工作绩效也更高，这有助于增加组织绩效，那么在中国背景下是否如此呢？目前组织行为学的研究将个体绩效分化为任务绩效和情境绩效两个方面，他们认为为了组织目标的实现，组织会希望员工扮演多种角色，一些角色也许未必与成员个人的工作任务直接相关，但是却对组织的整体发展非常重要，这一部分内容在绩效研究中不可忽视，现在个体绩效的任务绩效及情境绩效两维结构模型已经为越来越多的学者所接受，任务绩效是员工工作的核心部分，是员工必须完成的行为，情境绩效则是一系列自愿的、人际间的、面向组织或团体的行为，能营造良好的心理和社会环境，有利于组织目标的实现。但是目前国外有关公共服务动机与绩效关系的研究都着眼的是个体的任务绩效，还没有涉及公共服务动机与情境绩效的关系，因此本研究拟尝试探讨公共服务动机与个体绩效两维度的关系。根据已有的文献我们拟收集资料检验如下假设：

　　H 4.5：政府公务员的公共服务动机与其任务绩效正相关。

　　H 4.6：政府公务员的公共服务动机与其情境绩效正相关。

　　H 4.7：政府公务员的公共服务动机与其组织绩效正相关。

# 第四章　研究的方法与过程

本研究借助准实验设计的思想，针对原始群体，在自然情况下进行，并通过文献查阅、问卷调查和专家访谈等技术收集资料，确定公共服务动机的结构维度，用Spss12.0软件中的因素分析、多元线性回归、多因素方差分析等统计分析方法和Amos5.0软件验证研究工具的理论结构以及具体的研究假设。为了确保所获资料的真实性，问卷采用匿名的方式进行团体调查。

## 一　调查对象

本研究以我国MPA研究生为调查对象。MPA教育是目前世界上盛行的专门为政府部门及非政府公共组织培养高层次、应用型专门人才的在职研究生教育形式，笔者拟通过对这些接受过或正在接受这种专门人才教育的在职政府公务员的调查研究，折射出我国当前政府公务员的公共服务动机特点。选择MPA研究生进行调查是出于如下的考虑：第一，目前，我国有几十所高校开展MPA教育，招收来自全国各地、天南海北的学员，而我国MPA教育招考的对象主要是各级政府公务人员，通过举办MPA教育的高校，可以很方便地找到全国各地各级政府公务员作为调查对象，而且以团体的方式收集到所需资料。第二，MPA教学已经成为我国公务人员在职提高理论水平和实践能力的一种有效教育方式，它吸引了越来越多公务员的报考，在兰州召开的"2005年全国MPA教育研讨会"上的信息显示，截至当时，全国有83所院校开办公共管理硕士（MPA）教育，在校和已经毕业的MPA研究生共有17294人，遍布全国各省、自治区、直辖市，接受MPA教育已经成为我国政府公务员在职培训的一种主要方式，以MPA研究生为调查对象可以较好地反映我国政府公务员的状态，有助于提高本研究政策建议的针对性。第三，从我国干部队伍建设一贯坚持的革命化、年轻化、知识化、专业化方针看，接受过 MPA 教育的政府公务员将是我国各级领导岗位用人的首选对象，这些学员所接受的西方公共管理思潮的教育将影响他们的工作价值观和工作方式，他们的思想观念和风貌将影响和带动我国整个公共管理队伍，并通过他们带来我国公共管理领域观念的更新，从这个角度来看，以 MPA 研究生为调查对象所得的结果对于我国相关政策的制定更有价值。第四，由于 MPA 教育也招收少部分非政府公务员，以 MPA 研究生为调查对象可以很方便地收集到各部门员工的相应资料，有助于进行公共服务动机各部门的比较分析，同时还可以控制一些无关变量的影响。总之，考虑到人力、物力、资金等各方面的限制，以 MPA 研究生为调查对象是最经济高效的选择。

在本研究所采用的问卷中，除了人格问卷、个体情境绩效问卷已有中文版本和华人调查对象测量的相应研究报告外，其余问卷都没有相应华人的测量结果，故本研究首先以武汉大学 2002、2003 级的部分 MPA 研究生、武汉市武昌区国税局、武汉市江岸区政府办公室、武汉市市委组织部、湖北省政府办公室的部分员工为调查对象进行相关问卷的预测，参与预测的被调查者共 82 人，人口统计学特征分布如表 4 - 1 所示，男女各半，年龄在 24—39 岁间，平均年龄 29.77 岁，其中 85.4% 的调查对象本科毕业，9.8% 的调查对象具有硕士及更高学位，调查对象的受教育程度绝大部分与 MPA 研究生相当。

表 4 - 1　　　　　　　　预测中调查对象的人口统计学分布特征

|  | 类型 | 人数 | 百分比（%） |
|---|---|---|---|
| 性别 | 男 | 37 | 45.1 |
|  | 女 | 37 | 45.1 |
|  | 缺失值 | 8 | 9.8 |
| 年龄 | —25 | 6 | 7.3 |
|  | 26—30 | 40 | 48.8 |
|  | 31—35 | 25 | 30.5 |
|  | 36— | 6 | 7.3 |
|  | 缺失值 | 5 | 6.1 |

续表

| | 类型 | 人数 | 百分比（%） |
|---|---|---|---|
| 受教育程度 | 大专 | 3 | 3.7 |
| | 本科 | 70 | 85.4 |
| | 硕士 | 8 | 9.8 |
| | 缺失值 | 1 | 1.2 |
| 工作部门 | 政府部门 | 66 | 80.5 |
| | 非政府公共部门 | 8 | 9.8 |
| | 其他部门 | 8 | 9.8 |

　　在正式测试时，只选择 MPA 研究生为调查对象，鉴于目前我国具有 MPA 招生资格的高校大都面向全国招收 MPA 研究生，所以取样分多阶段进行：首先，在我国不同区域从招收 MPA 研究生的高校中抽取了三所高校，武汉大学、北京航空航天大学、中山大学。其次，在各高校内以班级为单位随机抽取 3—6 个 MPA 班的学生作为调查对象，采取上课时间集中发放问卷的方式，课后再统一回收，保证了问卷的回收率。本研究共发放问卷 370 份（确定这一样本规模，笔者主要基于如下考虑：2005 年全国 MPA 教育研讨会上的信息显示，截至当时全国在校和已经毕业的 MPA 研究生共有 17294 人，从推断的把握性与精确度要求出发，对一个总数为 20000 的总体，置信度确定为 95%，此时，若要求置信区间为 ±5%，需要 377 个回答者），[①] 其中有效问卷共 319 份，有效回收率为 86.2%，调查对象年龄在 24—46 岁间，平均年龄为 30.08 岁，其中男性 167 人，女性 119 人，分别来自北京、广东、湖北、山东等 12 个省市地区，其人口统计学等各方面的特征分布见表 4 - 2。

表 4 - 2　　　　　　　　　　正式测验的调查对象人口统计学分布特征

| | 类型 | 人数 | 百分比（%） |
|---|---|---|---|
| 性别 | 男 | 167 | 52.4 |
| | 女 | 119 | 37.3 |
| | 缺失值 | 33 | 10.3 |

---

① 风笑天：《现代社会调查方法（第三版）》，华中科技大学出版社 2005 年版，第 80 页。

续表

| | 类型 | 人数 | 百分比（%） |
|---|---|---|---|
| 年龄 | —25 | 20 | 6.3 |
| | 26—30 | 161 | 50.5 |
| | 31—35 | 84 | 26.3 |
| | 36— | 35 | 11.0 |
| | 缺失值 | 19 | 6 |
| 工作部门 | 政府部门 | 251 | 78.7 |
| | 非政府公共部门 | 32 | 10.0 |
| | 其他部门 | 32 | 10.0 |
| | 缺失值 | 4 | 1.3 |
| 单位层级 | 省级及以上 | 92 | 28.9 |
| | 市级 | 114 | 35.7 |
| | 县及以下 | 103 | 32.3 |
| | 缺失值 | 10 | 3.1 |
| 职位 | 普通员工 | 123 | 38.6 |
| | 科级 | 169 | 53.0 |
| | 处级及以上 | 16 | 5.0 |
| | 缺失值 | 11 | 3.4 |
| 区域 | 北京 | 26 | 8.2 |
| | 广东 | 140 | 43.9 |
| | 湖北 | 79 | 24.8 |
| | 山东 | 40 | 12.5 |
| | 河南 | 6 | 1.9 |
| | 湖南 | 3 | 0.9 |
| | 江苏 | 2 | 0.6 |
| | 云南 | 2 | 0.6 |
| | 河北 | 2 | 0.6 |
| | 贵州 | 1 | 0.3 |
| | 辽宁 | 1 | 0.3 |
| | 安徽 | 1 | 0.3 |
| | 缺失值 | 16 | 5.0 |

# 二　测量工具

本研究旨在考察我国 MPA 研究生的公共服务动机特征、影响公共服务动机的个体因素及其背景因素、公共服务动机对组织行为诸变量的影响。主要的研究变量为公共服务动机，个体因素涉及个体的人口统计学特征变量、个体人格特征、角色知觉；背景因素包括工作特性、组织目标特性（从组织目标的明确性和冲突性两方面来衡量）、组织文化特征、程序限制；组织行为变量涉及工作满意度、组织承诺、个体工作绩效及其组织绩效。主要的研究工具包括公共服务动机问卷、人格问卷、角色知觉问卷、工作特性问卷、组织目标特性问卷、组织文化特征问卷、程序限制问卷、工作满意度问卷、组织承诺问卷、个体工作绩效和组织绩效问卷。下面将考察这些测量工具的理论基础、基本结构和信度效度指标。

## （一）公共服务动机问卷

前面的文献研究考察了西方测量公共服务动机的不同方式，笔者认为，问卷法是比较好的一种测量方法，也广为学者们采用。本研究决定探索我国公共服务动机问卷：通过电话访谈、座谈等方式访问了几位政府机关工作人员或 MPA 研究生，根据访谈结果设置相应测量条目，对佩里（Perry）的公共服务动机问卷进行扩展，在此基础上组成公共服务动机初始问卷，通过对所收集到的预测调查对象的资料进行项目分析，删去不合格条目，确定最终的正式问卷，再以武汉大学、中山大学、北京航空航天大学的 MPA 研究生为调查研究对象获得正式测试的资料。

### 1. 项目收集

公共服务动机是个体对主要或仅仅根植于公共机构或组织的动机作出反应的倾向，更明确地说是从事公共服务、致力于改进全社会生活质量的行为动力。从前面的文献回顾中可以看出，国外对公共服务动机的测量更为学者们接受的、使用较多的是佩里（Perry）（1996 年）的公共服务动机测量问卷，测量由四个相应的分量表共 24 个项目组成，从公共政策吸引、公共利益承诺、同情心、自我牺牲四个方面考察公共服务动机，韩国等其他国家学者的相关研究也基本沿用佩里（Perry）的量表，从中选择部分项目进行测量，并没有进行修订或重新编制。本研究拟在国外学者研究的基础上，根据实际访谈结果编制一些项目，研究中公共服务动机问卷项目的收集，主要通过以下三种方式进行：

（1）个人访谈。选取武汉市政府机关等一些单位的公务员、武汉大学 MPA 研究生进行访谈，主要目的是了解他们在政府组织工作的感受，愿意呆在政府组织工作的原因、希望离开政府部门的原因等。该个人访谈以电话访谈和当面访谈两种方式进行。

（2）开放式问卷调查。开放式问卷调查的题目包括如下方面：①您觉得公共服务工作能满足您哪些需要，为什么？②您觉得公共服务工作不能满足您哪些需要，为什么？开放式问卷调查的对象为公共部门工作人员、MPA 研究生、公共管理专业的学生，采用发问卷和 Email 两种方式，其中通过 Email 方式发放的问卷，借助手机短信、电话等方式在两周内全部催回，对象均为武汉大学 MPA 研究生；其他调查对象则采取集中发放问卷的方式，对公共部门工作人员在单位发放问卷，对象有武汉市武昌区国税局的员工、武汉市江岸区政府办公室的员工、武汉市市委组织部、湖北省政府办公室的员工，共发放问卷 50 份，收回 43 份，回收率为 86%。

（3）收集国外相关研究问卷和项目。通过文献检索，收集到国外相关研究中公共服务动机的具体项目，采用往复翻译技术翻译成中文，主要参考的是佩里（Perry）的公共服务动机问卷。

最后，根据开放式调查的结果和访谈的记录对所收集到的信息进行归类汇总，合并意义相近的信息，除去与国外现有问卷中已有的相似信息，共得到 12 个方面描述动机的词组，然后将这些词组编成 12 个项目，再加上佩里（Perry）的公共服务动机问卷中的 24 个项目，共整理出 36 个项目，将这些项目随机排列，形成初始的公共服务动机问卷。同时，为了有助于鉴别问卷的质量，其中 11 个项目设置成反向题。测量采用利克特 7 级量表计分，让调查对象对照自身判断陈述的符合程度，从"完全符合"、"比较符合"、"有点符合"、"不确定"、"有点不符合"、"比较不符合"、"完全不符合" 7 个选项中作出选择，7 个选项依符合程度从高到低分别计为 1 至 7 分。

## 2. 项目分析

为了获知项目测量的性能指标，首先对预测结果进行项目分析，进而筛选项目，提高问卷的有效性。项目分析一般主要是对项目鉴别力（D）的分析。项目鉴别力分析的方法有多种，比较常用的有：①项目高低分组计算分辨力系数的方法，适用于利克特量表的项目分析[1]，是检验项目分辨被试不同水平的能力，具有良好分辨力的项目，能区分不同水平的被试，使得项目上水平高的被试得分高，水平低的被试得分低。②项目鉴别力指数法，项目鉴别力指数是判断项目测量的有效指标，鉴别力指数越高，项目越有效，它也是将被试按照测验总分的高低排序，计算高分组与低分组在各项目上的得分率，以两组的得分率之差来衡量项目的鉴别力，即通过公式 D = PH − PL 来计算项目鉴别力指数，适用于 1、0 计分和 K、0 计分的测验项目[2]。按照美国测量专家贝尔（I. Ebel）长期编制测验的经验，对于教育成就测验试题的衡量 D 值在 0.40 以上项目非常优良，D 在 0.30 − 0.39 之间项目良好，如能修改更好，D 在 0.2 − 0.29 之间尚可，仍需修改，D 在 0.19 以下则必须淘汰[3]。③项目与问卷总分的相关性，分析项目与总分的相关，其实是观察项目与总分的一致性程度，项目分数与总分之间存在正相关时，项目就有鉴别力，项目与总分的相关高，意味着项目能将不同水平的被试区分开来，按照杜克（Tuker）的推论，项目与测验总分的相关在 0.3—0.8 之间，项目就能为测验提供满意的信度和效度[4]。

　　本研究对项目的分析：首先，采用高低分组 t 检验的方法，评价各项目的分辨力，具体方法是先将 11 道反向题的得分按正向题的要求处理，重新赋值，再计算每个调查对象的公共服务动机总分，并按照总分排序，取总分最高的 25% 的调查对象和总分最低的 25% 的调查对象，分别作为总分高低的两组调查对象，然后比较这两组调查对象在每一项目上的得分是否存在显著差异，以评价该项目的分辨力，项目分析的结果如表 4 − 3 所示。其中两个项目 26、27 的分辨力不高，没有达到统计上的显著性水平，其余项目在高低分组上有很好的分辨力，t 值都达到显著性水平。

---

①　Frankfort − Nachmias, C. & Nachmias, D. , *Research Methods in the Social Sciences*, London：St. Martin's Press, Inc. 1992：437；风笑天：《现代社会调查方法（第三版）》，华中科技大学出版社 2005 年版，第 100 页；袁方：《社会研究方法教程》，北京大学出版社 1997 年版，第 302 页。

②　漆书青、戴海崎、丁树良：《现代教育与心理测量学原理》，江西教育出版社 1998 年版，第 12 页。

③　戴忠恒：《心理与教育测量》，华东师范大学出版社 1988 年版，第 163 页。

④　同上书，第 262 页。

表 4 - 3　　　　　　　　公共服务动机项目分析结果

| | N | Mean | Std. D | Std. E | Levene's Test for Equality of Variances | | t – test for Equality of Means | | | | | D | r |
|---|---|---|---|---|---|---|---|---|---|---|---|---|---|
| | | | | | F | Sig. | t | df | Sig. | M D | Std. ED | | |
| 1 | 19 | 2.26 | 1.195 | 0.274 | 0.201 | 0.656 | −3.430 | 36 | 0.002 | −1.32 | 0.384 | 0.22 | 0.374** |
| | 19 | 3.58 | 1.170 | 0.268 | | | −3.430 | 35.984 | 0.002 | −1.32 | 0.384 | | |
| 2 | 19 | 1.21 | 0.419 | 0.096 | 10.776 | 0.002 | −3.666 | 36 | 0.001 | −1.47 | 0.402 | 0.25 | 0.569** |
| | 19 | 2.68 | 1.701 | 0.390 | | | −3.666 | 20.174 | 0.002 | −1.47 | 0.402 | | |
| 3 | 19 | 1.11 | 0.315 | 0.072 | 10.985 | 0.002 | −3.808 | 36 | 0.001 | −1.00 | 0.263 | 0.17 | 0.529** |
| | 19 | 2.11 | 1.100 | 0.252 | | | −3.808 | 20.937 | 0.001 | −1.00 | 0.263 | | |
| 4 | 19 | 2.11 | 0.875 | 0.201 | 15.595 | 0.000 | −4.282 | 36 | 0.000 | −1.95 | 0.455 | 0.33 | 0.545** |
| | 19 | 4.05 | 1.779 | 0.408 | | | −4.282 | 26.234 | 0.000 | −1.95 | 0.455 | | |
| 5 | 19 | 2.32 | 1.600 | 0.367 | 2.577 | 0.117 | −2.239 | 36 | 0.031 | −1.00 | 0.447 | 0.17 | 0.364** |
| | 19 | 3.32 | 1.108 | 0.254 | | | −2.239 | 32.034 | 0.032 | −1.00 | 0.447 | | |
| 6 | 19 | 5.53 | 1.307 | 0.300 | 0.857 | 0.361 | 3.549 | 36 | 0.001 | 1.58 | 0.445 | 0.26 | −0.391** |
| | 19 | 3.95 | 1.433 | 0.329 | | | 3.549 | 35.699 | 0.001 | 1.58 | 0.445 | | |
| 7 | 19 | 2.21 | 1.134 | 0.260 | 1.831 | 0.184 | −4.813 | 36 | 0.000 | −1.84 | 0.383 | 0.31 | 0.377** |
| | 19 | 4.05 | 1.224 | 0.281 | | | −4.813 | 35.795 | 0.000 | −1.84 | 0.383 | | |
| 8 | 19 | 1.84 | 1.214 | 0.279 | 3.071 | 0.088 | −2.625 | 36 | 0.013 | −1.16 | 0.441 | 0.19 | 0.425** |
| | 19 | 3.00 | 1.491 | 0.342 | | | −2.625 | 34.581 | 0.013 | −1.16 | 0.441 | | |
| 9 | 19 | 2.37 | 1.606 | 0.368 | 0.289 | 0.594 | −3.284 | 36 | 0.002 | −1.63 | 0.497 | 0.27 | 0.409** |
| | 19 | 4.00 | 1.453 | 0.333 | | | −3.284 | 35.645 | 0.002 | −1.63 | 0.497 | | |
| 10 | 19 | 2.79 | 1.512 | 0.347 | 0.307 | 0.583 | −3.426 | 36 | 0.002 | −1.74 | 0.507 | 0.29 | 0.434** |
| | 19 | 4.53 | 1.611 | 0.370 | | | −3.426 | 35.856 | 0.002 | −1.74 | 0.507 | | |
| 11 | 19 | 5.42 | 1.575 | 0.361 | 0.000 | 1.000 | 2.086 | 36 | 0.044 | 1.05 | 0.505 | 0.18 | −0.346** |
| | 19 | 4.37 | 1.535 | 0.352 | | | 2.086 | 35.977 | 0.044 | 1.05 | 0.505 | | |
| 12 | 19 | 6.47 | 0.841 | 0.193 | 13.131 | 0.001 | 4.322 | 36 | 0.000 | 2.11 | 0.487 | 0.35 | −0.415** |
| | 19 | 4.37 | 1.950 | 0.447 | | | 4.322 | 24.477 | 0.000 | 2.11 | 0.487 | | |
| 13 | 19 | 1.32 | 0.478 | 0.110 | 4.572 | 0.039 | −5.157 | 36 | 0.000 | −1.21 | 0.235 | 0.20 | 0.586** |
| | 19 | 2.53 | 0.905 | 0.208 | | | −5.157 | 27.306 | 0.000 | −1.21 | 0.235 | | |
| 14 | 19 | 2.00 | 1.563 | 0.359 | 0.177 | 0.676 | −3.452 | 36 | 0.001 | −1.63 | 0.473 | 0.27 | 0.400** |
| | 19 | 3.63 | 1.342 | 0.308 | | | −3.452 | 35.192 | 0.001 | −1.63 | 0.473 | | |
| 15 | 19 | 1.68 | 1.416 | 0.325 | 0.146 | 0.705 | −2.654 | 36 | 0.012 | −1.05 | 0.397 | 0.18 | 0.340** |
| | 19 | 2.74 | 0.991 | 0.227 | | | −2.654 | 32.221 | 0.012 | −1.05 | 0.397 | | |

| | N | Mean | Std. D | Std. E | Levene's Test for Equality of Variances | | t – test for Equality of Means | | | | | D | r |
|---|---|---|---|---|---|---|---|---|---|---|---|---|---|
| | | | | | F | Sig. | t | df | Sig. | M D | Std. ED | | |
| 16 | 19 | 6. 37 | 1. 212 | 0. 278 | 0. 000 | 0. 985 | 2. 982 | 36 | 0. 005 | 1. 16 | 0. 388 | 0. 19 | − 0. 380 ** |
| | 19 | 5. 21 | 1. 182 | 0. 271 | | | 2. 982 | 35. 978 | 0. 005 | 1. 16 | 0. 388 | | |
| 17 | 19 | 1. 32 | 0. 582 | 0. 134 | 1. 720 | 0. 198 | − 5. 930 | 36 | 0. 000 | − 1. 37 | 0. 231 | 0. 23 | 0. 575 ** |
| | 19 | 2. 68 | 0. 820 | 0. 188 | | | − 5. 930 | 32. 475 | 0. 000 | − 1. 37 | 0. 231 | | |
| 18 | 19 | 1. 11 | 0. 459 | 0. 105 | 11. 830 | 0. 001 | − 4. 148 | 36 | 0. 000 | − 1. 32 | 0. 317 | 0. 22 | 0. 547 ** |
| | 19 | 2. 42 | 1. 305 | 0. 299 | | | − 4. 148 | 22. 386 | 0. 000 | − 1. 32 | 0. 317 | | |
| 19 | 19 | 6. 21 | 1. 584 | 0. 363 | 0. 000 | 0. 986 | 3. 593 | 36 | 0. 001 | 1. 74 | 0. 483 | 0. 29 | − 0. 468 ** |
| | 19 | 4. 47 | 1. 389 | 0. 319 | | | 3. 593 | 35. 398 | 0. 001 | 1. 74 | 0. 483 | | |
| 20 | 19 | 1. 63 | 0. 955 | 0. 219 | 1. 517 | 0. 226 | − 5. 734 | 36 | 0. 000 | − 2. 11 | 0. 367 | 0. 35 | 0. 511 ** |
| | 19 | 3. 74 | 1. 284 | 0. 295 | | | − 5. 734 | 33. 249 | 0. 000 | − 2. 11 | 0. 367 | | |
| 21 | 19 | 1. 74 | 0. 991 | 0. 227 | 1. 131 | 0. 295 | − 5. 609 | 36 | 0. 000 | − 2. 26 | 0. 404 | 0. 38 | 0. 551 ** |
| | 19 | 4. 00 | 1. 453 | 0. 333 | | | − 5. 609 | 31. 771 | 0. 000 | − 2. 26 | 0. 404 | | |
| 22 | 19 | 3. 16 | 1. 573 | 0. 361 | 0. 807 | 0. 375 | − 2. 882 | 36 | 0. 007 | − 1. 32 | 0. 456 | 0. 22 | 0. 315 ** |
| | 19 | 4. 47 | 1. 219 | 0. 280 | | | − 2. 882 | 33. 888 | 0. 007 | − 1. 32 | 0. 456 | | |
| 23 | 19 | 6. 63 | 0. 597 | 0. 137 | 12. 698 | 0. 001 | 5. 340 | 36 | 0. 000 | 2. 11 | 0. 394 | 0. 35 | − 0. 509 ** |
| | 19 | 4. 53 | 1. 611 | 0. 370 | | | 5. 340 | 22. 854 | 0. 000 | 2. 11 | 0. 394 | | |
| 24 | 19 | 1. 00 | 0. 000 | 0. 000 | 33. 353 | 0. 000 | − 4. 270 | 36 | 0. 000 | − 1. 47 | 0. 345 | 0. 25 | 0. 568 ** |
| | 19 | 2. 47 | 1. 504 | 0. 345 | | | − 4. 270 | 18. 000 | 0. 000 | − 1. 47 | 0. 345 | | |
| 25 | 19 | 2. 26 | 0. 872 | 0. 200 | 5. 099 | 0. 030 | − 5. 610 | 36 | 0. 000 | − 2. 05 | 0. 366 | 0. 34 | 0. 563 ** |
| | 19 | 4. 32 | 1. 336 | 0. 306 | | | − 5. 610 | 30. 985 | 0. 000 | − 2. 05 | 0. 366 | | |
| 26 | 19 | 6. 42 | 1. 071 | 0. 246 | 5. 031 | 0. 031 | 1. 462 | 36 | 0. 152 | 0. 63 | 0. 432 | 0. 11 | − 0. 128 |
| | 19 | 5. 79 | 1. 548 | 0. 355 | | | 1. 462 | 32. 008 | 0. 153 | 0. 63 | 0. 432 | | |
| 27 | 19 | 2. 68 | 2. 001 | 0. 459 | 0. 142 | 0. 708 | − 0. 700 | 36 | 0. 489 | − 0. 42 | 0. 602 | − 0. 07 | 0. 057 |
| | 19 | 3. 11 | 1. 696 | 0. 389 | | | − 0. 700 | 35. 057 | 0. 489 | − 0. 42 | 0. 602 | | |
| 28 | 19 | 1. 47 | 1. 389 | 0. 319 | 0. 210 | 0. 650 | − 2. 824 | 36 | 0. 008 | − 1. 26 | 0. 447 | 0. 21 | 0. 474 ** |
| | 19 | 2. 74 | 1. 368 | 0. 314 | | | − 2. 824 | 35. 991 | 0. 008 | − 1. 26 | 0. 447 | | |
| 29 | 19 | 2. 53 | 1. 264 | 0. 290 | 0. 093 | 0. 762 | − 5. 442 | 36 | 0. 000 | − 2. 21 | 0. 406 | 0. 37 | 0. 536 ** |
| | 19 | 4. 74 | 1. 240 | 0. 285 | | | − 5. 442 | 35. 987 | 0. 000 | − 2. 21 | 0. 406 | | |
| 30 | 19 | 6. 37 | 0. 684 | 0. 157 | 8. 612 | 0. 006 | 6. 961 | 36 | 0. 000 | 2. 42 | 0. 348 | 0. 40 | − 0. 471 ** |
| | 19 | 3. 95 | 1. 353 | 0. 310 | | | 6. 961 | 26. 637 | 0. 000 | 2. 42 | 0. 348 | | |

续表

| | N | Mean | Std. D | Std. E | Levene's Test for Equality of Variances | | t – test for Equality of Means | | | | | D | r |
|---|---|---|---|---|---|---|---|---|---|---|---|---|---|
| | | | | | F | Sig. | t | df | Sig. | M D | Std. ED | | |
| 31 | 19 | 1.79 | 1.398 | 0.321 | 0.445 | 0.509 | -3.392 | 36 | 0.002 | -1.53 | 0.450 | 0.26 | 0.341** |
| | 19 | 3.32 | 1.376 | 0.316 | | | -3.392 | 35.992 | 0.002 | -1.53 | 0.450 | | |
| 32 | 19 | 1.26 | 0.562 | 0.129 | 8.786 | 0.005 | -4.728 | 36 | 0.000 | -1.21 | 0.256 | 0.20 | 0.541** |
| | 19 | 2.47 | 0.964 | 0.221 | | | -4.728 | 28.962 | 0.000 | -1.21 | 0.256 | | |
| 33 | 19 | 5.32 | 1.765 | 0.405 | 5.198 | 0.029 | 2.653 | 36 | 0.012 | 1.32 | 0.496 | 0.22 | -0.296** |
| | 19 | 4.00 | 1.247 | 0.286 | | | 2.653 | 32.384 | 0.012 | 1.32 | 0.496 | | |
| 34 | 19 | 6.47 | 1.219 | 0.280 | 1.178 | 0.285 | 2.526 | 36 | 0.016 | 1.05 | 0.417 | 0.18 | -0.248* |
| | 19 | 5.42 | 1.346 | 0.309 | | | 2.526 | 35.649 | 0.016 | 1.05 | 0.417 | | |
| 35 | 19 | 1.63 | 0.684 | 0.157 | 0.582 | 0.450 | -10.276 | 36 | 0.000 | -2.32 | 0.225 | 0.39 | 0.680** |
| | 19 | 3.95 | 0.705 | 0.162 | | | -10.276 | 35.967 | 0.000 | -2.32 | 0.225 | | |
| 36 | 19 | 1.63 | 0.597 | 0.137 | 11.935 | 0.001 | -5.296 | 36 | 0.000 | -1.79 | 0.338 | 0.30 | 0.501** |
| | 19 | 3.42 | 1.346 | 0.309 | | | -5.296 | 24.820 | 0.000 | -1.79 | 0.338 | | |

（注：＊表示 $0.01 < P < 0.05$，＊＊表示 $P < 0.01$。）

其次，计算项目的鉴别力指数，分别统计出高分组和低分组在各项目上的得分率，二者之差即是项目的鉴别力指数，结果如表 4－3 所示，可以看出项目鉴别力指数尚可的有 18 个，良好及以上的有 11 个，鉴别力指数差的有 7 个，其中 26、27 两项目几乎没有鉴别力，而且项目 27 的 D 值为负数，比没有鉴别力的效果更差，在正式测验时应删除，其余五个项目的鉴别力指数都接近 2.0。

再次，计算各项目与总分的 Pearson 相关系数，如表 4－3 所示，除分辨力低的两项目 26、27 相关不显著外，其余项目与总分的相关都达到显著性水平，相关系数在 0.3—0.8 之间的共 32 个项目，其中项目 33 接近 0.3。

考虑到项目鉴别力指数只反映被测差异的敏感性，而且社会调查问卷并非严格意义上的心理测验，本研究所调查的内容取自我国公共部门员工的感受，也许都是员工的公共服务动机，只是不同的人身上体现的程度不同而已，再加上利克特量表本身的一大特点——让调查对象尽量表现对每一个项目的态度强弱，这是它不同于其他量表的一大优点，同时也带来了它的缺陷，因为有的调查对象可能喜欢用强烈的方式表示轻微的差别，而有的调查对象可能是以轻微的方式反应轻微的差别，这样就造成本来是同样轻微的差别，测量的结果数值略有不同，给分析带来一定影响。鉴于此，本研究在进一步的因素分析中保留了处于上述项目分析指标边沿的项目，仅删去了项目 3、5、11、15、26、27、34。其实，在大多数教科书中，对利克特量表中项目的分析方法都推荐的是不像心理测量要求那么严格的高低分组 t 检验的方法以及项目与问卷总分的相关分析法。[①]

### 3. 因素分析

为了考察公共服务动机的结构，保证项目的可解释性，本研究对预测调查对象公共服务动机问卷的其余 29 个项目运用 Spss12.0 统计分析软件进行探索性因素分析，采用主成分分析方法提取公因子和最大方差旋转法对数据进行正交旋转，提取特征根大于 1 的因子，结果显示特征根大于 1 的因子有 8 个，方差累积贡献率为 68.202%，正交旋转的结果显示各项目在各因子上的分布较散，说明初始问卷中的项目有些对所研究的问题不具备代表性，本着精简项目，力求以最少的项目反应公共服务动机结构的原则，本研究对现有项目进行了大规模筛选，结合上面项目分析的结果，逐步剔除一些因子负荷低、共同度低和在多个因子上存在多重负荷的难以解释的项目，保留相关性较大的项目，经过反复筛选与探索性因素分析，最终保留了 2、4、7、10、12、13、16、17、18、20、21、22、24、25、28、29、30、33、35、36 共 20 个项目，对这 20 个项目进行探索性因素分析，结果显示 KMO 值为 0.743，Bartlett 检验值为 588.094，差异非常显著（P<0.001），说明相关矩阵不是单位矩阵，适合用因素分析的方法对数据进行分析，因素分析得到特征根大于 1 的因子共 5 个，方差累积贡献率为61.448%（如表 4－5 所示），经正交旋转各因子负荷都在 0.45 以上（如表 4－6 所示），而且各因子所包含的项目意义都较为接近，符合测验要求，结果显示各项目的共同度在 0.379 到 0.797 之间，绝大部分项目的共同度都在 0.5 以上（如表 4－4 所示），说明 5 个公共因子解释了变量的大

---

① Frankfort - Nachmias, C. & Nachmias, D., *Research Methods in the Social Sciences*, London: St. Martin's Press, Inc. 1992: 437; 风笑天：《现代社会调查方法（第三版）》，华中科技大学出版社 2005 年版，第 100 页；袁方：《社会研究方法教程》，北京大学出版社 1997 年版，第 302 页；吴明隆：《SPSS 统计应用实务：问卷分析与应用统计》，科学出版社 2003 年版，第 44 页。

部分变异，表明问卷有较好的结构效度。

表 4 - 4　　　　　　　公共服务动机问卷各项目的描述性统计分析结果

| | Mean | Std. Deviation | Analysis N | Initial | Extraction |
|---|---|---|---|---|---|
| B2 | 6.08 | 1.160 | 315 | 1.000 | 0.626 |
| B4 | 4.86 | 1.512 | 315 | 1.000 | 0.487 |
| B7 | 4.47 | 1.695 | 315 | 1.000 | 0.757 |
| B10 | 4.21 | 1.640 | 315 | 1.000 | 0.797 |
| B12 | 5.31 | 1.715 | 315 | 1.000 | 0.520 |
| B13 | 5.92 | 1.039 | 315 | 1.000 | 0.452 |
| B16 | 5.52 | 1.619 | 315 | 1.000 | 0.613 |
| B17 | 5.97 | 1.037 | 315 | 1.000 | 0.588 |
| B18 | 6.36 | 1.042 | 315 | 1.000 | 0.603 |
| B20 | 5.01 | 1.550 | 315 | 1.000 | 0.379 |
| B21 | 4.99 | 1.617 | 315 | 1.000 | 0.547 |
| B22 | 4.08 | 1.525 | 315 | 1.000 | 0.450 |
| B24 | 6.34 | 1.119 | 315 | 1.000 | 0.419 |
| B25 | 4.31 | 1.425 | 315 | 1.000 | 0.588 |
| B28 | 6.14 | 1.193 | 315 | 1.000 | 0.491 |
| B29 | 4.02 | 1.538 | 315 | 1.000 | 0.625 |
| B30 | 4.77 | 1.656 | 315 | 1.000 | 0.391 |
| B33 | 4.07 | 1.805 | 315 | 1.000 | 0.588 |
| B35 | 5.01 | 1.375 | 315 | 1.000 | 0.511 |
| B36 | 5.30 | 1.472 | 315 | 1.000 | 0.432 |

表 4 - 5　　　　　　　公共服务动机问卷各项目的因素分析结果

| Com-ponent | Initial Eigenvalues | | | Extraction Sums of Squared Loadings | | | Rotation Sums of Squared Loadings | | |
|---|---|---|---|---|---|---|---|---|---|
| | Total | % of Variance | Cumulative % | Total | % of Variance | Cumulative % | Total | % of Variance | Cumulative % |
| 1 | 5.549 | 27.745 | 27.745 | 5.549 | 27.745 | 27.745 | 3.134 | 15.669 | 15.669 |
| 2 | 2.231 | 11.153 | 38.898 | 2.231 | 11.153 | 38.898 | 2.706 | 13.530 | 29.199 |

续表

| Com-ponent | Initial Eigenvalues | | | Extraction Sums of Squared Loadings | | | Rotation Sums of Squared Loadings | | |
|---|---|---|---|---|---|---|---|---|---|
| | Total | % of Variance | Cumulative % | Total | % of Variance | Cumulative % | Total | % of Variance | Cumulative % |
| 3 | 1.993 | 9.965 | 48.862 | 1.993 | 9.965 | 48.862 | 2.393 | 11.965 | 41.163 |
| 4 | 1.462 | 7.308 | 56.170 | 1.462 | 7.308 | 56.170 | 2.228 | 11.138 | 52.302 |
| 5 | 1.056 | 5.278 | 61.448 | 1.056 | 5.278 | 61.448 | 1.829 | 9.147 | 61.448 |
| 6 | 0.973 | 4.864 | 66.313 | | | | | | |
| 7 | 0.862 | 4.312 | 70.625 | | | | | | |
| 8 | 0.816 | 4.080 | 74.704 | | | | | | |
| 9 | 0.781 | 3.903 | 78.607 | | | | | | |
| 10 | 0.677 | 3.384 | 81.991 | | | | | | |
| 11 | 0.599 | 2.994 | 84.984 | | | | | | |
| 12 | 0.570 | 2.848 | 87.833 | | | | | | |
| 13 | 0.498 | 2.489 | 90.321 | | | | | | |
| 14 | 0.434 | 2.171 | 92.492 | | | | | | |
| 15 | 0.323 | 1.614 | 94.106 | | | | | | |
| 16 | 0.299 | 1.494 | 95.600 | | | | | | |
| 17 | 0.261 | 1.305 | 96.905 | | | | | | |
| 18 | 0.254 | 1.271 | 98.176 | | | | | | |
| 19 | 0.209 | 1.045 | 99.220 | | | | | | |
| 20 | 0.156 | 0.780 | 100.000 | | | | | | |

表4-6　　　　　公共服务动机问卷各项目旋转后的因素负荷矩阵

| 项目 | 共同度 | Component | | | | |
|---|---|---|---|---|---|---|
| | | 1 | 2 | 3 | 4 | 5 |
| 29 | 0.698 | 0.813 | | | | |
| 35 | 0.688 | 0.743 | | | | |
| 25 | 0.668 | 0.718 | | | | |
| 20 | 0.482 | 0.633 | | | | |

续表

| 项目 | 共同度 | Component | | | | |
|---|---|---|---|---|---|---|
| | | 1 | 2 | 3 | 4 | 5 |
| 22 | 0.426 | 0.541 | | | | |
| 36 | 0.387 | 0.483 | | | | |
| 24 | 0.620 | | 0.756 | | | |
| 18 | 0.682 | | 0.709 | | | |
| 28 | 0.544 | | 0.678 | | | |
| 13 | 0.608 | | 0.575 | | | |
| 17 | 0.638 | | 0.545 | 0.515 | | |
| 16 | 0.646 | | | −0.784 | | |
| 2 | 0.645 | | | 0.680 | | |
| 4 | 0.612 | | | 0.662 | | |
| 12 | 0.764 | | | | 0.861 | |
| 33 | 0.654 | | | | 0.803 | |
| 30 | 0.632 | | | | 0.678 | |
| 7 | 0.690 | | | | | 0.822 |
| 21 | 0.690 | | | | | 0.588 |
| 10 | 0.516 | | | | | 0.508 |

表4-7　本研究验证性因素分析结果与佩里（Perry）的研究结果的比较

| | | $\chi^2$ | df | $\chi^2/df$ | GFI | AGFI |
|---|---|---|---|---|---|---|
| 本问卷 | 五维度 | 390.893 | 160 | 2.443 | 0.886 | 0.851 |
| Perry 的问卷 | 三维度 | 596.15 | 249 | 2.394 | 0.88 | 0.86 |
| | 四维度 | 576.82 | 246 | 2.345 | 0.88 | 0.86 |

在正式施测时，笔者将这20个项目随机排列，得到319名调查对象的可用数据。为了检验正式测量的效度，本研究用 Amos5.0 软件对正式施测结果进行验证性因素分析，分析后的结果必须通过模型的拟合度检验，才能认定假设模型与实际数据样本的一致性。对于验证性因素分析结果的拟合优度的考核有较多指标，但不同的指标在不同的样本数量、模型复杂度

下有着不同的表现特性，必须根据具体情况进行斟酌。本研究主要使用 GFI、AGFI、CFI、RMSEA 等较为稳定的绝对指标和相对指标考核模型拟合优度，分析结果显示 $\chi^2/df = 2.443$，拟合优度指数 GFI = 0.886，修正的拟合优度指数 AGFI = 0.851，近似误差的平方根 RMSEA = 0.068，比较拟合指数 CFI = 0.873。验证性因素分析的结果与佩里（Perry）对其 376 位调查对象 24 个项目问卷的验证性因素分析结果的比照如表 4 - 7 所示。因为佩里（Perry）只列出了拟合优度指数和修正的拟合优度指数及其 $\chi^2$ 值，所以可比较的指标有限，但是从结果上还是可以看出，我们正式施测的数据拟合模型的程度在各项指标上与佩里（Perry）（1996 年）的差不多。一般而言，卡方值是检验模型拟合效果的一个绝对拟合指数，也是计算其他拟合指数的基础指标。该指数的最小值为 0，但没有上限。对于一个较好的模型，卡方值应该较小。但卡方值与样本容量有直接的关系，样本容量足够大时，几乎所有建议的模型都会被拒绝。卡方值除以自由度的比值（CMIN/DF）也只是消除了自由度的影响，而没有消除样本容量的影响，它的大小也不能准确反映模型的拟合效果，因此，CMIN（即卡方值）以及 CMIN/DF 大都只是作为参考指数。一般而言，$\chi^2/df > 3$ 表明整体拟合优度不太好，$\chi^2/df > 5$ 表明整体模型比较差[1]，而本模型的检验值小于 3，还比较理想；拟合优度指数 GFI，度量的是观测变量的方差协方差矩阵在多大程度上被模型引申的方差协方差矩阵所预测，AGFI 利用模型中参数估计的总数与模型估计的独立参数——自由度来修正拟合优度指数，CFI 则反映的是要验证的模型与变量被完全约束的模型之间的相对合适度，这几个拟合优度指数的值都是越接近 1 则模型拟合越好，一般认为大于 0.9 表示模型可以接受，大于 0.95 表示模型拟合较好。本研究中这几个值都接近 0.9，表明模型的拟合优度较好；至于指标近似误差的平方根 RMSEA，学者斯塔格（Steiger）（1990 年）认为值低于 0.1 表示模型拟合效果可以接受，低于 0.05 表示模型拟合较好，低于 0.01 表示模型拟合非常出色。[2] 也有学者认为，对 RMSEA 习惯上取值小于 0.05 表明相对于自由

---

[1]　叶仁荪、王玉芹、林泽炎：《工作满意度、组织承诺对国企员工离职影响的实证研究》，《管理世界》2005 年第 3 期，第 122—125 页。

[2]　张淑莲、胡晶、乔海英：《河北电大开放教育毕业生追踪调查数据的统计分析》，《中国远程教育》2005 年第 4 期。

度而言模型拟合了数据，另外，在90%的置信度下，如果 RMSEA 取值小于0.08，则可以认为近似误差是合理的，模型拟合较好①，所以从各项指标看，验证性因素分析均支持了我们所测量的结构，模型拟合指数都达到理想水平，说明测量工具有效。

### 4. 信度分析

关于测量结果的考察，除了对效度的考察外还有对信度的考察。为了考察测量结果的可靠性，我们对20个项目的信度分析采用传统的 Cronbach α 值分别检验总量表和各分量表的信度，对项目内部一致性分析的结果显示，整个量表的 α 系数为0.7463，各分量表的 α 值除自我实现为0.6864（接近0.70）外，均大于心理测量学上信度系数0.70的评判标准（参见表4-8），考虑到问卷项目少，信度系数有偏小的倾向，所编制的问卷的信度系数是可以接受的。而且本问卷除总量表的信度系数小于佩里（Perry）的研究结果0.9外，其余相关分量表的信度系数与佩里（Perry）0.69—0.77的信度系数②范围相差不大。所以从正式测试数据的信度以及效度值来看，本研究的测量效果不错。

表4-8　　　　　本研究的信度系数与国外相应研究结果的比较

| α 值 | 整个问卷 | 公共利益/自我牺牲 | 造福社会 | 同情心 | 自我实现 | 政策制定 |
|---|---|---|---|---|---|---|
| 本问卷 | 0.7463 | 0.7369 | 0.7823 | 0.7311 | 0.6864 | 0.7409 |
| 佩里的问卷 | 0.90 | 0.69/0.74 | / | 0.72 | / | 0.77 |
| 乔伊的测量 | | 0.6815/0.8633 | / | 0.7530 | / | 0.6495 |

综合每个因素所涉及的各项目的含义，笔者分别将这5个因素命名为公共利益、造福社会、同情心、政策制定和自我实现，各因子的样题如下：公共利益为"我准备为社会利益作出牺牲"，造福社会的样题为"我

---

① 柯惠新：《调查研究中的统计分析方法》，中国传媒大学出版社2006年版，第524页。

② Perry, J. L., "Measuring Public Service Motivation: an Assessment of Construct Reliability and Validity", *Journal of Public Administration Research and Theory*, 1996. Vol. 6 (1): 19; Perry, J. L., "Antecedents of Public Service Motivation", *Journal of Public Administration Research and Theory*, 1997. Vol. 7 (2): 186.

尊重能制定出好政策的官员",同情心的样题为"我常为贫困者的处境感慨",政策制定的样题为"参与公共政策制定对我没有吸引力",自我实现的样题为"为大家服务能让我实现自我价值"。将所得问卷结构与佩里(Perry)4 因素的结构相比对,笔者发现除造福社会、自我实现为新增项目外,同情心、政策制定 2 个维度项目与佩里(Perry)的结构一致,公共利益维度上的项目则是佩里(Perry)问卷中自我牺牲维度与公共利益承诺 2 个维度上一些项目的综合,从佩里(Perry)(1996 年)对其 4 维度的相关分析结果可以看出,公共利益承诺与自我牺牲 2 维度的相关系数是最高的,达到 0.89,其余维度的相关系数则在 0.28—0.64 之间①,佩里(Perry)的验证性因素分析结果也揭示出公共服务动机 3 维度和 4 维度结构在吻合指数 GFI 等各项指标上差异不大(见表 4 - 7),考虑到人们一直认为自我牺牲与公共服务相连,佩里(Perry)才最终将自我牺牲作为一个独立的维度保留在问卷中,所以,从这个角度看,本研究的结果合并了自我牺牲与公共利益承诺 2 个维度不足为奇。另外,本研究所得到的公共服务动机结构,除了造福社会、自我实现 2 个维度为新增的结构维度外,其余均与佩里(Perry)的研究中的公共服务动机结构一致,但是,从前面的综述可以看出,诺克(Knoke)等对动机理性成分的界定是个体效用的最大化,佩里(Perry)以公共政策制定的吸引维度作为动机的理性成分,体现个体效用的最大化倾向,这未免有些牵强。佩里(Perry)本人也承认这 24 个项目的量表本身还有待完善,特别是其中公共政策制定的吸引分量表相对其他分量表而言项目过少,带来信度不如其他分量表高的现象。② 从本研究的结果来看,本研究以自我实现和政策制定作为动机的理性成分,可以更好地揭示个体效用最大化的动机倾向,弥补了佩里(Perry)研究中的不足;而且公共利益和造福社会 2 个维度揭示的是公共服务动机的规范层面,同情心是公共服务动机的情感层面,均与诺克(Knoke)等人的动机 3 成分结构的界定相吻合,既丰富了佩里(Perry)的研究结构,又使得项目更精简。不过我国 MPA 研究生公共服务动机的五因素模型,包含了西

---

① Perry, J. L., "Measuring Public Service Motivation: an Assessment of Construct Reliability and Validity", *Journal of Public Administration Research and Theory*, 1996. Vol. 6 (1): 17.

② Perry, J. L., "Measuring Public Service Motivation: an Assessment of Construct Reliability and Validity", *Journal of Public Administration Research and Theory*, 1996. Vol. 6 (1): 5 - 22.

方学者的四因素模型的内容，这反映出不同文化背景下公共服务动机的共性成分，另外，我国的模型比西方的多出了自我实现和造福社会 2 个因素，这究竟是中西方的文化差异使然，还是西方学者的研究不够系统全面使然，还有待于进一步研究。

### （二）角色知觉问卷

政府雇员的角色和职责知觉，是让政府雇员对其职责产生稳定预期的一系列与工作有关的价值观和态度，政府雇员的角色和责任一直是新公共行政和传统公共行政争论的焦点问题，按照威尔逊（Wilson）政治与行政两分的观点，政治的职能是制定政策、行政的职能是执行政策，传统的公共行政主张效率是公共行政价值观的核心，政府雇员的角色和责任主要是尽可能以中立的方式执行政策，忠实地遵从已有的规章制度和程序，即使在方向不明或缺乏方向时也不允许雇员发挥自主性的作用；新公共行政学者对政治与行政两分的观点进行了反思和批判，认为政治与行政的两分使得公共行政游离于社会政治现实之外①，一方面立法机关控制复杂社会问题的能力在下降，另一方面行政机关的权力在膨胀，远远不能满足解决社会问题、处理社会危机的需要，进而强调行政管理的政治特性、政策制定功能，主张通过行政控制的作用使得公共服务合法化，要求政府雇员做"应该做的事情而不仅仅是做必须做的事情"，在工作中发挥出"超越契约"似的积极主动的作用。和传统的公共行政以牺牲社会平等来强调效率和节约所不同的是，新公共行政提倡社会公平价值观。登哈特和德利翁（Denhardt &deLeon）（1995 年）综合学者和实践者的观点提出了有关行政职责（administrative responsibility）的理论框架，认为行政职责有责任机制（accountability mechanisms）和工具目标（instrumental goals）两大维度，责任机制以水平线表示，严格的政治回应（polotical responsiveness）和积极主动管理（proactive administrative）位于责任机制的两端，垂直线代表工具目标，两端分别是管理效率和社会公平，行政中立（administrative neutrality）位于两轴的交点（见图 3 - 2）。塞尔登（Selden）等人（1999 年）认为该模型体现了公共管理学者的很多相关研究思想，如赫维特·考

---

① ［美］珍妮特·V. 登哈特、罗伯特·B. 登哈特著，丁煌译：《新公共服务：服务，而不是掌舵》，中国人民大学出版社 2004 年版，第 345 页。

夫曼（Hervert Kaufman）（1956 年）提出了有助于解释美国公共行政形成和发展的三种价值观：代表性（representativeness）、中立能力（neutral competence）、行政领导能力（executive leadership），塞尔登（Selden）认为这三种价值观分别与上图（即图 3－2）中的管理效率、中立能力、政治回应相对应。另外，早期的一些学者认为公共管理者应该通过政治过程中的积极工作来增进公共利益，这一思想被新公共管理者升华为公共管理者应该促进政治过程中缺失的价值观——社会公平，所以 20 世纪 60 年代后又进一步衍生出社会公平和主动管理两种价值观。塞尔登（Selden）等人（1999 年）根据登哈特和德利翁（Denhardt & deLeon）（1995 年）的行政职责结构理论框架编制了行政角色（administrative role）知觉问卷，该问卷共 40 个条目，从管理效率（managerial efficiency）、社会公平（social equity）、中立（neutrality）、主动管理（proactive administration）、政治回应（political responsiveness）五个维度测量公共雇员的角色知觉①，每个维度包含 8 项测量内容。本研究借鉴塞尔登（Selden）的有些项目来衡量我国政府公务员的角色知觉，由于塞尔登（Selden）问卷中的政治回应被操作化为一种对当选官员负责，实现当选官员政治意愿的意识，鉴于我国的一党专政政体，考虑删除该维度。同时考虑到塞尔登（Selden）等人（1999 年）的项目过多，本研究在预测时，每个维度选择了其中的 3 个项目，共 12 个项目，并采用往复翻译技术译成中文，对 65 名政府公务员的相应数据进行因素分析，删除负荷不佳的项目后，正式施测的问卷最终由 8 个项目组成。其中中立角色知觉选择的项目是反映被调查者照章办事、按上级意愿办事意向程度的 2 个项目，样题如下："我的工作是遵守规定的制度和章程"；管理效率选择的是高效利用资源、政策效率导向 2 个项目，样题如下："我的责任是最有效地使用我所掌管的资源"；主动管理选择的是支持维护公众利益的政策、主动参与政策过程 2 个项目，样题如下："我应积极主动参与政策过程"；社会公平选择的是维护弱势群体利益、确保人们公平享有社会福利 2 个项目，样题如下："我应该大力提倡维护弱势群体需要和利益的政策"。测量采用利克特 7 级量表计分，从"完全符合"、"比较符合"、"有点符合"、"不确定"、"有点不符合"、

---

① Selden, S. C. & Brewer, G. A., "Reconciling Competing Values in Public Administration: Understanding the Administrative Role Concept", *Administration and Society*, 1999. Vol. 31 (2): 171 – 204.

"比较不符合"、"完全不符合"依符合程度从高到低分别计为 1 至 7 分。正式测试中 4 个因子的方差累积贡献率为 73.161%（见表 4 - 10），方差极大正交旋转后的因子负荷矩阵结构与塞尔登（Selden）的结构一致，变量的共同度在 0.447 - 0.839 间（见表 4 - 9），探索性因素分析正交旋转后各因子的负荷见表 4 - 11，从表中可见各因子负荷绝大多数在 0.8 以上，表明问卷有较好的结构效度。信度分析结果显示，管理效率、中立、主动、社会公平 4 个维度的 α 值分别为 0.6352、0.7298、0.6275、0.8986，鉴于项目偏少，其值均在可接受的范围。

用 Amos5.0 软件对该问卷进行验证性因素分析，各项指标均达到理想水平：$\chi_{14}^2 = 32.373$（$P < 0.01$），$\chi^2/df = 2.312$，$CFI = 0.964$，$GFI = 0.974$，$AGFI = 0.934$，$RMSEA = 0.065$，表明模型成立，拟合数据较为理想。

表4 - 9　　　　　　角色知觉问卷各项目的描述性统计分析结果

| item | Mean | Std. Deviation | Analysis N | Initial | Extraction |
|---|---|---|---|---|---|
| 1 | 5.37 | 1.346 | 313 | 1.000 | 0.447 |
| 2 | 4.34 | 1.584 | 313 | 1.000 | 0.760 |
| 3 | 6.30 | 0.950 | 313 | 1.000 | 0.803 |
| 4 | 6.46 | 0.884 | 313 | 1.000 | 0.839 |
| 5 | 4.56 | 1.533 | 313 | 1.000 | 0.671 |
| 6 | 6.43 | 0.822 | 313 | 1.000 | 0.695 |
| 7 | 4.60 | 1.714 | 313 | 1.000 | 0.817 |
| 8 | 5.84 | 1.253 | 313 | 1.000 | 0.821 |

表4 - 10　　　　　　角色知觉问卷各项目的因素分析结果

| Com-ponent | Initial Eigenvalues | | | Extraction Sums of Squared Loadings | | | Rotation Sums of Squared Loadings | | |
|---|---|---|---|---|---|---|---|---|---|
| | Total | % of Variance | Cumulative % | Total | % of Variance | Cumulative % | Total | % of Variance | Cumulative % |
| 1 | 2.596 | 32.446 | 32.446 | 2.596 | 32.446 | 32.446 | 2.118 | 26.469 | 26.469 |
| 2 | 1.313 | 16.417 | 48.863 | 1.313 | 16.417 | 48.863 | 1.305 | 16.310 | 42.779 |

| Com-ponent | Initial Eigenvalues | | | Extraction Sums of Squared Loadings | | | Rotation Sums of Squared Loadings | | |
|---|---|---|---|---|---|---|---|---|---|
| | Total | % of Variance | Cumulative % | Total | % of Variance | Cumulative % | Total | % of Variance | Cumulative % |
| 3 | 1. 119 | 13. 991 | 62. 854 | 1. 119 | 13. 991 | 62. 854 | 1. 280 | 16. 001 | 58. 781 |
| 4 | 0. 825 | 10. 307 | 73. 161 | 0. 825 | 10. 307 | 73. 161 | 1. 150 | 14. 381 | 73. 161 |
| 5 | 0. 800 | 9. 996 | 83. 157 | | | | | | |
| 6 | 0. 647 | 8. 085 | 91. 242 | | | | | | |
| 7 | 0. 464 | 5. 794 | 97. 037 | | | | | | |
| 8 | 0. 237 | 2. 963 | 100. 000 | | | | | | |

表 4 – 11　　　　　　　角色知觉问卷各项目正交旋转后的因素矩阵

| | Component | | | |
|---|---|---|---|---|
| | 1 | 2 | 3 | 4 |
| SE2 | 0.952 | | | |
| SE1 | 0.885 | | | |
| N2 | | 0.885 | | |
| N1 | | 0.876 | | |
| PA1 | | | 0.868 | |
| PA2 | | | 0.612 | |
| ME2 | | | | 0.887 |
| ME1 | | | | 0.585 |

（注：其中 SE 代表社会公平，N 代表中立，PA 代表主动管理，ME 代表管理效率。）

## （三）人格问卷

"大五"人格是近年来心理学研究的热点问题，人格的大五模型因其系统简洁、能对人格结构进行良好的描述而受到国内外研究者的认同，其中得到中外学者充分认可的是麦可雷和科斯塔（McCrae & Costa）编制的"大五"人格问卷，麦可雷和科斯塔（McCrae & Costa）（1992 年）将人格的基本结构分为外倾性（extraversion）、宜人性（agreeableness）、责任

感（conscientiousness）、神经质（neuroticism）、开放性（openness to expe-
rience）五个因素①，外倾性表示的是人际互动的数量和密度、对刺激的需
要以及获得愉悦的能力；神经质表示的是情感的调节和情绪的不稳定性；
开放性表示的是对经验的积极寻求和欣赏以及对不熟悉情境的容忍和探
索；责任感表示的是个体在目标导向行为上的组织、坚持和动机；宜人性
则考察个体对他人所持的态度，如亲近的、同情的、信任的、宽大的等。
其中每个因素又分为 6 个子维度，每个子维度又有 8 个项目，这样就构成
了由每个分量表 48 个项目组成的共 240 个项目的全量表。受问卷篇幅所
限，本研究仅对其中逻辑上与公共服务动机关联高的责任感和宜人性两个
因素进行考察。

责任感作为五大因素之一，具体分为胜任感、条理性、责任心、事业
心、自律性、审慎性六个方面，表示克制和拘谨，代表获得成就的愿望，
能部分反映出对目标的计划、坚持和有意识的努力，与成就动机和组织计
划有关，高分者做事有条理、有计划，并能够持之以恒，而低分者则马虎
大意，见异思迁、不可靠。② 本研究采用麦可雷和科斯塔（McCrae & Cos-
ta）（1992 年）编制的"大五"人格 NEO – PI—R 的测量方法，取其中中
文译本责任感分问卷的 6 个子维度中的自律性和尽责性 2 个子维度上的相
应 8 个项目进行测量。

宜人性是"大五"人格结构模型中主要反映人际关系倾向的一个维度，
表示利他、友好、富有爱心，分为信任、坦诚、利他、顺从、谦虚、温存六
个方面，在"大五"人格量表 NEO – PI—R 中，宜人性分数高的个体乐于助
人、可信赖并富有同情心，注重合作而不强调竞争，可以被看作是一个"利
他者"。他们同情并乐于帮助他人，同时他们相信其他人也会是这样的乐于
助人。而在宜人性维度上得分低的个体则多抱有敌意，为人多疑，喜欢为了
利益和信念而争斗，是自我中心者，他们对他人的动机常常持怀疑态度，而
且与他人往往是竞争而不是合作。在 NEO – PI—R 量表中，宜人性人格维度
包括信任、诚实、利他、顺从、谦逊、温和六个层面，依据与公共服务动机

---

① McCrae, R. R. & Costa, P. T. Jr, "Discriminate Validity of NEO – PIR Facet Scales", *Educational and Psychological Measurement*, 1992. Vol. 52 (1): 229 – 237.

② 李红燕：《简介"大五"人格因素模型》，《陕西师范大学学报（哲学社会科学版）》2002 年第 31（6）期，第 89—91 页。

逻辑上的关系，本研究取利他子维度进行分析，项目来自我国学者对"大五"人格的实证研究中利他维度与 NEO－PI—R 测量量表中利他维度上相重叠的 4 个项目。[①] 这样，本研究就得到共 12 个项目的人格问卷，经探索性因素分析后，删去负荷低的项目 1 个，最终得到 11 个项目的人格问卷，这 11 个项目分别负荷在自律性、尽责性、利他性 3 个因子上，问卷的内部一致性信度系数 α 值为 0.7412，各子维度的 α 值分别为 0.6621、0.6550、0.7141，虽然自律和尽责 2 个子维度的信度系数偏小，考虑到问卷测量的项目少，信度系数有偏小的倾向，这两个值也可以接受。探索性因素分析的结果如表 4－12 所示。用 Amos 5.0 对正式施测结果进行验证性因素分析，结果显示 $\chi^2/df = 2.582$，拟合优度指数 GFI ＝ 0.945，修正的拟合优度指数 AGFI ＝ 0.912，近似误差的平方根 RMSEA ＝0.071，拟合优度指数 CFI ＝0.919，表明模型拟合较理想，测量有效。

表 4－12　　　　　　　　　　人格问卷各项目正交旋转后的因素矩阵

| | Component | | |
| --- | --- | --- | --- |
| | 1 | 2 | 3 |
| C3 | 0.710 | | |
| C4 | 0.666 | | |
| C5 | 0.634 | | |
| C2 | 0.622 | | |
| C1 | 0.518 | | |
| Ag9 | | 0.898 | |
| Ag10 | | 0.882 | |
| Ag11 | | －0.459 | |
| CT6 | | | 0.799 |
| CT8 | | | 0.734 |
| CT7 | | | 0.715 |

（注：其中 C 代表自律性，Ag 代表利他性，CT 代表尽责性。）

---

① 崔红、王登峰：《西方"愉悦性"人格维度与中国人人格的关系》，《西南师范大学学报（人文社会科学版）》2005 年第 31（3）期，第 31—36 页。

### （四）背景层面因素

#### 1. 组织因素

##### （1）组织文化

自 20 世纪 80 年代以来，国外对组织文化的研究非常丰富，组织文化研究的繁荣主要体现在企业组织文化的研究中，由此也带动了公共组织文化的研究，但是对组织文化的量化测量，由于研究者的训练背景、关心的主题与使用的方法各异，所以形成了多元化的格局。

尽管企业组织文化的研究对公共部门组织文化测量起到了推动作用，但是文化概念本身和公共部门的性质有关，与企业组织文化相关研究相比，公共组织文化的研究相对薄弱，可能与公共组织的目标更难界定，公共部门改革策略更难形成和执行有关。布鲁尔和塞尔登（Brewer & Selden）（2000 年）对政府组织文化的操作定义，是从员工的受重视程度、团队合作氛围、关心公共利益的程度、组织对员工的保护 4 个方面来衡量公共组织的文化的。[1] 2000 年，澳大利亚学者雷切尔·帕克（Rachel Parker）和莉萨·布拉德利（Lisa Bradley）以澳大利亚昆士兰州致力于新公共管理改革的六个公共部门为研究对象，基于奎因（Quinn）的组织文化竞争价值观框架（The Competing Values Framework），实证测量了公共部门组织文化的现状以及公共管理者理想中的组织文化。他们认为，依据竞争价值观框架可以按照 2 个维度将组织文化分为 4 类。第一个维度代表组织的观点，即组织的焦点指向内部（inter）或外部（extern）；第二个维度由柔性（flexibility）和控制（control）构成，柔性是指在一定程度上重视组织成员自己的判断，控制是指在一定程度上可以对组织的行为进行控制。这种定量测量组织文化的方法，以对组织文化加以分类为基础，侧重运用各种标准或尺度描绘组织文化。它虽然较为严密，能够通过理论检验，得出一般的结论，并且进行组织之间、组织内部的相互比较，但是，由于其信度和效度有待于进一步检验，因而受到学术界的一些批判。1996 年，澳大利亚学者斯科特·霍姆斯（Scott Holmes）和斯蒂芬·马斯登（Stephen Mars-

---

① Brewer, G. A. & Selden, S. C., "Why Elephants Gallop: Assessing and Predicting Organizational Performance in Federal Agencies", *Journal of Public Administration Research and Theory*, 2000. Vol. 10 (4): 685 – 711.

den）以 11 个获得许可证的公共会计事务所为调查对象，基于聚类分析方法（cluster analysis），将组织文化分为四类：精英型（elite）、领导型（leadership）、贤能治理型（meritocratic）和学院型（collegial）。他们将收集来的资料分为内部文献和外部文献，借助计算机分析这些文献中的价值观陈述和主题。研究结果表明，这些公共部门的组织文化对外表现一致，对内表现混杂。研究者认为有必要进一步了解组织文化对内表现的分歧，以便解释组织的行为差异。[①] 美国公共管理学者潘德（Pandey）等人，通过问卷测量实证检验了美国华盛顿州政府机构中组织文化、组织规模、官样文件（red tape）、目标清晰性和组织沟通绩效的关系。[②] 他们对组织文化的测量借助的是奎因和金伯利（Quinn & Kimberly）（1984 年）以及赞姆托和克拉科夫尔（Zammuto & Krakower）（1991 年）的多维思想和测量方法，将公共部门的组织文化分成层级文化（hierarchical culture）、团队文化（group culture）、理性文化（rational culture）和发展文化（developmental cultrues）4 个层面。

综合考察学者们的相关研究，笔者认为，布鲁尔和塞尔登（Brewer & Selden）（2000 年）对组织文化的认识更突显公共部门的独特性，符合公共部门的性质，所以本研究采用布鲁尔和塞尔登（Brewer & Selden）（2000 年）对政府组织文化的操作定义，从员工的受重视程度、团队合作氛围、关心公共利益的程度、组织对员工的保护 4 个方面来衡量公共组织的文化，其中前 3 个指标各 1 个条目，第 4 个指标包含 4 个条目，样题如下："我所在组织防止员工独断专行"、"我所在组织保护员工免受报复"。测量都采用利克特 7 级量表，从"完全符合"到"完全不符合"，依次计分为 1—7。7 个项目的内部一致性 α 系数为 0.8683，经探索性因素分析，前 3 个项目负荷在一个因子上，后 4 个项目负荷在另一因子上，根据每一因子各组成项目的含义，笔者将前 3 个项目命名为组织氛围因子、后 4 个项目命名为组织保护因子，其中前 3 个项目组织氛围的内部一致性 α 系数为 0.8463，后 4 个项目组织保护的内部一致性 α 系数为 0.8330，与布鲁尔

---

① 张亚丽：《组织文化测量在澳大利亚公共部门的应用与启示》，《社会科学论坛》2005 年第 6 期，第 51—53 页。

② Pandey, S. K. & Garnett, J. L., "Exploring Public Sector Communication Performance: Testing a Model and Drawing Implications", *Public Administration Review*, 2006. Vol. 66（1）：37 – 51.

和塞尔登（Brewer & Selden）（2000 年）报道的内部一致性系数为 0.84 非常接近。[1]

（2）组织特征

公共组织特征也是影响绩效的一个重要变量，一些学者认为公共组织与私人组织明显的不同体现在公共组织目标的冲突性、组织目标的不明确及程序限制等几个方面，本研究采用赖特（Wright）（2004 年）公共组织工作动机研究中对公共组织特征的测量方法[2]，从程序限制、组织目标冲突性和组织目标明确性 3 个方面来测量，其中程序限制包含 4 个项目，样题如下："繁文缛节使得新观念很难受到重视"、"工作中即使是小事我都必须向上级请示"。组织目标明确性共 2 个项目，样题如下："本组织目标清楚明确"，组织目标冲突性包含 3 个项目，样题如下："本组织运作目标不一致"，测量都采用利克特 7 级量表，从"完全符合"到"完全不符合"，依次计分为 1—7。组织目标冲突性 3 个项目的内部一致性 α 系数为 0.6569，组织目标明确性 2 个项目的内部一致性 α 系数为 0.7341，程序限制 4 个项目的内部一致性 α 系数为 0.6225。

笔者对组织因素的 16 个项目进行因素分析，各项目的描述性统计分析结果如表 4 - 13 所示，KMO 值为 0.786，Bartlett 检验值 Approx Chi - Square = 1765.524（P < 0.001），表明相关矩阵不是单位矩阵，适合用因素分析的方法对数据进行分析。本研究采用主成分法抽取公因子，得到特征根大于 1 的因子 5 个，方差累积贡献率为 65.832%（见表 4 - 14），共同度在 0.475 - 0.775 之间（见表 4 - 13），因素负荷矩阵如表 4 - 15 所示，表明问卷有较好的结构效度。

正式施测数据的验证性因素分析的结果也显示，$\chi^2/df = 2.994$，拟合优度指数 GFI = 0.873，修正的拟合优度指数 AGFI = 0.816，近似误差的平方根 RMSEA = 0.091，拟合优度指数 CFI = 0.865，表明模型拟合实际数据。

---

[1]　Brewer, G. A. & Selden, S. C., "Why Elephants Gallop: Assessing and Predicting Organizational Performance in Federal Agencies", *Journal of Public Administration Research and Theory*, 2000. Vol. 10 (4): 698.

[2]　Wright, B. E., "The Role of Work Context in Work Motivation: a Public Sector Application of Goal and Social Cognitive Theories", *Journal of Public Administration Research and Theory*, 2004. Vol. 14 (1): 59 - 78.

表4-13                        组织因素各项目的描述性统计分析结果

|        | Mean  | Std. Deviation | Analysis N | Initial | Extraction |
|--------|-------|----------------|------------|---------|------------|
| OOC1   | 3.97  | 1.807          | 303        | 1.000   | 0.666      |
| OOC2   | 4.52  | 1.679          | 303        | 1.000   | 0.704      |
| OOC3   | 3.71  | 1.738          | 303        | 1.000   | 0.590      |
| OOT1   | 5.06  | 1.577          | 303        | 1.000   | 0.775      |
| OOT2   | 5.16  | 1.567          | 303        | 1.000   | 0.683      |
| OC1    | 4.76  | 1.485          | 303        | 1.000   | 0.645      |
| OC2    | 5.01  | 1.502          | 303        | 1.000   | 0.765      |
| OC3    | 4.85  | 1.683          | 303        | 1.000   | 0.752      |
| OCP1   | 4.54  | 1.698          | 303        | 1.000   | 0.756      |
| OCP2   | 4.59  | 1.618          | 303        | 1.000   | 0.755      |
| OCP3   | 4.14  | 1.690          | 303        | 1.000   | 0.641      |
| OCP4   | 4.35  | 1.653          | 303        | 1.000   | 0.621      |
| RT1    | 4.56  | 1.672          | 303        | 1.000   | 0.475      |
| RT2    | 4.19  | 1.822          | 303        | 1.000   | 0.610      |
| RT3    | 3.84  | 1.759          | 303        | 1.000   | 0.607      |
| RT4    | 6.04  | 1.171          | 303        | 1.000   | 0.490      |

（注：OOC 代表组织目标冲突性，OOT 代表组织目标明确性，OC 代表组织氛围，OCP 代表组织保护，RT 代表程序限制。）

表4-14                        组织因素各项目的因素分析结果

| Com-ponent | Initial Eigenvalues | | | Extraction Sums of Squared Loadings | | | Rotation Sums of Squared Loadings | | |
|---|---|---|---|---|---|---|---|---|---|
|  | Total | % of Variance | Cumulative % | Total | % of Variance | Cumulative % | Total | % of Variance | Cumulative % |
| 1 | 4.789 | 29.929 | 29.929 | 4.789 | 29.929 | 29.929 | 2.884 | 18.023 | 18.023 |
| 2 | 1.946 | 12.163 | 42.092 | 1.946 | 12.163 | 42.092 | 2.076 | 12.973 | 30.996 |
| 3 | 1.526 | 9.537 | 51.629 | 1.526 | 9.537 | 51.629 | 2.008 | 12.547 | 43.543 |
| 4 | 1.237 | 7.732 | 59.362 | 1.237 | 7.732 | 59.362 | 1.788 | 11.172 | 54.715 |
| 5 | 1.035 | 6.471 | 65.832 | 1.035 | 6.471 | 65.832 | 1.779 | 11.117 | 65.832 |

续表

| Com-ponent | Initial Eigenvalues | | | Extraction Sums of Squared Loadings | | | Rotation Sums of Squared Loadings | | |
|---|---|---|---|---|---|---|---|---|---|
| | Total | % of Variance | Cumulative % | Total | % of Variance | Cumulative % | Total | % of Variance | Cumulative % |
| 6 | 0.913 | 5.704 | 71.536 | | | | | | |
| 7 | 0.775 | 4.843 | 76.379 | | | | | | |
| 8 | 0.632 | 3.950 | 80.328 | | | | | | |
| 9 | 0.617 | 3.859 | 84.188 | | | | | | |
| 10 | 0.549 | 3.434 | 87.622 | | | | | | |
| 11 | 0.510 | 3.186 | 90.809 | | | | | | |
| 12 | 0.405 | 2.531 | 93.340 | | | | | | |
| 13 | 0.333 | 2.084 | 95.424 | | | | | | |
| 14 | 0.317 | 1.981 | 97.405 | | | | | | |
| 15 | 0.233 | 1.455 | 98.860 | | | | | | |
| 16 | 0.182 | 1.140 | 100.000 | | | | | | |

表 4 – 15　　　　　　　　组织因素各项目正交旋转后的因子负荷矩阵

| | Component | | | | |
|---|---|---|---|---|---|
| | 1 | 2 | 3 | 4 | 5 |
| OCP1 | 0.846 | | | | |
| OCP2 | 0.816 | | | | |
| OCP3 | 0.732 | | | | |
| OCP4 | 0.727 | | | | |
| OC2 | | 0.790 | | | |
| OC3 | | 0.673 | | | |
| OC1 | | 0.661 | | | |
| OOT1 | | | 0.842 | | |
| OOT2 | | | 0.791 | | |
| OOC3 | | | | 0.461 | |
| OOC2 | | | | 0.836 | |

续表

| | Component | | | | |
|---|---|---|---|---|---|
| | 1 | 2 | 3 | 4 | 5 |
| OOC1 | | | | 0.802 | |
| RT2 | | | | | 0.772 |
| RT3 | | | | | 0.720 |
| RT1 | | | | | 0.573 |
| RT4 | | | | | 0.404 |

（注：OOC 代表组织目标冲突性，OOT 代表组织目标明确性，OC 代表组织氛围，OCP 代表组织保护，RT 代表程序限制。）

### 2. 工作特征问卷

工作特征模型是工作设计的理论基础，工作设计理论在管理中的重要运用之一就是进行激励型工作设计，它以工作特征模型为基础，强调那些可能会对工作者的心理价值以及激励潜力产生影响的工作特征，并且把工作相关态度与行为变量看成是工作设计的最重要结果，再借助工作扩大化（job enlargement）和工作丰富化（job enrichment）手段来激励员工。所谓的工作扩大化就是增加员工工作任务的类型，丰富化就是增加员工工作的自主性，体现出改进工作内容以增强动机和提高效率的思想。它认为工作内容的改进，可以通过给员工提供更多的变化、更大的责任和更有意义的参与决策等手段来实现。实质上，它是通过满足员工的工作需要，给予员工有目的的运用各种技能和才干的机会，让他们从头至尾地经历工作的各环节，自主选择最适合自己的工作方式，参与并影响决策，以激发员工的兴趣，从而达到提高员工工作质量的目的。

工作内容的丰富化立足于工作本身的特性分析，早在20世纪70年代，现代工作特征理论的奠基者哈克曼和奥尔德姆（Hackman and Oldhan）就探讨了工作特性变量[1]，认为工作中有一些特征能通过影响员工的心理感受而有效激励员工，并使员工感到满意，他们认为工作特性可以从如下五个方面来描述：技能的多样性（skill variety），也即工作需要员工做不同事

---

[1] Hackman, J. R. & Oldham, G. R., "Motivation Through the Design of Work: Test of a Theory", *Organizational Behavior and Human Performance*, 1976. Vol. 16 (2): 250 – 279.

情的程度，工作中需要使用不同技能和才干的变化程度；任务整体性（task identity），是员工的工作从头至尾是否"完整"的程度，也即员工从事的是一项有明显开头和结尾的完整工作，还是仅仅和其他人一起完成整个工作而员工本人仅仅负责其中的一小部分；任务的意义（task significance）即任务的重要程度，指员工的工作结果是否会显著影响其他人的生活或福利；工作自主性（autonomy），是员工工作所拥有的自主权的程度，即是否允许员工自己决定工作方式；反馈（feedback），即工作本身提供给员工有关工作绩效信息的程度，工作本身是否提供给员工有关他本人工作成绩如何的线索——除了同事或上司可能提供的反馈外。这几项当中，技能多样性、任务整体性、任务重要性能影响员工对工作意义的体验和感受，工作自主性有助于增强个体对工作结果的责任感，反馈能提供给员工工作结果的知识和相关信息，增加他们对实际工作结果的认知。有研究表明这些工作特征变量影响员工的工作满意度、组织承诺等，技能变化性越强，员工越能接触完整的工作，工作越有意义，自主性越强，越能及时给予反馈，则员工的热情越高[1]。

从我国目前的相关研究来看，我国学者对工作特征的研究也大都采用哈克曼（Hackman）的工作特征量表，尽管艾达萨斯克与德拉斯高（Idasazk & Drasgow）（1987年）在哈克曼（Hackman）的基础上为每个维度增加了一些项目[2]，但笔者考虑到首先要保证问卷的质量，调查对象做问卷的时间不能太长，所以本研究仍然采用广为接受的哈克曼和奥尔德姆（Hackman and Oldhan）的工作诊断量表，将工作特征分成技能多样性、任务整体性、任务重要性、工作自主性、反馈5个维度，每个维度各1个项目，分别采用语义差别法测量，为了确保测量的准确性，在每个维度后面用通俗的语言分别解释工作特征5个维度各自的含义，并将每个维度按照各自的含义将程度从低到高分成7个等级，分别计为1—7分。对正式测试问卷的信度分析结果显示，Cronbach $\alpha$ = 0.7634。

---

[1]  Choi, Y. J. , *A Study of Public Service Motivation: the Korean Experience*, Ph. D, University of Idaho, 2001.

[2]  Idaszak, J. R. & Drasgow, F. , "A Revision of the Job Diagnostic Survey: Elimination of a Measurement Artifact", *Journal of Applied Psychology*, 1987. Vol. 72（1）: 69 – 74.

### （五）工作满意度问卷

工作满意度（job satisfaction）是一种源自对工作评价或工作经历评价的积极的愉快的情绪状态，是个体对工作各方面的一种情感或情绪反应，体现员工对工作本身或工作经历的态度，包括对工作本身、工资、提升、认可、工作条件、福利、自我、上级、同事、组织外成员等方面的看法，是组织绩效的重要组成部分。目前对工作满意度有许多不同的测量方法，反映了对工作满意度这一概念本身的不同认识和界定，总体上说，工作满意度的测量有单维和多维之分：单维是将工作满意度看成一个整体的水平，测量时只用一个整体性的问题"您对目前工作的满意程度"来衡量，这种方法有很强的包容性，不同个体对工作不同原因、甚至不明原因的满意度，都可以包含在同一个问题中；多维是通过将工作分解为不同的组成要素而把工作满意度区分为相应不同的方面，多要素的组合就构成个体总的工作满意度，这种方法一般是提问有关工作快感、工作兴趣和工作热情方面的问题，以便更深地挖掘人们对自己工作的总体感受，国外大多数学者都持这一观点，认为工作满意度应该是一个整体概念，它包含各种方面。[①]

我国目前有关工作满意度的研究也大都采用国外学者编制的研究问卷，而且针对的多是企业员工，多从工作相关方面来测量相应的员工对工作的态度，专门针对政府公务员的工作满意度研究目前还比较少，本研究采用梅森（Mason）（1995 年）的操作定义，将工作满意度分成工作兴趣、机构反馈、报酬、同事、上司、外部公平、绩效评估、平等待遇、总体工作满意和单位满意 10 个项目[②]，测量用利克特 7 级量表，从"完全符合"、"比较符合"、"有点符合"、"不确定"、"有点不符合"、"比较不符合"、"完全不符合"，分别计为 1—7 分，样题如下："我所得报酬与本单位其他人差不多"、"我的领导尊重我的人格"、"我从事的工作让我开心"，金（Kim）（2004 年）的研究表明该问卷有较高的内部一致性（$\alpha = 0.7787$）。预测数据对 10 个项目的探索性因素分析结果显示，项目分别负荷在 2 个

---

① Judge, T. A., C. J. Thoresen, J. E. Bono, and G. K. Patton, "The Job Satisfaction – Job Performance Relationship: a Qualiltative and Quantitative Review", *Psychological Bulletin*, 2001. Vol. 127 (3): 376 – 407.

② Mason, E. S., "Gender Differences in Job Satisfaction", *Journal of Social Psychology*, 1995. Vol. 153 (2): 143 – 151.

因子上，其中有关报酬的 2 个项目负荷在同一因子上，其余 8 个项目负荷在另一因子上，各项指标都符合要求，所以正式测试时这部分的项目全部采用。研究中正式测试问卷的信度分析结果显示，工作满意度问卷的 Cronbach$\alpha$ = 0.8382。正式施测数据对 2 因子模型的验证性因素分析的结果显示，$\chi^2/df$ = 3.435，拟合优度指数 GFI = 0.916，修正的拟合优度指数 AGFI = 0.864，近似误差的平方根 RMSEA = 0.099，拟合优度指数 CFI = 0.888，规范优度指数 NFI = 0.851，正式施测数据所有项目均为一因子的验证性因素分析的结果也显示，$\chi^2/df$ = 3.936，拟合优度指数 GFI = 0.912，修正的拟合优度指数 AGFI = 0.862，近似误差的平方根 RMSEA = 0.097，拟合优度指数 CFI = 0.888，规范优度指数 NFI = 0.857，表明两模型拟合实际数据的效果差不多，都符合要求。本研究选择简单的一因子模型。

### （六）组织承诺问卷

组织承诺（organizational commitment）反映的是组织成员对组织的态度和行为，它体现员工对组织的心理认同程度和接纳程度的态度倾向以及相应支持、关心组织发展的行为特点。学者们对组织承诺进行了广泛的研究，但是对组织承诺的界定却不尽相同：贝克尔（Becker）在最初提出组织承诺这个概念时，把它看成是随着员工对组织投入的增加而使得其不得不继续留在该组织的一种心理现象[1]；莫戴（Mowday）将组织承诺定义为个人对组织的一种态度或肯定性的内心倾向，是个人对某一特定组织情感上的依附和参与该组织的相对程度[2]；威纳（Wiener）则认为，组织承诺是个体社会化的结果，是员工被不断地灌输、强化这样一种观念或规范的结果[3]。莫戴（Mowday）（1983 年）根据文献回顾就发现，对组织承诺的相关概念和测量多达 25 种。研究者们认为，之所以存在如此之多的相互混淆的概念，是源于研究者们通常根据理论的假

---

[1] Becker, H. S., "Notes on the Concept of Commitment", *American Journal of Sociology*, 1960. Vol. 66 (1)：132 – 142.

[2] Mowday, R. T., Steers, R. M. & Porter, L. M., "The Measurement of Organizational Commitment", *Journal of Vocational Behavior*, 1979. Vol. 14 (2)：224 – 247.

[3] Wiener, Y., "Commitment in Organizations: a Normative View", *Academy of Management Review*, 1982. Vol. 7 (3)：418 – 428.

设，而非实际情况来定义承诺的概念。①

对此，艾伦和迈耶（Allen & Meyer）（1990 年）综合了以往组织承诺的研究，将组织承诺分为 3 个维度：情感承诺（affective commitment）、继续承诺（continuance commitment）和规范承诺（normative commitment）。②情感承诺是员工组织投入、组织参与的程度，是对组织目标和价值观的心理认同、信仰和支持的程度，体现个体对组织的情感，是一种积极的心理倾向，其基础是深厚的情感而非物质利益，具体表现为员工对组织形象和声誉的主动维护，向其他人宣传该组织，愿意为组织的发展付出努力，因自己是组织的成员而骄傲和自豪，对组织非常信任和忠诚。继续承诺是建立在经济基础之上的，带交易色彩的承诺，是员工为了不失去已有的职位和多年的投入所换来的福利待遇而不得不继续留在该组织的一种体验，一般而言员工在某个特定组织供职时间越长，离开该组织损失就越大，这致使其难以离开组织。规范承诺是一种基于社会责任和职场规范而继续为组织工作的承诺，是个体由于受长期的社会影响，在社会化过程中不断被灌输和强化这样一种观念：忠诚于组织是一种会得到赞赏和鼓励的行为，致使个体顺从该规范而形成的社会责任，以及员工从组织获取受益和职业发展的机会，并在内心产生回报的义务感。③ 不过艾伦和迈耶（Allen & Meyer）（1990 年）发现，规范承诺与情感承诺高度相关（r = 0.51）。④ 其实奥赖利和查特曼（O'Reilley & Chatman）（1986 年）也曾制定过一个组织承诺的三维度测量量表，从顺从（compliance）、认同（identification）、内化（internalization）承诺三个方面来测量组织承诺的程度，这种测量将组织承诺的三个维度分别对应于组织承诺的态度、行为、规范定义⑤，但是

---

① 赵星、张淑华：《公共部门员工组织承诺研究综述》，《中国科技信息》2006 年第 4 期，第 159 页。

② Allen, N. J. & Meyer, J. P., "The Measurement and Antecedents of Affective, Continuance and Normative Commitment to the Organization", *Journal of Occupational Psychology*, 1990. Vol. 63 (1): 1 – 18.

③ 苏方国、赵曙明：《组织承诺、组织公民行为与离职倾向关系研究》，《科学性与科学技术管理》2005 年第 8 期，第 111—116 页。

④ Allen, N. J. & Meyer, J. P., "The Measurement and Antecedents of Affective, Continuance and Normative Commitment to the Organization", *Journal of Occupational Psychology*, 1990. Vol. 63 (1): 1 – 18.

⑤ O'Reilly, C. A. & Chatman, J. A., "Organization Commitment and Psychological Attachment: the Effects of Compliance, Identification, and Internalization on Prosocial Behavior", *Journal of Applied Psychology*, 1986. Vol. 71 (3): 492 – 499.

奥赖利和查特曼（O'Reilley & Chatman）（1986 年）的组织承诺结构受到一些研究者的质疑，因为后来的研究显示，认同承诺和内化承诺间存在极高的相关性（相关系数超过了 0.70）[1]。由于艾伦和迈耶（Allen & Meyer）（1990 年）的研究结果在很多研究中得到验证，因而得到很多研究者的认同。

我国学者赵星等人（2006 年）通过回顾西方公共组织员工组织承诺的研究，发现西方公共组织员工的组织承诺问卷主要采用的是如下三种：第一种，波特（Porter）等人（1974 年）的组织承诺问卷，被乔和李（Cho & Lee）（2001 年）采用来测量公共部门与私人部门的组织承诺的差别研究。该问卷由 15 个项目组成，可分为"价值承诺"（愿意为组织效力，因成为组织的一员而骄傲）与"留职承诺"（愿意留在该组织）两个因素。第二种，迈耶和艾伦（Meyer & Allen）（1984 年）的组织承诺问卷，被刘和奈汉（Liou & Nyhan）（1994 年）所用，从情感承诺和继续承诺两方面来测量公共雇员的组织承诺。情感承诺测量项目主要具有两方面的优点：（1）测量态度承诺与行为承诺两种理论之间的关系问题，因为它是用"实证区分"情感与行为承诺，并直接检验罗姆泽克（Romzek）（1990 年）提出的公共部门员工的投入与员工对组织的承诺依存问题。（2）情感承诺项目与其他组织承诺的测量工具具有很密切的联系，并且被普遍地接受和广泛地使用于员工组织承诺的多维度研究中。第三种，迈耶和艾伦（Meyer & Allen）（1990 年）的组织承诺问卷，被卡鲁纳、拉马塞斯和尤因（Caruana, Ramaseshan & Ewing）（1997 年）用来测量组织承诺。该量表的三个维度的信度在 0.69—0.89 之间，并且验证性因素分析的结果显示具有很好的辨别与汇聚效度。在该研究中，公共部门的组织承诺依然包括情感承诺、持续承诺和规范承诺三个部分。但是其中的 4、12、18、24 四个项目的题与总分的相关小于 0.35，所以被相关学者删去。[2]

克鲁森（Crewson）（1997 年）测量组织承诺则是依照莫戴、波特和斯蒂尔斯（Mowday, Porter & Steers）（1982 年）的界定，视组织承诺为个体认同并投入特定组织的强度，将组织承诺操作化为三个独特的因素：

---

[1] Liou, K. T. & Nyhan R. C., "Dimensions of Organizational Commitment in the Public Sector: an Empirical Assessment", *Public Administration Quarterly*, 1994. Vol. 18（1）：103.

[2] 赵星、张淑华：《公共部门员工组织承诺研究综述》，《中国科技信息》2006 年第 4 期，第 159 页。

对组织目标和价值观的强烈信念及接受程度、努力为组织工作的渴望、保留组织成员资格的愿望。[①] 为测量组织承诺，他从 1979 年的联邦雇员态度调查（Federal Employee Attitude Survey，简称 FEAS）的 3 个核心承诺：渴望工作、忠诚、接受组织文化中选了 7 个问题，其中，3 个问题测量人们对工作的渴望，问卷样题为："我的工作富有挑战性"、"我工作的任务对我很有意义"、"我工作的任务对我很重要"；另外 2 个问题涉及组织忠诚，样题为："我经常想辞职"、"明年我可能在其他组织找个新工作"，均为反向题；最后，还有 2 道有关组织价值观内化或接受组织文化的问题："组织发生的事对我真的很重要"、"只要能拿到工资，我一点也不在意组织发生了什么"。

克鲁森（Crewson）的验证性因素分析的结果显示，组织承诺有 3 个结构：前 3 项是一个因素——工作渴望，中间 2 项是一个因素——忠诚，后 2 项是一个因素——价值观的接受程度。各分项的内部一致性系数分别为：0.82、0.70、0.59，整个量表的内部一致性系数为 0.79，都比较理想。[②]

我国学者对组织承诺的研究大多采用的是艾伦和迈耶（Allen & Meyer）（1990 年）的组织承诺量表，针对的也多是企业员工，凌文辁等人（2000 年）构建的中国企业职工组织承诺结构模型，发现中国企业职工的组织承诺有 5 个维度：感情承诺、理想承诺、规范承诺、经济承诺和机会承诺。其中感情承诺和规范承诺的内涵与艾伦和迈耶（Allen & Meyer）（1990 年）的基本相同；理想承诺是重视个人的成长，追求理想的实现；机会承诺是因没有另找工作的机会或其他满意单位而留在现在组织。[③] 从本质上看，凌文辁等人的组织承诺研究是对艾伦和迈耶（Allen & Meyer）（1990 年）继续承诺研究的深化，将之细分为理想承诺、经济承诺和机会承诺。由于凌文辁的研究针对的是企业职工，加上从逻辑上判断，经济承诺、机会承诺与公共服务动机的界定似乎矛盾，所以，为

---

① Crewson, P. E., "Public – Service Motivation: Building Empirical Evidence of Incidence and Effect", Journal of Public Administration Research and Theory, 1997. Vol. 7 (4): 499 – 518.

② Ibid.

③ 凌文辁、张治灿、方俐洛：《中国职工组织承诺的结构模型研究》，《管理科学学报》2000年第 6 期，第 76—81 页。

了研究结果能与国外的对照，本研究还是采用艾伦和迈耶（Allen & Meyer）（1990 年）编制的问卷，共 24 个项目，从情感承诺、继续承诺、规范承诺 3 个方面来测量组织承诺，每个维度各 8 个条目，采用往复翻译技术译成中文，从中每个维度选择 5 个项目进行预测，测量用利克特 7 级量表，从"完全符合"到"完全不符合"，分别计为 1—7 分。在删除预测问卷中负荷不佳的 3 个项目后，探索性因素分析结果显示旋转后的因子模型结构与预期的一致，为了简化问卷，正式问卷中只采用了初试测试时各维度上负荷最高的 3 个项目，共 9 个项目组成组织承诺问卷，样题为，情感承诺："我没有强烈的组织归属感"、"我对单位没有情感依赖"；继续承诺："我现在必须呆在本单位"、"对我来说离开单位很难，即使我想这么做"；规范承诺："跳槽对我而言并非不道德"、"即使能找到更好的工作我也不认为离开现在单位是对的"。对 9 个项目的探索性因素分析结果显示，KMO = 0.709，Approx Chi – Square = 651.670（P < 0.001），特征根大于 1 的因素共 3 个，3 个因子的方差累积贡献率为 64.1%，项目的共同度在 0.543—0.782 间，9 个项目分别负荷在情感承诺、规范承诺、继续承诺 3 个因子上，方差极大正交旋转后的因素负荷矩阵如表 4 – 16 所示，表明问卷有较好的结构效度。正式测试问卷的信度分析结果显示，情感承诺、继续承诺、规范承诺各分量表的 Cronbach α 值分别为 0.8209、0.6318、0.6176，总的组织承诺问卷的 Cronbach α 值为 0.6468，均在可接受的范围内。

对正式施测数据的验证性因素分析的结果显示，$\chi^2/df = 1.547$，拟合优度指数 GFI = 0.973，修正的拟合优度指数 AGFI = 0.950，拟合优度指数 CFI = 0.979，规范优度指数 NFI = 0.944，近似误差的平方根 RMSEA = 0.042，模型拟合非常理想。

表 4 – 16　　　　　　　组织承诺问卷各项目旋转后的因素负荷矩阵

|  | Component | | |
|---|---|---|---|
|  | 1 | 2 | 3 |
| OCA3 | 0.881 | | |
| OCA2 | 0.854 | | |
| OCA1 | 0.805 | | |

| | Component | | |
|---|---|---|---|
| | 1 | 2 | 3 |
| OCC2 | | 0.780 | |
| OCC3 | | 0.747 | |
| OCC1 | | 0.705 | |
| OCN2 | | | 0.779 |
| OCN1 | | | 0.713 |
| OCN3 | | | -0.711 |

（注：OCA 代表情感承诺，OCC 代表继续承诺，OCN 代表规范承诺。）

### （七）绩效问卷

公共部门中，无论是个体绩效的测量还是组织绩效的测量历来都是令人头疼的问题，从国外相关研究文献来看，对个人绩效的测量和组织绩效的测量大都采用的是自陈的方式[①]，是基于个人知觉的个体绩效和组织绩效，按理说，客观的绩效数据应该是评定绩效的更好指标，因为客观的数据排除了偏见的影响，但是客观的数据又往往难以得到，在公共部门尤其如此，所以主观的绩效测量就成为一种理想的替代选择。在国外绩效研究中相当多的文献都采用主观测量的方式，也有专门探讨绩效的客观测量数据与主观测量数据间关系的研究，并发现主观测量的绩效与客观绩效高度正相关[②]，故本研究也采取自陈的方式收集绩效数据。

#### 1. 个体工作绩效

工作绩效是指个体能够控制的、对组织目标的实现有贡献的那些表现与行为。诸多研究者运用行为分析的思路和方法对工作行为过程和结果进

---

① Brewer, G. A. & Selden, S. C., "Why Elephants Gallop: Assessing and Predicting Organizational Performance in Federal Agencies", *Journal of Public Administration Research and Theory*, 2000. Vol. 10 (4): 685 – 711; Kim, S., "Individual – Level Factors and Organizational Performance in Government Organizations", *Journal of Public Administration Research and Theory*, 2004. Vol. 15 (2): 245 – 261.

② McCracken, M. J., McIlwain, T. E. & Fottler, M. D, "Measuring Organizational Performance in the Hospital Industry: an Exploratory Comparison of Objective and Subjective Methods", *Health Services Management Research*, 2001. Vol. 14 (4): 211 – 219.

行了细致分析，由此发展出许多绩效模型，其中任务绩效和情境绩效模型是最具典型的绩效模型，被研究者们普遍采用。一些研究者发现，组织中的一些活动未必与组织成员个人的工作任务直接相关，但是却对组织的整体发展非常重要。博尔曼和莫托威德洛（Borman & Motowidlo）（1997 年）认为，情境活动对任务活动的完成具有促进作用，基于这种思想，他们将工作绩效分成任务绩效和情境绩效两种，提出了工作绩效的情境绩效（contextual performance）与任务绩效（task performance）两维度绩效模型。[①] 任务绩效的主要成分是工作效率，与工作任务直接相关，它是对组织的技术层面有贡献的活动，是直接的产品生产和技术维持，直接影响工作任务效率，有人称之为角色内行为（in‑role behavior）；与任务绩效完成的强制性不同，情境绩效是指一系列自愿的、人际间的、面向组织或团体的角色外行为（ex‑role behavior），这些行为营造了一个良好的心理和社会环境，从而有利于组织整体任务的达成，也即它是与工作任务间接相关的行为，是那些支持组织、社会和心理环境的活动，如社会支持性的与激励性的人际关系行为和自主性行为。

　　一般认为，任务绩效和完成该任务的核心技术活动有关，情境绩效是对组织、社会和心理环境的额外工作，包括自愿承担分外的工作任务、在工作中始终保持热情、经常帮助别人与别人合作共事、严格遵守组织制度与程序、支持和维护组织目标等，情境绩效可概括为人际促进和工作奉献2 个子维度：人际促进是支持员工士气、鼓励员工合作等社会因素；工作奉献更多反映的是自律行为。情境绩效与组织公民行为、亲社会行为、组织自发行为的概念相似，它有助于组织上下沟通畅通，减少工作紧张和不良工作情绪，是许多研究关注的重要成分。[②]

　　绩效的两维度结构模型得到了西方很多实证研究的支持[③]，我国的研究者在近年也开始关注任务绩效和情境绩效的两维度结构模型。本研究采用绩效的两维度结构作为测量绩效的框架，选择贝克尔和克南（Bec-

　　① Borman, W. C. & Motowidlo, S. J., "Task Performance and Contextual Performance: the Meaning for Personnel Selection Research", *Human Performance*, 1997. Vol. 10 (2): 99 – 109.

　　② 陈学军、王重鸣：《绩效模型的最新研究进展》，《心理科学》2001 年第6 期，第737—738 页。

　　③ Motowidlo, S. J. & Van Scotter J. R., "Evidence that Task Performance should be Distinguish from Contextual Performance", *Journal of Applied Psychology*, 1994. Vol. 79 (4): 475 – 480.

ker. T. E. & Kernan M. C.）（2003 年）的角色内绩效问卷①，共 7 个项目，作为任务绩效的测量；采用斯科特和莫托威德洛（Scotter & Motowidlo）（1996 年）的情境绩效问卷共 15 个条目，分别从人际促进和工作奉献 2 个子维度测量情境绩效（王辉等人的研究发现，斯科特和莫托威德洛的情境绩效问卷，人际促进和工作奉献两个子维度的 Cronbach α 系数分别为 0.89 和 0.93）。② 测量通过利克特 7 级量表，从"非常符合"到"非常不符合"，分别计为 1—7 分。正式测试时为了尽可能地简化问卷，删去了预测中负荷不佳和共同度低的项目，最后个体绩效问卷由 16 个项目组成，其中人际促进项目 6 个，工作奉献和任务绩效各 5 项，样题为，人际促进："同事取得成功时予以称赞"、"当同事遇到个人困难时，给予他们支持或鼓励"，工作奉献："我利用休息时间工作以保证任务按时完成"、"我关注工作上的重要细节"，任务绩效："我能充分完成指定的任务"、"我达到了工作的正式考核要求"。人际促进、工作奉献、任务绩效的 Cronbach α 值分别为 0.8499、0.8546、0.8441，整个个体绩效问卷的 Cronbach α 值为 0.9195。

根据博尔曼和莫托威德洛（Borman & Motowidlo）（1993 年）的工作绩效理论，个体的工作绩效有情境绩效和任务绩效两个维度，那么按照前面的分析，我们认为可能存在以下两种公共组织工作绩效结构模型：

模型 1：两因素模型，即所有的项目被分成两个彼此相关的子因素，两个子因素分别是任务绩效和情境绩效，所含项目分别为 5 个和 11 个。具体形式如下：

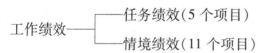

模型 2：三因素模型，即在上面模型的基础上，进一步将情境绩效分成人际促进和工作奉献两个子因素，各自项目分别为 6 个和 5 个。具体形式如下：

① Becker, T. E. &Keman, M. C., "Matching Commitment to Supervisors and Organizations to In -Role and Extra - Role Performance", *Human Performance*, 2003. Vol. 16（4）：327 -348.

② 王辉、李晓轩、罗胜强：《任务绩效与情境绩效二因素绩效模型的验证》，《中国管理科学》2003 年第 8 期，第 79—84 页。

工作绩效————任务绩效（5 个项目）
————人际促进（6 个项目）
————工作奉献（5 个项目）

表 4 – 17　　　　　　工作绩效不同结构模型的验证性因素分析结果

| 模型 | $\chi^2/df$ | GFI | AGFI | CFI | NFI | RMESA | RMR |
|------|------|------|------|------|------|------|------|
| 模型 1 | 6.236 | 0.747 | 0.666 | 0.814 | 0.787 | 0.130 | 0.090 |
| 模型 2 | 3.270 | 0.877 | 0.834 | 0.921 | 0.890 | 0.086 | 0.052 |

正式施测数据的验证性因素分析的结果支持了模型 2（见表 4 – 17，模型 2 在各项指标上均优于模型 1），结果显示，$\chi^2/df = 3.270$，拟合优度指数 GFI = 0.877，修正的拟合优度指数 AGFI = 0.834，比较优度指数 CFI = 0.921，规范优度指数 NFI = 0.890，近似误差的平方根 RMSEA = 0.086，均方根残差 RMR = 0.052，表明模型拟合较为理想。探索性因素分析的结果也支持模型 2，结果显示，3 个因子的方差累积贡献率为 62.812%，方差极大正交旋转后的因子负荷矩阵与预期的一致，表明问卷有较好的结构效度。

### 2. 组织绩效

至于公共组织绩效的测量，以往的研究多是依据单一的指标来进行，但是学者们一般认为，基于组织内部成员和组织外部公民评价的复合指标能更全面地反映组织绩效，而且布鲁尔和塞尔登（Brewer & Selden）（2000 年）根据公共组织的独特性，认为以往的研究仅仅将组织绩效局限于狭隘的效率测量，忽视了公共组织公平、平等之类的价值观，使得绩效测量过于片面。[1] 鉴于公共组织与私人组织有明显的不同，它缺乏企业所具有的 3 种责任机制：首先，缺乏个人利益的存在，其次，缺乏提高效率的竞争机制，最后，缺乏显示其最终业绩的晴雨表——利润[2]。它应该更

---

[1] Brewer, G. A. & Selden, S. C., "Why Elephants Gallop: Assessing and Predicting Organizational Performance in Federal Agencies", *Journal of Public Administration Research and Theory*, 2000. Vol. 10 (4): 685 – 711.

[2] ［美］里贾纳·E. 赫兹琳杰：《非营利组织管理》，中国人民大学出版社 2000 年版。

多的注重公共利益、公平等。我国对公共组织绩效的实证研究还不多，组织绩效的测量更多的偏重于企业组织，而且往往以经济效益——利润为指标，所以，本研究采用金（Kim）（2004 年）对公共组织绩效的测量问卷，分别从效率、效能和公平三个维度来测量组织绩效，每个维度再分别从内部和外部成员两个角度来评价，这样就得到组织绩效 6 个条目的测量量表。测量同样采用利克特 7 级量表，从"非常符合"到"非常不符合"，分别计分 1 到 7。正式测试的信度分析结果显示，6 个项目的 Cronbach α 值为 0.8365。对正式施测数据效率、效能和公平 3 维度的验证性因素分析结果显示，$\chi^2/df = 2.287$，拟合优度指数 GFI = 0.981，修正的拟合优度指数 AGFI = 0.935，比较优度指数 CFI = 0.985，规范优度指数 NFI = 0.973，近似误差的平方根 RMSEA = 0.073，均方根残差 RMR = 0.078，表明效率、效能和公平 3 维度模型与实际数据拟合较为理想。

　　本研究所涉及的所有问卷，凡来自国外文献的都采用往复翻译技术，请英语翻译专业的博士将英文版量表翻译成中文，由研究者确认没有重大错误，再请在高校从事博士生英语教学多年的教师将中文翻译成相应的英文，然后研究者比较英文原量表与英文翻译量表之间的差异，对于不太一致的项目，研究者再检查中文翻译部分，找出不当之处，再翻译成中文，最后由研究者统稿编排成问卷。

## 三　研究程序

### （一）编制问卷

　　将翻译好的问卷及编制的项目组合，编成问卷，并设计收集人口统计变量信息方面的题目。为了防止调查对象在了解本研究的真正意图后按社会期望来作答造成测量偏差，问卷没有说明本研究的目的是探讨我国公共部门员工的公共服务动机，在调查问卷上也没有写明调查的题目。

### （二）预测问卷

　　预测问卷包括公共服务动机、角色知觉、工作满意、组织承诺、个体绩效、组织绩效方面的初始问卷。预测问卷选择 MPA 研究生上课的时间或员工上班的时间集中发放，并当场收回 84 份，回收率较高。

### （三）项目分析

预测问卷经过项目分析、信度、效度检验，删除不合格条目，加上其他不需要预测的量表共同形成正式问卷。

### （四）正式测量

本研究的正式施测采用两种方式。第一种方式，研究者本人在取得MPA 任课教师的同意后，亲自到学员上课地点收集数据，具体过程如下：首先说明来意和研究的大致意图（只说明做一个行为调查，不说明研究的是公共服务动机），将问卷一一发给学生，然后口头讲述指导语，指导语的重点是，本研究是匿名调查，而且收集的资料仅供研究之用，请调查对象放心展现自己的真实想法；要求调查对象尽可能快的作答，不要多想，阅读题目后立马捕捉头脑中闪过的选择；另外请调查对象选择时尽量不要选"不确定"选项。第二种方式，是将问卷邮寄给外校老师，也请他们利用 MPA 研究生上课时间帮助收集资料，为此专门将指导语和注意事项写在一张纸上，让老师当场宣读。问卷都当场收回，故回收率较高。

### （五）数据处理

采用 SPSS12.0 软件输入数据，并进行相应的统计分析，为了使结果更直观，进行正式统计分析前都将所有的正向题重新赋值，使得最终每一项目上的得分高代表相应测量变量的水平高。

数据的统计分析主要采用 SPSS 统计软件中的描述性统计分析模块、相关分析模块和多元线性回归分析模块进行。

# 第五章　研究结果

## 一　我国 MPA 研究生公共服务动机特点

对我国 MPA 研究生公共服务动机的描述性统计分析结果显示，其公共服务动机均值是 102.75，标准差为 13.120，偏态系数为 0.103，峰度系数为 -0.361（见表 5-1），表明数据稍微呈现低峰正偏分布。那么数据是否满足正态性假设呢？进一步对其正态性进行检验，结果如下：正态概率图（Normal Q-Q Plot）显示观察值与期望值组成的数据点落在一条直线上（见图5-1），可见数据满足正态分布假设，不必转换就可以进行相应的统计分析。[①] 下面数小节分别就调查对象不同性别、年龄、职位、单位层级、所属部门的公共服务动机特点进行分析比较，并就调查对象所在区域的新经济指数与其公共服务动机间的关系进行分析。分析前先进行相关数据的方差齐性检验，Levene 检验结果显示方差齐性，可以进行 T-检验和方差分析。

表 5-1　　我国 MPA 研究生公共服务动机变量描述性统计分析结果

| N | Minimum | Maximum | Mean | Std. Deviation | Skewness | | Kurtosis | |
|---|---|---|---|---|---|---|---|---|
| | | | | | Statistic | Std. Error | Statistic | Std. Error |
| 315 | 71 | 137 | 102.75 | 13.120 | 0.103 | 0.137 | -0.361 | 0.274 |

---

① 蔡建琼、于惠芳、朱志洪等：《SPSS 统计分析实例精选》，清华大学出版社 2006 年版，第 159 页。

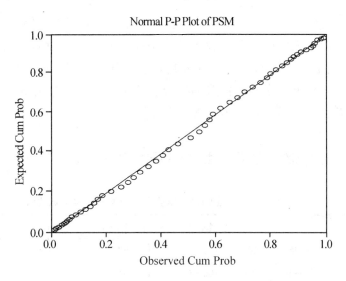

图 5 - 1　公共服务动机变量正态概率图

## （一）不同性别 MPA 研究生的公共服务动机特点

表 5 - 2　　　不同性别 MPA 研究生的公共服务动机及其各维度分数比较

|  | 性别 | N | Mean | Std. Deviation | Std. Error Mean | t |
|---|---|---|---|---|---|---|
| 公共服务动机 | 男 | 166 | 102.89 | 13.484 | 1.047 | 0.708 |
|  | 女 | 117 | 101.76 | 12.861 | 1.189 |  |
| 公共利益 | 男 | 167 | 28.29 | 5.876 | 0.455 | 1.828 |
|  | 女 | 118 | 26.98 | 6.079 | 0.560 |  |
| 造福社会 | 男 | 166 | 30.55 | 3.831 | 0.297 | -0.535 |
|  | 女 | 119 | 30.79 | 3.427 | 0.314 |  |
| 自我实现 | 男 | 167 | 13.74 | 4.152 | 0.321 | 0.818 |
|  | 女 | 117 | 13.34 | 3.926 | 0.363 |  |
| 政策制定 | 男 | 166 | 14.05 | 4.164 | 0.323 | -0.234 |
|  | 女 | 118 | 14.16 | 3.184 | 0.293 |  |
| 同情心 | 男 | 167 | 16.28 | 2.971 | 0.230 | -0.619 |
|  | 女 | 119 | 16.50 | 2.963 | 0.272 |  |

从上面的结果（参见表5-2）可以看出，我国MPA研究生中，男性的公共服务动机较女性的公共服务动机稍高，但是二者没有显著差异，对5个维度的比较分析发现，男性的公共利益得分和自我实现得分高于女性，但差异未达到显著性水平；在造福社会、政策制定、同情心3个维度得分上女性高于男性，但差异均不显著。

### （二）不同年龄 MPA 研究生的公共服务动机特点

表5-3　　　不同年龄 MPA 研究生的公共服务动机及其各维度分数比较

| | | N | Mean | Std. Deviation | Std. Error | F |
|---|---|---|---|---|---|---|
| 公共服务动机 | —25 | 20 | 103.95 | 14.767 | 3.302 | 0.657 |
| | 26—30 | 159 | 102.18 | 13.231 | 1.049 | |
| | 31—35 | 83 | 103.00 | 12.913 | 1.417 | |
| | 36— | 35 | 105.46 | 11.236 | 1.899 | |
| | Total | 297 | 102.91 | 13.010 | 0.755 | |
| 公共利益 | —25 | 20 | 28.80 | 7.831 | 1.751 | 0.383 |
| | 26—30 | 160 | 27.58 | 5.736 | 0.453 | |
| | 31—35 | 83 | 27.51 | 5.999 | 0.658 | |
| | 36— | 35 | 28.26 | 5.511 | 0.932 | |
| | Total | 298 | 27.72 | 5.923 | 0.343 | |
| 造福社会 | —25 | 20 | 31.50 | 3.035 | 0.679 | 0.951 |
| | 26—30 | 160 | 30.53 | 3.629 | 0.287 | |
| | 31—35 | 84 | 31.08 | 3.564 | 0.389 | |
| | 36— | 35 | 31.23 | 2.860 | 0.483 | |
| | Total | 299 | 30.83 | 3.493 | 0.202 | |
| 自我实现 | —25 | 20 | 13.05 | 4.019 | 0.899 | 1.127 |
| | 26—30 | 160 | 14.04 | 4.178 | 0.330 | |
| | 31—35 | 84 | 13.19 | 4.309 | 0.470 | |
| | 36— | 35 | 14.23 | 3.335 | 0.564 | |
| | Total | 299 | 13.76 | 4.120 | 0.238 | |

续表

| | | N | Mean | Std. Deviation | Std. Error | F |
|---|---|---|---|---|---|---|
| 政策制定 | —25 | 20 | 14. 50 | 3. 846 | 0. 860 | 0. 300 |
| | 26—30 | 159 | 13. 92 | 3. 744 | 0. 297 | |
| | 31—35 | 84 | 14. 26 | 4. 186 | 0. 457 | |
| | 36— | 35 | 14. 40 | 3. 500 | 0. 592 | |
| | Total | 298 | 14. 11 | 3. 840 | 0. 222 | |
| 同情心 | —25 | 20 | 16. 10 | 3. 523 | 0. 788 | 2. 268 |
| | 26—30 | 161 | 16. 12 | 2. 968 | 0. 234 | |
| | 31—35 | 84 | 16. 80 | 2. 891 | 0. 315 | |
| | 36— | 35 | 17. 34 | 2. 209 | 0. 373 | |
| | Total | 300 | 16. 45 | 2. 927 | 0. 169 | |

从上面的结果（参见表5-3）可以看出，我国 MPA 研究生的公共服务动机除年龄25岁以下组外，其余组都表现出随年龄的增大公共服务动机增强的趋势，但是各年龄段的公共服务动机没有显著差异。对5个维度得分的比较结果显示，4个年龄段的差异均不显著。公共利益得分25岁以下组最高，其次为36岁以上组，31—35岁一组的得分最低；造福社会得分也是25岁以下组最高，36岁以上组次之，26—30岁组最低；至于自我实现得分25岁以下组最低，36岁以上组最高，其次高的是26—30岁组；政策制定25岁以下组最高，其次是36岁以上组，26—30岁组的最低（以上4个维度各年龄段的得分没有显著差异，而且随年龄变化的趋势不明显）；同情心维度得分随年龄的增大逐步增强，不过各年龄段差异并未达到0.05显著性水平。

### （三）不同职位 MPA 研究生的公共服务动机特点

表5-4 不同职位 MPA 研究生的公共服务动机及其各维度分数比较

| | | N | Mean | Std. Deviation | Std. Error | F |
|---|---|---|---|---|---|---|
| 公共服务动机 | 普通员工 | 121 | 101. 06 | 13. 422 | 1. 220 | 3. 664 |
| | 管理者 | 183 | 104. 00 | 12. 913 | 0. 955 | |
| | Total | 304 | 102. 83 | 13. 175 | 0. 756 | |

续表

| | | N | Mean | Std. Deviation | Std. Error | F |
|---|---|---|---|---|---|---|
| 公共利益 | 普通员工 | 123 | 27.93 | 6.004 | 0.541 | 0.174 |
| | 管理者 | 183 | 27.64 | 5.954 | 0.440 | |
| | Total | 306 | 27.76 | 5.966 | 0.341 | |
| 造福社会 | 普通员工 | 122 | 30.37 | 4.137 | 0.375 | 2.268 |
| | 管理者 | 185 | 31.01 | 3.243 | 0.238 | |
| | Total | 307 | 30.75 | 3.631 | 0.207 | |
| 自我实现 | 普通员工 | 122 | 13.21 | 4.339 | 0.393 | 2.424 |
| | 管理者 | 184 | 13.96 | 3.968 | 0.292 | |
| | Total | 306 | 13.66 | 4.129 | 0.236 | |
| 政策制定 | 普通员工 | 122 | 13.67 | 3.594 | 0.325 | 3.376 |
| | 管理者 | 184 | 14.48 | 3.862 | 0.285 | |
| | Total | 306 | 14.16 | 3.772 | 0.216 | |
| 同情心 | 普通员工 | 123 | 15.97 | 3.097 | 0.279 | 6.122* |
| | 管理者 | 185 | 16.81 | 2.781 | 0.204 | |
| | Total | 308 | 16.47 | 2.935 | 0.167 | |

（注：$*P < 0.05$）

因为在本研究中，MPA 研究生高职位者较少，所以笔者将科级、处级及以上的学员合并为一组。统计分析的结果如表5－4所示，不同职位 MPA 研究生的公共服务动机差异并不显著，尽管管理者的公共服务动机高于普通员工；除了在公共利益维度得分上，管理者稍低于普通员工外，在公共服务动机的其余4个维度得分上，管理者均高于普通员工，但只有在同情心维度得分上，差异才达到显著性水平。可见，不同职位 MPA 研究生的公共服务动机，除同情心维度外，其余差异均不显著。

## （四）不同部门 MPA 研究生的公共服务动机特点

表 5 – 5　　　不同部门 MPA 研究生的公共服务动机及其各维度分数比较

| | | N | Mean | Std. Deviation | Std. Error | F |
|---|---|---|---|---|---|---|
| 公共服务动机 | 政府部门 | 250 | 103.64 | 13.317 | 0.842 | 3.131* |
| | 非政府公共部门 | 30 | 99.33 | 12.333 | 2.252 | |
| | 其他部门 | 31 | 98.65 | 11.800 | 2.119 | |
| | Total | 311 | 102.73 | 13.176 | 0.747 | |
| 公共利益 | 政府部门 | 251 | 27.76 | 5.846 | 0.369 | 0.132 |
| | 非政府公共部门 | 31 | 28.13 | 5.377 | 0.966 | |
| | 其他部门 | 31 | 27.35 | 7.083 | 1.272 | |
| | Total | 313 | 27.76 | 5.918 | 0.334 | |
| 造福社会 | 政府部门 | 250 | 31.04 | 3.421 | 0.216 | 5.851** |
| | 非政府公共部门 | 32 | 28.81 | 5.057 | 0.894 | |
| | 其他部门 | 32 | 30.16 | 3.303 | 0.584 | |
| | Total | 314 | 30.72 | 3.662 | 0.207 | |
| 自我实现 | 政府部门 | 251 | 13.85 | 4.148 | 0.262 | 1.306 |
| | 非政府公共部门 | 30 | 13.13 | 3.579 | 0.653 | |
| | 其他部门 | 32 | 12.75 | 4.258 | 0.753 | |
| | Total | 313 | 13.67 | 4.113 | 0.233 | |
| 政策制定 | 政府部门 | 250 | 14.30 | 3.831 | 0.242 | 2.021 |
| | 非政府公共部门 | 31 | 13.74 | 3.577 | 0.643 | |
| | 其他部门 | 32 | 12.94 | 3.491 | 0.617 | |
| | Total | 313 | 14.11 | 3.787 | 0.214 | |
| 同情心 | 政府部门 | 251 | 16.71 | 2.803 | 0.177 | 5.105** |
| | 非政府公共部门 | 32 | 15.72 | 3.410 | 0.603 | |
| | 其他部门 | 32 | 15.16 | 3.283 | 0.580 | |
| | Total | 315 | 16.45 | 2.957 | 0.167 | |

（注：* $P < 0.05$）

　　对不同部门 MPA 研究生公共服务动机的比较发现，政府部门 MPA 研究生的公共服务动机显著高于非政府公共部门和其他私人部门的 MPA 研究生，非政府公共部门 MPA 研究生的公共服务动机仅比其他私人部门的 MPA 研究生公共服务动机水平稍高，三个部门 MPA 研究生的差异达到显著性水平。在 5 个维度上，除造福社会、同情心维度三个部门 MPA 研究生差异非常显著（P < 0.01）外，在其余 3 个维度上，MPA 研究生得分均没有显著性差异。进一步对造福社会和同情心维度得分进行分析发现，政府部门 MPA 研究生的造福社会维度得分高于非政府公共部门 MPA 研究生，二者差异达到显著性水平；至于同情心维度，其得分则按照政府部门、非政府公共部门、其他部门而逐渐降低，其中政府部门 MPA 研究生的得分与其他部门 MPA 研究生的得分差异显著（P < 0.05）（参见表 5 - 5）。

## （五）不同单位层级 MPA 研究生的公共服务动机特点

表 5 - 6　　不同单位层级 MPA 研究生的公共服务动机及其各维度分数比较

| | | N | Mean | Std. Deviation | Std. Error | F |
|---|---|---|---|---|---|---|
| 公共服务动机 | 省级及以上 | 90 | 102.28 | 13.631 | 1.437 | 0.487 |
| | 市级 | 113 | 103.85 | 13.308 | 1.252 | |
| | 县级及以下 | 102 | 102.34 | 12.524 | 1.240 | |
| | Total | 305 | 102.88 | 13.127 | 0.752 | |
| 公共利益 | 省级及以上 | 90 | 27.76 | 6.010 | 0.634 | 1.622 |
| | 市级 | 114 | 28.48 | 6.178 | 0.579 | |
| | 县级及以下 | 103 | 27.03 | 5.595 | 0.551 | |
| | Total | 307 | 27.78 | 5.950 | 0.340 | |
| 造福社会 | 省级及以上 | 92 | 30.41 | 3.540 | 0.369 | 0.907 |
| | 市级 | 113 | 31.09 | 3.612 | 0.340 | |
| | 县级及以下 | 103 | 30.80 | 3.557 | 0.351 | |
| | Total | 308 | 30.79 | 3.571 | 0.203 | |

续表

|  |  | N | Mean | Std. Deviation | Std. Error | F |
|---|---|---|---|---|---|---|
| 自我实现 | 省级及以上 | 91 | 13.92 | 3.854 | 0.404 | 0.507 |
|  | 市级 | 114 | 13.89 | 4.050 | 0.379 |  |
|  | 县级及以下 | 102 | 13.40 | 4.395 | 0.435 |  |
|  | Total | 307 | 13.74 | 4.105 | 0.234 |  |
| 政策制定 | 省级及以上 | 91 | 14.00 | 3.884 | 0.407 | 0.115 |
|  | 市级 | 113 | 14.04 | 3.726 | 0.350 |  |
|  | 县级及以下 | 103 | 14.24 | 3.872 | 0.381 |  |
|  | Total | 307 | 14.10 | 3.811 | 0.218 |  |
| 同情心 | 省级及以上 | 92 | 16.01 | 3.011 | 0.314 | 2.411 |
|  | 市级 | 114 | 16.39 | 2.931 | 0.275 |  |
|  | 县级及以下 | 103 | 16.92 | 2.831 | 0.279 |  |
|  | Total | 309 | 16.45 | 2.936 | 0.167 |  |

从表5-6可以看出，不同单位层级 MPA 研究生的公共服务动机及其各维度得分上的差异都不显著，特别是公共服务动机三种单位层级的分数非常接近，公共利益维度上表现的结果以市级为最高，省级及以上次之，县级及以下最低；造福社会维度得分则以市级为最高，县级及以下次之，省级及以上最低；政策制定维度得分上则以县级及以下为最高，市级次之，省级及以上最低，表现出随着单位层级的降低政策制定维度得分增长的趋势；自我实现维度得分和同情心维度得分尽管差异均不显著，但趋势较明显，自我实现维度表现出随着单位层级的升高自我实现得分增长的趋势，同情心维度得分表现出随着单位层级的升高同情心减弱的趋势。

### （六）不同区域 MPA 研究生的公共服务动机特点

为了检验经济发展水平与公共服务动机关系的假设，笔者研究比较了不同发展水平地区 MPA 研究生公共服务动机的特点。北京大学首都发展研究院杨开忠教授等人，以新经济指数来衡量一个区域的发展状况，该指数以知识工作、经济全球化、经济活力和竞争、数字化经济、创新能力、循环经济6大指标24项子指标为标准，从增长、就业、公平等经济与社会协调发展的综合角度衡量各地区的经济发展状况，改变了过去单纯的以GDP衡量地区发展状况的片面性，可以更为科学合理地揭示地区的经济发展水平和发展潜力。杨开忠教授等人在2004年12月28日《经济日报》第13版发表了《2003年中国三十一省市区新经济指数》一文，笔者据此研究探讨了个体的公共服务动机与其所在区域新经济指数间的关系，二者的相关研究结果显示（见表5-7）：公共服务动机与新经济指数显著负相关（P<0.0001），即随着新经济指数的增高，MPA研究生的公共服务动机反而下降；进一步对新经济指数与公共服务各维度关系的研究结果显示，与新经济指数相关的公共服务动机维度是公共利益、造福社会和同情心，而新经济指数与自我实现和政策制定的相关未达到显著性水平。

表5-7　　　　　　　　新经济指数与公共服务动机及各维度的关系

|  | 公共服务动机 | 公共利益 | 造福社会 | 自我实现 | 政策制定 | 同情心 |
|---|---|---|---|---|---|---|
| Pearson Correlation | -0.215** | -0.130* | -0.183** | -0.055 | -0.106 | -0.243** |
| Sig. | 0.000 | 0.024 | 0.001 | 0.343 | 0.066 | 0.000 |

（注：*P<0.05，**P<0.01）

### （七）人口统计变量与公共服务动机的关系

为了综合考察我国MPA研究生公共服务动机的特点，分析上述变量与公共服务动机的关系，本研究以公共服务动机为因变量，性别、年龄、所属部门、单位层级、职位、新经济指数6个变量为自变量进行回归分析。因为研究中的变量除年龄和新经济指数为连续性变量外，其余4个自变量均为非连续性变量，回归分析前先将这4个自变量转换成虚拟变量，然后再使用强迫输入法（Enter）进行多元线性回归分析。回归分析结果显示，其直线性、等方差性、独立性、常态性的基本假设得到满足，回归方程显著（F=2.825，P<0.01），$R^2=0.086$，Adjusted $R^2=0.056$，新经济指数和所属部门的其中一个虚拟变量对公共服务动机有显著影响，其余变量的作用均不显著（见表5-8）。从这两个变量的回归系数值可以看出，新经济指数的回归系数值为负，说明随着新经济指数的升高，公共服务动机降低；所属部门虚拟变量的指数为负，结合笔者对该虚拟变量的赋值：

1 表示属政府部门、0 表示不属政府部门，说明政府部门 MPA 研究生的公共服务动机显著高于非政府部门。从 Adjusted $R^2$ = 0.054 的值可以看出人口统计变量解释公共服务动机变异的能力非常有限。

表 5 - 8　　　　人口统计变量对公共服务动机的多元线性回归分析结果

| | B | Std. Error | Beta | t | Sig. | Zero - order | Partial | Part |
|---|---|---|---|---|---|---|---|---|
| （Constant） | 109.447 | 8.314 | | 13.164 | 0.000 | | | |
| 性别 | -1.028 | 1.698 | -0.039 | -0.606 | 0.545 | -0.062 | -0.039 | -0.037 |
| 年龄 | -0.267 | 0.242 | -0.083 | -1.107 | 0.269 | 0.044 | -0.071 | -0.068 |
| 所属部门1 | 6.208 | 2.819 | 0.187 | 2.202 | 0.029 | 0.137 | 0.141 | 0.136 |
| 所属部门2 | 5.497 | 3.782 | 0.120 | 1.454 | 0.147 | -0.026 | 0.094 | 0.090 |
| 单位层级1 | 0.673 | 2.185 | 0.024 | 0.308 | 0.758 | -0.046 | 0.020 | 0.019 |
| 单位层级2 | 1.723 | 1.984 | 0.063 | 0.868 | 0.386 | 0.061 | 0.056 | 0.054 |
| 职位 | 3.399 | 1.985 | 0.128 | 1.712 | 0.088 | 0.139 | 0.110 | 0.106 |
| 新经济指数 | -0.136 | 0.045 | -0.201 | -3.013 | 0.003 | -0.221 | -0.191 | -0.186 |

笔者进一步对公共服务动机 5 个维度得分进行多元线性回归分析，结果显示，多元线性回归分析的基本假设：直线性、等方差性、独立性、常态性得到满足，除同情心维度回归方程显著外（F = 3.777，P < 0.001），$R^2$ = 0.112，Adjusted $R^2$ = 0.082，其余 4 个维度的回归方程均不显著（P > 0.05），模型不具备统计学意义。对同情心维度的回归分析结果显示，显著影响同情心得分的是新经济指数和是否属于政府部门这一虚拟变量（见表 5 - 9），其余变量的作用均不显著。从这两个变量的回归系数值可以看出，随着新经济指数的升高，同情心分降低；政府部门 MPA 研究生的同情心得分高。

表 5 - 9　　　　人口统计变量对同情心维度的多元线性回归分析结果

| | B | Std. Error | Beta | t | Sig. | Zero - order | Partial | Part |
|---|---|---|---|---|---|---|---|---|
| （Constant） | 15.554 | 1.831 | | 8.496 | 0.000 | | | |
| 性别 | 0.395 | 0.374 | 0.067 | 1.056 | 0.292 | 0.015 | 0.068 | 0.064 |
| 年龄 | 0.015 | 0.053 | 0.020 | 0.275 | 0.783 | 0.137 | 0.018 | 0.017 |

续表

| | B | Std. Error | Beta | t | Sig. | Zero - order | Partial | Part |
|---|---|---|---|---|---|---|---|---|
| 所属部门 1 | 1.543 | 0.622 | 0.208 | 2.479 | 0.014 | 0.182 | 0.158 | 0.151 |
| 所属部门 2 | 1.043 | 0.825 | 0.103 | 1.264 | 0.207 | − 0.058 | 0.081 | 0.077 |
| 单位层级 1 | − 0.451 | 0.482 | − 0.071 | − 0.936 | 0.350 | − 0.084 | − 0.060 | − 0.057 |
| 单位层级 2 | − 0.285 | 0.438 | − 0.046 | − 0.650 | 0.517 | − 0.012 | − 0.042 | − 0.040 |
| 职位 | 0.829 | 0.438 | 0.140 | 1.895 | 0.059 | 0.185 | 0.121 | 0.115 |
| 新经济指数 | − 0.028 | 0.010 | − 0.186 | − 2.844 | 0.005 | − 0.236 | − 0.181 | − 0.173 |

## 二　影响我国政府公务员公共服务动机的因素分析

从前面的分析发现，不同部门 MPA 研究生的公共服务动机差异显著，进一步分析的结果显示，政府公务员的公共服务动机明显高于其他两个部门员工，验证了我们的假设，也支持了其他国家学者公共服务动机具有跨文化效应的结论。因此，在接下来的研究中我们只选择政府公务员进行分析，进一步考察人口统计变量（特别是新经济指数量）与其公共服务动机的关系。

### （一）人口统计变量与政府公务员公共服务动机的关系

表 5 - 10　　　政府公务员公共服务动机各人口统计变量的方差分析结果

| | | N | Mean | Std. Deviation | Std. Error | 95% Confidence Interval for Mean | | Minimum | Maximum | |
|---|---|---|---|---|---|---|---|---|---|---|
| | | | | | | Lower Bound | Upper Bound | | | F |
| 单位层级 | 省级及以上 | 65 | 103.40 | 13.871 | 1.720 | 99.96 | 106.84 | 79 | 131 | 1.378 |
| | 市级 | 87 | 105.54 | 13.483 | 1.446 | 102.67 | 108.41 | 71 | 137 | |
| | 县级及以下 | 95 | 102.29 | 12.731 | 1.306 | 99.70 | 104.89 | 72 | 134 | |
| | Total | 247 | 103.73 | 13.324 | 0.848 | 102.06 | 105.40 | 71 | 137 | |

续表

| | | N | Mean | Std. Deviation | Std. Error | 95% Confidence Interval for Mean | | Minimum | Maximum | |
|---|---|---|---|---|---|---|---|---|---|---|
| | | | | | | Lower Bound | Upper Bound | | | F |
| 职位 | 普通员工 | 92 | 103.04 | 13.747 | 1.433 | 100.20 | 105.89 | 76 | 137 | 0.439 |
| | 管理者 | 154 | 104.21 | 13.092 | 1.055 | 102.12 | 106.29 | 71 | 134 | |
| | Total | 246 | 103.77 | 13.325 | 0.850 | 102.10 | 105.45 | 71 | 137 | |
| 年龄 | —25 | 11 | 111.27 | 14.058 | 4.239 | 101.83 | 120.72 | 87 | 131 | 1.232 |
| | 26—30 | 133 | 103.41 | 13.453 | 1.166 | 101.10 | 105.71 | 76 | 137 | |
| | 31—35 | 68 | 103.49 | 13.087 | 1.587 | 100.32 | 106.65 | 71 | 132 | |
| | 36— | 27 | 104.07 | 11.655 | 2.243 | 99.46 | 108.68 | 83 | 122 | |
| | Total | 239 | 103.87 | 13.207 | 0.854 | 102.18 | 105.55 | 71 | 137 | |
| 性别 | 男 | 140 | 103.66 | 13.802 | 1.166 | 101.35 | 105.96 | 71 | 137 | 0.161 |
| | 女 | 86 | 102.92 | 12.781 | 1.378 | 100.18 | 105.66 | 72 | 134 | |
| | Total | 226 | 103.38 | 13.399 | 0.891 | 101.62 | 105.13 | 71 | 137 | |

由表 5-10 的统计分析结果可以看出，在控制了工作部门的因素以后，公共服务动机在各人口统计变量上的差异均未达到显著性水平（P > 0.05）。公共服务动机与新经济指数的相关分析结果显示，新经济指数与政府公务员的公共服务动机显著负相关（r = -0.135，P < 0.05）。

笔者以公共服务动机为因变量，上述 5 个人口统计变量为自变量进行多元线性回归分析（同样，性别、单位层级、职位转化成虚拟变量），结果显示，回归方程不显著（F = 1.607，P > 0.05），模型没有统计学意义，新经济指数的标准化回归系数也未达到 0.05 的显著性水平。

那么政府公务员的公共服务动机受哪些因素的影响呢？根据前面的假设，下面我们主要分析政府公务员的个体因素和背景因素对其公共服务动机的影响。其中个体因素主要考察政府公务员的人格特点和对自身角色的知觉变量对其公共服务动机的影响；背景因素主要考察组织因素和工作特征对政府公务员公共服务动机的影响，其中组织因素主要从组织文化和组织特征两方面来分析。研究所涉及的因变量和自变量的描述性统计分析结果见表 5-11 所示。

**表 5 - 11　　公共服务动机及其影响因素的描述性统计分析结果**

| | N | Minimum | Maximum | Mean | Std. Deviation | Skewness | | Kurtosis | |
|---|---|---|---|---|---|---|---|---|---|
| | | | | | | Statistic | Std. Error | Statistic | Std. Error |
| 公共服务动机 | 250 | 71 | 137 | 103.64 | 13.317 | 0.081 | 0.154 | -0.425 | 0.307 |
| 自律 | 250 | 6 | 35 | 24.21 | 5.204 | -0.391 | 0.154 | 0.042 | 0.307 |
| 尽责 | 250 | 5 | 21 | 15.33 | 3.345 | -0.405 | 0.154 | -0.233 | 0.307 |
| 利他 | 250 | 3 | 21 | 17.15 | 3.135 | -0.977 | 0.154 | 1.094 | 0.307 |
| 管理效率 | 250 | 3 | 14 | 10.00 | 2.318 | -0.152 | 0.154 | -0.462 | 0.307 |
| 中立 | 251 | 2 | 14 | 8.96 | 2.533 | -0.294 | 0.154 | -0.146 | 0.306 |
| 主动管理 | 249 | 7 | 14 | 12.28 | 1.766 | -1.144 | 0.154 | 0.922 | 0.307 |
| 社会公平 | 251 | 5 | 14 | 12.81 | 1.571 | -1.834 | 0.154 | 4.907 | 0.306 |
| 组织目标冲突性 | 248 | 3 | 21 | 12.16 | 4.113 | -0.160 | 0.155 | -0.489 | 0.308 |
| 组织目标明确性 | 250 | 2 | 14 | 10.35 | 2.793 | -0.615 | 0.154 | -0.313 | 0.307 |
| 组织氛围 | 246 | 3 | 21 | 14.73 | 4.014 | -0.765 | 0.155 | 0.094 | 0.309 |
| 组织保护 | 249 | 4 | 28 | 17.66 | 5.466 | -0.199 | 0.154 | -0.442 | 0.307 |
| 程序限制 | 248 | 8 | 28 | 18.75 | 4.133 | 0.033 | 0.155 | -0.541 | 0.308 |
| 技能多样性 | 240 | 1 | 7 | 4.01 | 1.917 | -0.016 | 0.157 | -1.236 | 0.313 |
| 任务整体性 | 240 | 1 | 7 | 4.43 | 1.874 | -0.164 | 0.157 | -1.149 | 0.313 |
| 任务重要性 | 240 | 1 | 7 | 4.03 | 1.953 | 0.065 | 0.157 | -1.229 | 0.313 |

续表

| | N | Minimum | Maximum | Mean | Std. Deviation | Skewness | | Kurtosis | |
|---|---|---|---|---|---|---|---|---|---|
| | | | | | | Statistic | Std. Error | Statistic | Std. Error |
| 工作自主性 | 238 | 1 | 7 | 3.77 | 1.706 | 0.137 | 0.158 | -1.127 | 0.314 |
| 反馈 | 239 | 1 | 7 | 4.26 | 1.698 | -0.095 | 0.157 | -1.022 | 0.314 |

### （二）个体因素与政府公务员公共服务动机的关系

### 1. 人格与公共服务动机

表 5 - 12　　　　　人格因素与公共服务动机及其各维度的相关分析结果

| | 公共服务动机 | 公共利益 | 造福社会 | 自我实现 | 政策制定 | 同情心 |
|---|---|---|---|---|---|---|
| 自律 | 0.249（**） | 0.211（**） | 0.133（*） | 0.119 | 0.218（**） | 0.097 |
| 尽责 | 0.368（**） | 0.281（**） | 0.339（**） | 0.253（**） | 0.179（**） | 0.121 |
| 利他 | 0.403（**） | 0.282（**） | 0.332（**） | 0.129（*） | 0.302（**） | 0.293（**） |

（注：**P<0.01，*P<0.05）

　　根据已有的文献研究，笔者认为，公共服务动机与个体的社会化有关，个体社会化的过程也是人格逐步形成的过程，根据逻辑，笔者推断人格的尽责、自律和利他因素会不同程度地与公共服务动机显著相关，由表5-12人格三个因素与公共服务动机及其各维度的相关分析结果可知，人格因素是公共服务动机强有力的预测变量，利他因素与公共服务动机及其5个维度大都存在极其显著的相关，除自我实现外，利他因素与公共服务动机及其他维度的相关显著性水平都达到0.01；尽责因素除与同情心维度的相关不显著外，与公共服务动机及其他维度的相关显著性水平均达到0.01；自律因素与公共服务动机及其公共利益、政策制定两个维度的相关显著性水平为0.01，与造福社会维度的相关显著性水平为0.05，但是与自我实现、同情心维度的相关不显著。从相关系数的符号来看，人格因素与公共服务动机均呈正相关，其中利他因素与公共服务动机两变量之间的相关显著性最高。

　　因为相关分析考察的是变量之间的密切程度，相关系数仅仅表明了变量之间是否存在某种数量关系，所以只能初步探讨变量之间这种数量关系的方向，并不能揭示变量之间相互关系变动的规律和变量的预测效力。为了进一步比较人格各因素与公共服务动机关系的密切程度，本研究采用多元线性回归分析方法，分别以公共服务动机及其各维度分为因变量，人格因素为自变量，采用逐步回归（stepwise）分析的方法，探讨人格因素对公共服务动机及其各维度的预测效力。

逐步回归分析结果显示，其直线性、等方差性、独立性、常态性的基本假设得到满足，回归方程显著（F = 39.474，P < 0.001），$R^2 = 0.243$，Adjusted $R^2 = 0.237$（见表5 – 14），率先进入回归方程的是利他性，然后是尽责性，自律性被排除在外。

由表5 – 13中的标准化回归系数和偏相关系数可见，在人格的3个因素中，利他性对公共服务动机的预测力最强，其次是尽责性，而自律性与公共服务动机的关系并不显著，人格的利他性和尽责性2个因素能解释公共服务动机23.7%的变异，多元共线性诊断分析发现容许度（Tolerance）足够大，而且方差膨胀因子（VIF）又足够小，CI指数小于15，并不存在多重共线性[1]，因此模型可以区分个体变量的效应。

表5 – 13　人格因素对公共服务动机的多元线性逐步回归及共线性诊断分析结果

| | $R^2$ | $R^2$ change | Adjusted $R^2$ | F | F Change | Beta | t | Sig. | Zero – order | Partial | Part | Tolerance | VIF | Eigenvalue | CI |
|---|---|---|---|---|---|---|---|---|---|---|---|---|---|---|---|
| (Constant) | | | | | | | 12.661 | 0.000 | | | | | | 2.954 | 1.000 |
| 利他 | 0.163 | 0.163 | 0.159 | 47.937 | 47.937 | 0.337 | 5.921 | 0.000 | 0.403 | 0.353 | 0.328 | 0.949 | 1.054 | 0.031 | 9.749 |
| 尽责 | 0.243 | 0.080 | 0.237 | 39.474 | 26.133 | 0.291 | 5.112 | 0.000 | 0.368 | 0.310 | 0.284 | 0.949 | 1.054 | 0.015 | 14.075 |

表5 – 14　人格因素对公共服务动机及其各维度多元线性逐步回归分析结果

| | 公共服务动机 | 公共利益 | 造福社会 | 自我实现 | 政策制定 | 同情心 |
|---|---|---|---|---|---|---|
| 利他 | 0.337 *** | 0.230 *** | 0.269 *** | | 0.261 *** | 0.293 *** |
| 尽责 | 0.291 *** | 0.229 *** | 0.278 *** | 0.253 *** | 0.143 * | |
| F | 39.474 *** | 18.306 *** | 27.655 *** | 17.010 *** | 15.196 *** | 23.245 *** |
| R | 0.493 | 0.359 | 0.428 | 0.253 | 0.332 | 0.293 |

① 吴明隆：《Spss 统计应用实务》，中国铁道出版社2000年版，第102页。

续表

| | 公共服务动机 | 公共利益 | 造福社会 | 自我实现 | 政策制定 | 同情心 |
|---|---|---|---|---|---|---|
| $R^2$ | 0.243 | 0.129 | 0.184 | 0.064 | 0.110 | 0.086 |
| Adjusted $R^2$ | 0.237 | 0.122 | 0.177 | 0.060 | 0.103 | 0.082 |
| N | 249 | 250 | 249 | 250 | 249 | 250 |

（注：\*\*\* P<0.001，\*\* P<0.01，\* P<0.05）

对公共服务动机 5 个维度的回归分析结果显示，多元线性回归的 4 个前提条件都满足，而且不存在多重共线性，回归方程都具有统计意义，人格因素与公共服务动机各维度的线性关系成立。其中利他因素对公共服务动机各维度的预测效力总体上强于尽责因素，但是利他因素未进入自我实现维度的回归方程，利他在其他公共服务动机维度上的回归系数都非常显著；尽责未进入同情心维度的回归方程，尽责因素对公共利益、造福社会维度的回归系数非常显著，其解释效力与利他因素不相上下，对自我实现维度的回归系数非常显著，对政策制定维度的回归系数也达到 0.05 显著性水平；自律则未进入所有的公共服务动机维度的回归方程。

**2. 角色知觉与公共服务动机**

表 5-15 的统计分析结果显示：政府公务员的社会公平角色知觉与公共服务动机及其公共利益、造福社会、同情心维度相关非常显著，与自我实现维度的相关在 0.05 水平上显著，但是与政策制定维度相关不显著；中立角色知觉与公共服务动机及其公共利益维度的相关非常显著，与自我实现维度的相关在 0.05 水平上显著，但是与造福社会、政策制定、同情心维度的相关均不显著；主动管理角色知觉与公共服务动机及其各维度的相关均显著，特别是与公共服务动机及其公共利益、造福社会、同情心维度的相关显著性水平非常高；管理效率角色知觉与公共服务动机及其公共利益、造福社会维度的相关非常显著，与自我实现维度的相关在 0.05 水平上显著，但是与政策制定、同情心维度的相关不显著。从整体上看，4 种角色知觉与公共服务动机及其公共利益维度均相关非常显著，与自我实现维度的相关也在 0.05 水平上都显著，与造福社会维度的相关除中立角色知觉外也都非常显著，与政策制定维度相关显著的只有主动管理角色知觉，与同情心维度相关显著的是社会公平、主动管理的角色知觉。

表 5 – 15    角色知觉与公共服务动机及其各维度的相关分析结果

|  | 公共服务动机 | 公共利益 | 造福社会 | 自我实现 | 政策制定 | 同情心 |
|---|---|---|---|---|---|---|
| 社会公平 | 0.391（**） | 0.238（**） | 0.489（**） | 0.125（*） | 0.112 | 0.333（**） |
| 中立 | 0.171（**） | 0.194（**） | 0.066 | 0.152（*） | 0.046 | 0.041 |
| 主动管理 | 0.385（**） | 0.300（**） | 0.430（**） | 0.133（*） | 0.151（*） | 0.269（**） |
| 管理效率 | 0.271（**） | 0.301（**） | 0.263（**） | 0.153（*） | 0.012 | 0.097 |

（注：$**\, P < 0.01$，$*\, P < 0.05$）

在进行角色知觉 4 个指标对公共服务动机的多元线性逐步回归分析前，检查线性回归的前提条件满足情况，结果显示可以进行线性回归分析，回归方程显著（$F = 20.249$，$p < 0.001$），$R^2 = 0.250$，Adjusted $R^2 = 0.238$，角色知觉 4 个变量对公共服务动机都有非常显著的正向影响，4 种角色知觉可以解释公共服务动机 23.8% 的变异（见表 5 – 17）。尽管主动管理和社会公平角色知觉的容许度较其他两种角色知觉稍低、VIF 值又稍高，但是容许度均大于 0.5，VIF 值均小于 2，不必检查自变量间的自相关①，而且 CI 值小于 30，表明 4 种角色知觉间不存在严重的共线性问题②（结果见表 5 – 16）。

表 5 – 16    角色知觉对公共服务动机的多元线性逐步回归及共线性诊断分析结果

|  | $R^2$ | $R^2$ change | Adjusted $R^2$ | F | F Change | Beta | t | Sig. | Zero – order | Partial | Part | Tolerance | VIF | Eigenvalue | CI |
|---|---|---|---|---|---|---|---|---|---|---|---|---|---|---|---|
| （Constant） |  |  |  |  |  |  | 4.924 | 0.000 |  |  |  |  |  | 4.885 | 1.000 |
| 主动管理 | 0.148 | 0.148 | 0.145 | 42.747 | 42.747 | 0.223 | 3.511 | 0.001 | 0.385 | 0.220 | 0.195 | 0.762 | 1.312 | 0.062 | 8.853 |
| 社会公平 | 0.204 | 0.056 | 0.197 | 31.317 | 17.091 | 0.254 | 4.082 | 0.000 | 0.383 | 0.253 | 0.227 | 0.798 | 1.253 | 0.036 | 11.622 |
| 管理效率 | 0.236 | 0.032 | 0.226 | 25.060 | 10.196 | 0.175 | 3.033 | 0.003 | 0.272 | 0.191 | 0.169 | 0.932 | 1.073 | 0.011 | 21.460 |
| 中立 | 0.250 | 0.014 | 0.238 | 20.249 | 4.680 | 0.121 | 2.163 | 0.031 | 0.160 | 0.137 | 0.137 | 0.990 | 1.010 | 0.006 | 28.558 |

角色知觉变量对公共服务动机各维度的多元线性逐步回归分析结果显示（见表 5 – 17）：在公共利益维度中依次进入方程的角色知觉变量是管

---

① 蔡建琼、于惠芳、朱志洪等：《SPSS 统计分析实例精选》，清华大学出版社 2006 年版，第 249 页。

② 吴明隆：《Spss 统计应用实务》，中国铁道出版社 2000 年版，第 102 页。

理效率、主动管理和中立，三者可以解释公共利益15.9%的变异；在造福社会维度中依次进入方程的角色知觉变量是社会公平、主动管理、管理效率，三者可以解释造福社会31.5%的变异；在自我实现维度中依次进入方程的角色知觉变量是中立和管理效率，二者可以解释自我实现3.5%的变异；在政策制定维度中进入方程的角色知觉变量只有主动管理，可以解释其1.9%的变异；在同情心维度中进入方程的角色知觉变量是社会公平、主动管理，可以解释同情心11.5%的变异。

由表5-17还可以看出，主动管理角色知觉能很好地预测除自我实现外的所有公共服务动机维度的变异；社会公平角色知觉能很好地预测造福社会和同情心维度的变异；管理效率的角色知觉能很好地预测公共利益、造福社会、自我实现维度的变异；中立角色知觉能预测的是公共利益、自我实现维度的变异。

表5-17　　角色知觉对公共服务动机及其各维度多元线性逐步回归的分析结果

| | 公共服务动机 | 公共利益 | 造福社会 | 自我实现 | 政策制定 | 同情心 |
|---|---|---|---|---|---|---|
| 主动管理 | 0.223 ** | 0.237 *** | 0.223 *** | | 0.151 * | 0.164 * |
| 社会公平 | 0.254 *** | | 0.374 *** | | | 0.247 *** |
| 管理效率 | 0.175 ** | 0.231 *** | 0.163 ** | 0.140 * | | |
| 中立 | 0.121 * | 0.155 ** | | 0.141 * | | |
| F | 20.249 *** | 16.687 *** | 38.879 *** | 5.518 ** | 5.751 * | 17.192 *** |
| R | 0.500 | 0.412 | 0.569 | 0.207 | 0.151 | 0.350 |
| $R^2$ | 0.250 | 0.170 | 0.323 | 0.043 | 0.023 | 0.123 |
| Adjusted $R^2$ | 0.238 | 0.159 | 0.315 | 0.035 | 0.019 | 0.115 |
| N | 248 | 249 | 248 | 249 | 248 | 249 |

（注：*** $P < 0.001$，** $P < 0.01$，* $P < 0.05$）

### （三）背景因素与政府公务员的公共服务动机

#### 1. 组织因素变量与公共服务动机

本研究从组织目标冲突性、组织目标明确性、组织氛围、组织保护和程序限制5个方面来衡量组织因素与公共服务动机的关系，表5-18的相关分析结果显示，组织目标冲突性与公共服务动机及其自我实现、同情心、政策制定维度呈显著的负相关；组织目标冲突性与公共利益、造福社会维度也表现出负相关趋势，但相关未达到显著性水平。组织目标明确性、组织氛围、组织保护3个因素与公共服务动机及其各维度的相关均非常显著；程序限制仅仅与造福社会和自我实现维度的相关显著（与前者呈现正相关、与后者呈现负相关），但是与公共服务动机及其公共利益、政策制定、同情心维度的相关没达到显著性水平。

表5－18　　　组织因素与公共服务动机及其各维度的相关分析结果

|  | 公共服务动机 | 公共利益 | 造福社会 | 自我实现 | 政策制定 | 同情心 |
|---|---|---|---|---|---|---|
| 组织目标冲突性 | -0.227 (**) | -0.044 | -0.102 | -0.176 (**) | -0.270 (**) | -0.218 (**) |
| 组织目标明确性 | 0.466 (**) | 0.349 (**) | 0.293 (**) | 0.380 (**) | 0.265 (**) | 0.203 (**) |
| 组织氛围 | 0.472 (**) | 0.315 (**) | 0.288 (**) | 0.467 (**) | 0.269 (**) | 0.178 (**) |
| 组织保护 | 0.401 (**) | 0.326 (**) | 0.186 (**) | 0.401 (**) | 0.164 (**) | 0.180 (**) |
| 程序限制 | 0.008 | 0.109 | 0.133 (*) | -0.146 (*) | -0.058 | -0.049 |

（注：$**P<0.01$，$*P<0.05$）

因为程序限制与公共服务动机相关不显著，所以在后面的回归分析中删去该变量，只建立组织因素中其余4个因素对公共服务动机的多元线性逐步回归分析模型。在回归分析前，检查线性回归的前提条件满足情况，结果显示可以进行线性回归分析，回归方程显著（$F=36.456$，$P<0.001$），$R^2=0.314$，Adjusted $R^2=0.305$（见表5－20）。依次进入方程的变量是组织氛围、组织目标明确性、组织保护，3个变量可以解释公共服务动机30.5%的变异。尽管3个变量的容许度稍低、VIF值又稍高，但是容许度均大于0.5，VIF值均小于2，不必检查自变量间的自相关[1]，而且CI值小于15，表明组织氛围、组织目标明确性、组织保护3个变量间不存

---

[1]　蔡建琼、于惠芳、朱志洪等：《SPSS统计分析实例精选》，清华大学出版社2006年版，第249页。

在严重的共线性问题①（结果见表 5 - 19）。

**表 5 - 19　　组织因素对公共服务动机的多元线性逐步回归及共线性诊断分析结果**

| | R² | R² change | Adjusted R² | F | F Change | Beta | t | Sig. | Zero - order | Partial | Part | Tolerance | VIF | Eigenvalue | CI |
|---|---|---|---|---|---|---|---|---|---|---|---|---|---|---|---|
| （Constant） | | | | | | | 21.471 | 0.000 | | | | | | 3.882 | 1.000 |
| 组织氛围 | 0.221 | 0.221 | 0.218 | 68.455 | 68.455 | 0.239 | 3.369 | 0.001 | 0.470 | 0.213 | 0.181 | 0.570 | 1.754 | 0.055 | 8.374 |
| 组织目标明确性 | 0.298 | 0.077 | 0.293 | 51.034 | 26.399 | 0.301 | 4.964 | 0.000 | 0.464 | 0.306 | 0.266 | 0.781 | 1.280 | 0.034 | 10.636 |
| 组织保护 | 0.314 | 0.016 | 0.305 | 36.456 | 5.419 | 0.156 | 20.328 | 0.021 | 0.399 | 0.149 | 0.125 | 0.643 | 1.556 | 0.028 | 11.683 |

组织因素对公共服务动机各维度的多元线性逐步回归分析结果显示（见表 5 - 20）：依次进入公共利益维度方程的变量是组织目标明确性和组织保护，这两个变量可以解释公共利益 15.7% 的变异；依次进入造福社会维度方程的变量是组织目标明确性和组织氛围，这两个变量可以解释造福社会 10.6% 的变异；依次进入自我实现维度方程的变量是组织氛围、组织目标明确性和组织保护，这三个变量可以解释自我实现 26.8% 的变异；依次进入政策制定维度方程的变量是组织目标明确性、组织目标冲突性和组织氛围，这三个变量可以解释政策制定 12.1% 的变异；依次进入同情心维度方程的变量是组织目标冲突性和组织保护，这两个变量可以解释同情心 5.9% 的变异。此外，组织氛围可以很好地预测公共服务动机造福社会、自我实现、政策制定维度的变异；组织目标明确性可以很好地预测除同情心外其他 4 个公共服务动机维度的变异；组织保护可以很好地预测公共利益、自我实现、同情心维度的变异；组织目标冲突性可以很好地预测政策制定、同情心维度的变异，且与它们负相关。

**表 5 - 20　　组织因素对公共服务动机及其各维度多元线性逐步回归的分析结果**

| | 公共服务动机 | 公共利益 | 造福社会 | 自我实现 | 政策制定 | 同情心 |
|---|---|---|---|---|---|---|
| 组织氛围 | 0.239 ** | | 0.194 ** | 0.278 *** | 0.165 * | |
| 组织目标明确 | 0.301 *** | 0.261 *** | 0.201 ** | 0.199 ** | 0.139 * | |

---

① 吴明隆：《Spss 统计应用实务》，中国铁道出版社 2000 年版，第 102 页。

续表

| | 公共服务动机 | 公共利益 | 造福社会 | 自我实现 | 政策制定 | 同情心 |
|---|---|---|---|---|---|---|
| 组织保护 | 0. 156 * | 0. 234 *** | | 0. 177 ** | | 0. 144 * |
| 组织目标冲突 | | | | | − 0. 184 ** | − 0. 161 * |
| F | 36. 456 *** | 23. 651 *** | 15. 393 *** | 30. 659 *** | 12. 100 *** | 8. 431 ** |
| R | 0. 560 | 0. 405 | 0. 337 | 0. 526 | 0. 363 | 0. 258 |
| $R^2$ | 0. 314 | 0. 164 | 0. 114 | 0. 277 | 0. 132 | 0. 066 |
| Adjusted $R^2$ | 0. 305 | 0. 157 | 0. 106 | 0. 268 | 0. 121 | 0. 059 |
| N | 241 | 242 | 241 | 242 | 241 | 242 |

（注： ***P < 0. 001， **P < 0. 01， *P < 0. 05）

### 2. 工作特征变量与公共服务动机

从表 5 – 21 可知，工作特征变量与公共服务动机的关系并没有我们想象的密切，工作的 5 个特征变量与公共服务动机的相关均未达到显著性水平，在公共服务动机的 5 个维度中，造福社会、政策制定、同情心与工作的 5 个特征变量相关也并不显著，而公共利益维度只与工作自主性的相关达到 0. 05 的显著性水平，与其余工作特征变量的相关并不显著；自我实现与反馈的相关在 0. 05 水平上显著，而与任务重要性的相关在 0. 01 水平上显著，与其他工作特征变量的相关均未达到显著性水平。因为工作特征变量总体上与公共服务动机的关系不明显，相关假设并未得到验证，所以在下面的分析中我们排除工作特征变量对公共服务动机的影响。

表 5 – 21　　　工作特征变量与公共服务动机及其各维度的相关分析结果

| | 公共服务动机 | 公共利益 | 造福社会 | 自我实现 | 政策制定 | 同情心 |
|---|---|---|---|---|---|---|
| 技能多样性 | 0. 059 | 0. 056 | − 0. 023 | 0. 125 | − 0. 021 | 0. 027 |
| 任务整体性 | 0. 047 | 0. 047 | 0. 022 | 0. 079 | − 0. 064 | 0. 056 |
| 任务重要性 | 0. 046 | 0. 040 | − 0. 062 | 0. 214 （**） | − 0. 015 | − 0. 093 |
| 工作自主性 | 0. 124 | 0. 157 （*） | 0. 056 | 0. 066 | 0. 035 | 0. 037 |
| 反馈 | 0. 072 | − 0. 013 | 0. 067 | 0. 137 （*） | 0. 002 | 0. 067 |

（注： **P < 0. 01， *P < 0. 05）

### （四）公共服务动机的影响因素分析

从前面的分析可以发现，人格因素中的利他、尽责，角色知觉中的主动管理、社会公平、管理效率、中立，组织因素中的组织氛围、组织目标明确性和组织保护都是政府公务员公共服务动机的有效预测变量，那么这些变量预测政府公务员公共服务动机变异的效力如何呢？本研究以公共服务动机为因变量，上述预测变量为自变量进行多元线性逐步回归分析。在回归分析前，检查线性回归的前提条件满足情况，结果显示可以进行线性回归分析，回归方程显著（$F = 32.307$, $P < 0.001$），$R^2 = 0.450$，Adjusted $R^2 = 0.436$。依次进入方程的变量是组织氛围、利他、组织目标明确性、主动管理、管理效率、尽责，这 6 个变量可以解释公共服务动机 43.6% 的变异，比前面模型的解释率都高。6 个变量的容许度均大于 0.5，VIF 值均小于 2，不必检查自变量间的自相关[1]，而且 CI 值小于 30，表明这 6 个变量间不存在严重的共线性问题[2]（结果见表 5 - 22）。

表 5 - 22　　　　　人格、角色知觉、组织因素对公共服务动机的
多元线性逐步回归及共线性诊断分析结果

| | $R^2$ | $R^2$ change | Adjusted $R^2$ | F | F Change | Beta | t | Sig. | Zero - order | Partial | Part | Tolerance | VIF | Eigenvalue | CI |
|---|---|---|---|---|---|---|---|---|---|---|---|---|---|---|---|
| （Constant） | | | | | | | 5.718 | 0.000 | | | | | | 6.799 | 1.000 |
| 组织氛围 | 0.221 | 0.221 | 0.218 | 68.765 | 68.765 | 0.231 | 4.142 | 0.000 | 0.470 | 0.260 | 0.200 | 0.745 | 1.343 | 0.060 | 10.628 |
| 利他 | 0.325 | 0.104 | 0.319 | 57.999 | 37.002 | 0.241 | 4.684 | 0.000 | 0.406 | 0.291 | 0.226 | 0.876 | 1.141 | 0.046 | 12.149 |
| 组织目标明确性 | 0.376 | 0.051 | 0.368 | 48.166 | 19.564 | 0.196 | 3.479 | 0.001 | 0.463 | 0.220 | 0.168 | 0.734 | 1.363 | 0.037 | 13.535 |
| 主动管理 | 0.412 | 0.036 | 0.402 | 41.787 | 14.515 | 0.149 | 2.799 | 0.006 | 0.390 | 0.179 | 0.135 | 0.819 | 1.221 | 0.031 | 14.731 |
| 管理效率 | 0.431 | 0.019 | 0.419 | 36.006 | 7.993 | 0.147 | 2.902 | 0.004 | 0.275 | 0.185 | 0.140 | 0.910 | 1.099 | 0.017 | 20.170 |
| 尽责 | 0.450 | 0.019 | 0.436 | 32.307 | 8.295 | 0.149 | 2.880 | 0.004 | 0.364 | 0.184 | 0.139 | 0.863 | 1.158 | 0.009 | 27.104 |

表 5 - 22 的标准化回归系数值显示，管理效率和主动管理两种角色知觉以及利他、尽责人格特点和组织氛围、组织目标明确性对公共服务动机具有非常显著的影响，其中组织氛围、利他的预测效力达到 0.001 显著性

---

① 蔡建琼、于惠芳、朱志洪等：《SPSS 统计分析实例精选》，清华大学出版社 2006 年版，第 249 页。

② 吴明隆：《Spss 统计应用实务》，中国铁道出版社 2000 年版，第 102 页。

水平。从偏相关系数值也可以看出，在排除其他自变量对公共服务动机的线性影响后，利他人格、组织氛围与公共服务动机的相关程度最高。

## 三 公共服务动机与组织行为变量的关系

这部分研究主要探讨的是公共服务动机对政府公务员工作满意度、组织承诺、个体工作绩效、组织绩效等组织行为变量的作用。

### （一）公共服务动机与政府公务员的工作满意度

我国政府公务员工作满意度变量的描述性统计分析结果如表 5 - 23 所示，总体上我国政府公务员对工作还是比较满意的，工作特征变量的均值在 4 附近，看来他们工作所需技能的变化程度、任务的整体性、任务的重要性、工作中所能得到的反馈都处于中等程度水平，工作自主性的分值较前面 4 项稍低，但也是略低于中等水平，与乔伊（Choi）（2001 年）的数据比较，可以发现我国政府公务员的工作特征知觉与韩国政府雇员的工作特征知觉较为接近，均值都约为 4，其中任务整体性、反馈两个特征上我国的数值较韩国的为高，其余 3 个特征变量上都是韩国的高，但差距并不大。

表 5 - 23　我国政府公务员工作满意度、工作特征变量的描述性统计分析结果

| | N | Minimum | Maximum | Mean | Std. Deviation | Skewness | | Kurtosis | |
|---|---|---|---|---|---|---|---|---|---|
| | | | | | | Statistic | Std. Error | Statistic | Std. Error |
| 工作满意度 | 248 | 20 | 70 | 45.73 | 10.561 | -0.097 | 0.155 | -0.236 | 0.308 |
| 技能多样性 | 240 | 1 | 7 | 4.01 | 1.917 | -0.016 | 0.157 | -1.236 | 0.313 |
| 任务整体性 | 240 | 1 | 7 | 4.43 | 1.874 | -0.164 | 0.157 | -1.149 | 0.313 |
| 任务重要性 | 240 | 1 | 7 | 4.03 | 1.953 | 0.065 | 0.157 | -1.229 | 0.313 |
| 工作自主性 | 238 | 1 | 7 | 3.77 | 1.706 | 0.137 | 0.158 | -1.127 | 0.314 |
| 反馈 | 239 | 1 | 7 | 4.26 | 1.698 | -0.095 | 0.157 | -1.022 | 0.314 |

　　根据前面的文献回顾，工作满意度受工作特征的影响，而且诸多研究发现，工作满意度也与个体特征、职位等因素有关[①]，目前的这些研究大多局限在探讨个体层面因素与工作满意度的关系上，那么组织层面的因素与个体工作满意度又是什么关系呢？在控制了个体层面和组织层面因素后，公共服务动机与工作满意度的关系又如何？本研究以工作满意度为因变量、以公共服务动机、工作特征、组织因素和人口统计变量为自变量进行多元线性逐步回归分析（同样，性别、单位层级、职位转化成虚拟变量）。回归分析结果显示，其直线性、等方差性、独立性、常态性的基本假设得到满足，回归方程显著（$F = 32.150$，$P < 0.001$），$R^2 = 0.595$，Adjusted $R^2 = 0.577$。依次进入方程的变量是组织氛围、组织保护、组织目标明确性、技能多样性、程序限制、公共服务动机、和单位层级两虚拟变量，这几个变量对工作满意度有显著影响，可以解释工作满意度57.7%的变异。这些变量的容许度均大于0.5，VIF值均小于2，而且CI值略大于30，表明这几个变量间不存在严重的共线性问题（见表5-24）。从每一变量的回归系数等数值可以看出，个体层面因素中的公共服务动机、单位层级变量与工作满意度显著正相关，公共服务动机越强的政府公务员，其工作满意度也越高；随着单位层级的升高，政府公务员的工作满意度也增强。工作特征因素中，技能多样性与工作满意度正相关，表明工作所需技能越多，政府公务员的工作满意度越高。组织因素是影响工作满意度的重要因素，组织氛围、组织保护、组织目标的明确与工作满意度显著正相关，而程序限制与工作满意度显著负相关。

表5-24　　　　公共服务动机、工作特征、组织因素、人口统计变量对
　　　　　　　工作满意度的多元线性逐步回归及共线性诊断分析结果

| | $R^2$ | $R^2$ change | Adjusted $R^2$ | F | F Change | Beta | t | Sig. | Zero-order | Partial | Part | Tolerance | VIF | Eigenvalue | CI |
|---|---|---|---|---|---|---|---|---|---|---|---|---|---|---|---|
| (Constant) | | | | | | | 2.388 | 0.018 | | | | | | 7.280 | 1.000 |
| 组织氛围 | 0.397 | 0.397 | 0.394 | 120.023 | 120.023 | 0.241 | 3.676 | 0.000 | 0.630 | 0.268 | 0.177 | 0.538 | 1.859 | 1.001 | 2.696 |

---

[①]　汪彩玲：《工作满意度影响因素分析》，《市场研究》2005年第2期，第29—32页；张平、崔永进《员工工作满意度影响因素的研究进展》，《经济师》2005年第2期，第160—161页。

续表

| | R² | R² change | Adjusted R² | F | F Change | Beta | t | Sig. | Zero – order | Partial | Part | Tolerance | VIF | Eigenvalue | CI |
|---|---|---|---|---|---|---|---|---|---|---|---|---|---|---|---|
| 组织保护 | 0.477 | 0.079 | 0.471 | 82.472 | 27.467 | 0.279 | 4.536 | 0.000 | 0.600 | 0.324 | 0.218 | 0.613 | 1.632 | 0.358 | 4.512 |
| 目标明确性 | 0.529 | 0.052 | 0.521 | 67.258 | 19.746 | 0.205 | 3.617 | 0.000 | 0.508 | 0.264 | 0.174 | 0.723 | 1.382 | 0.162 | 6.704 |
| 技能多样性 | 0.553 | 0.024 | 0.543 | 55.336 | 9.756 | 0.133 | 2.580 | 0.011 | 0.294 | 0.191 | 0.124 | 0.877 | 10.140 | 0.095 | 8.760 |
| 程序限制 | 0.563 | 0.010 | 0.551 | 45.843 | 4.072 | -0.150 | -2.872 | 0.005 | -0.272 | -0.212 | -0.138 | 0.853 | 1.172 | 0.050 | 12.043 |
| 公共服务动机 | 0.574 | 0.011 | 0.559 | 39.673 | 4.420 | 0.132 | 2.312 | 0.022 | 0.430 | 0.172 | 0.111 | 0.714 | 1.400 | 0.030 | 15.505 |
| 单位层级1 | 0.585 | 0.012 | 0.569 | 35.459 | 4.912 | 0.160 | 2.923 | 0.004 | 0.133 | 0.216 | 0.141 | 0.775 | 1.291 | 0.017 | 20.822 |
| 单位层级2 | 0.595 | 0.010 | 0.577 | 32.150 | 4.316 | 0.113 | 2.078 | 0.039 | 0.129 | 0.155 | 0.100 | 0.775 | 1.290 | 0.007 | 32.251 |

那么在公共服务动机中，又是哪些维度影响工作满意度呢？以工作满意度为因变量，以公共服务动机的5个维度为自变量，采用强迫法（Enter）进行多元线性回归分析，结果显示（F = 23.748，P < 0.001，Adjusted R² = 0.316，各维度的标准化回归系数如表5 – 25所示）：自我实现和公共利益2个维度与工作满意度的相关达到显著性水平，其中对工作满意度影响最大的公共服务动机维度是员工的自我实现。

表5 – 25　　　　　　　公共服务动机各维度对工作满意度的回归分析结果

| | B | Std. Er | Beta | t | Sig. | Zero – order | Partial | Part | Tolerance | VIF |
|---|---|---|---|---|---|---|---|---|---|---|
| (Constant) | 21.054 | 5.411 | | 3.891 | 0.000 | | | | | |
| 公共利益 | 0.235 | 0.112 | 0.130 | 2.101 | 0.037 | 0.344 | 0.134 | 0.111 | 0.728 | 1.373 |
| 造福社会 | -0.150 | 0.187 | -0.049 | -0.803 | 0.423 | 0.168 | -0.052 | -0.042 | 0.755 | 1.325 |
| 自我实现 | 1.286 | 0.155 | 0.503 | 8.320 | 0.000 | 0.557 | 0.472 | 0.439 | 0.760 | 1.316 |
| 政策制定 | 0.015 | 0.161 | 0.005 | 0.093 | 0.926 | 0.201 | 0.006 | 0.005 | 0.856 | 1.169 |
| 同情心 | 0.287 | 0.217 | 0.075 | 1.323 | 0.187 | 0.161 | 0.085 | 0.070 | 0.857 | 1.168 |

### （二）公共服务动机与政府公务员的组织承诺

我国政府公务员组织承诺及其3个维度分值的描述性统计分析结果（参见表5 – 26）显示：总体上我国政府公务员的组织承诺处于中等水平，

在 3 个维度上，继续承诺的得分最高，情感承诺次之，继续承诺和情感承诺的得分均在中等偏上，规范承诺的得分在中等以下。

表 5 - 26　　　　我国政府公务员组织承诺及其维度的描述性统计分析结果

| | N | Minimum | Maximum | Mean | Std. Deviation | Skewness | | Kurtosis | |
|---|---|---|---|---|---|---|---|---|---|
| | | | | | | Statistic | Std. Error | Statistic | Std. Error |
| 组织承诺 | 247 | 15 | 62 | 37.58 | 0.50 | - 0.027 | 0.155 | 0.275 | 0.309 |
| 情感承诺 | 249 | 3 | 21 | 13.27 | 0.29 | - 0.167 | 0.154 | - 0.814 | 0.307 |
| 继续承诺 | 248 | 4 | 21 | 14.36 | 0.24 | 0.003 | 0.155 | - 0.623 | 0.308 |
| 规范承诺 | 248 | 3 | 21 | 9.94 | 0.25 | 0.031 | 0.155 | - 0.465 | 0.308 |

为检验假设——组织承诺与公共服务动机正相关，本研究以组织承诺为因变量，公共服务动机、组织因素、工作特征、人口统计变量为自变量进行多元线性逐步回归分析（同样，性别、单位层级、职位转化成虚拟变量）。回归分析结果显示，其直线性、等方差性、独立性、常态性的基本假设得到满足，回归方程显著（$F = 22.219$，$P < 0.001$），$R^2 = 0.269$，Adjusted $R^2 = 0.257$。依次进入方程的变量是组织氛围、公共服务动机和组织目标明确性，这 3 个变量可以解释组织承诺 25.7% 的变异。从标准化回归系数值可以看出，公共服务动机对组织承诺有显著的正向影响，可以解释组织承诺 7.1% 的变异；组织氛围和组织目标的明确性也是影响组织承诺的重要变量，它们与组织承诺的关系也是正向的（见表 5 - 27）。

表 5 - 27　　　　公共服务动机、组织因素、工作特征、人口统计变量对
组织承诺的多元线性逐步回归及共线性诊断分析结果

| | $R^2$ | $R^2$ change | Adjusted $R^2$ | F | F Change | Beta | t | Sig. | Zero - order | Partial | Part | Tolerance | VIF | Eigenvalue | CI |
|---|---|---|---|---|---|---|---|---|---|---|---|---|---|---|---|
| (Constant) | | | | | | | 2.752 | 0.007 | | | | | | 3.909 | 1.000 |
| 组织氛围 | 0.172 | 0.172 | 0.168 | 38.033 | 38.033 | 0.238 | 3.240 | 0.001 | 0.415 | 0.234 | 0.206 | 0.752 | 1.330 | 0.043 | 9.526 |

续表

| | R² | R² change | Adjusted R² | F | F Change | Beta | t | Sig. | Zero – order | Partial | Part | Tolerance | VIF | Eigenvalue | CI |
|---|---|---|---|---|---|---|---|---|---|---|---|---|---|---|---|
| 公共服务动机 | 0.243 | 0.071 | 0.234 | 29.170 | 16.985 | 0.237 | 3.257 | 0.001 | 0.411 | 0.235 | 0.207 | 0.765 | 1.307 | 0.040 | 9.884 |
| 组织目标明确性 | 0.269 | 0.026 | 0.257 | 22.219 | 6.540 | 0.188 | 2.557 | 0.011 | 0.389 | 0.187 | 0.163 | 0.744 | 1.343 | 0.008 | 22.469 |

为了鉴别影响组织承诺的公共服务动机维度，笔者同样以组织承诺为因变量，以公共服务动机的 5 个维度为自变量，采用强迫法（Enter）进行了多元线性回归分析，结果如表 5 – 28 所示，显著影响组织承诺的是自我实现维度，同情心的影响在 0.1 水平上显著，公共服务动机的其余维度与组织承诺的相关并不显著，$F = 12.539$，$P < 0.001$，$R = 0.455$，$R^2 = 0.207$，Adjusted $R^2 = 0.191$。

表 5 – 28　　　　公共服务动机各维度对组织承诺的回归分析结果

| | B | Std. Er | Beta | t | Sig. | Zero – order | Partial | Part | Tolerance | VIF |
|---|---|---|---|---|---|---|---|---|---|---|
| （Constant） | 17.749 | 4.404 | | 4.030 | 0.000 | | | | | |
| 公共利益 | 0.081 | 0.090 | 0.060 | 0.898 | 0.370 | 0.253 | 0.058 | 0.052 | 0.730 | 1.370 |
| 造福社会 | 0.030 | 0.155 | 0.013 | 0.191 | 0.849 | 0.199 | 0.012 | 0.011 | 0.733 | 1.365 |
| 自我实现 | 0.688 | 0.122 | 0.365 | 5.652 | 0.000 | 0.425 | 0.343 | 0.325 | 0.792 | 1.263 |
| 政策制定 | 0.125 | 0.126 | 0.061 | 0.994 | 0.321 | 0.199 | 0.064 | 0.057 | 0.878 | 1.139 |
| 同情心 | 0.320 | 0.173 | 0.114 | 1.854 | 0.065 | 0.191 | 0.119 | 0.107 | 0.868 | 1.153 |

### 1. 公共服务动机与情感承诺

按照前面同样的方法建立公共服务动机、组织因素、工作特征、人口统计变量对情感承诺的多元线性逐步回归模型，回归分析结果显示，其直线性、等方差性、独立性、常态性的基本假设得到满足，$F = 19.456$，$P < 0.001$，$R = 0.629$，$R^2 = 0.396$，Adjusted $R^2 = 0.376$，模型具有统计学意义，组织氛围、组织目标的明确性、公共服务动机、程序限制、组织目标的冲突性、年龄可解释情感承诺 37.6% 的变异。从表 5 – 29 的标准化偏回归系数值可知：公共服务动机对情感承诺的预测效力最强，情感承诺与公

共服务动机显著正相关，公共服务动机高的个体情感承诺也高；此外，组织氛围、组织目标明确性、年龄与情感承诺显著正相关，而组织目标冲突性、程序限制与情感承诺显著负相关。

表 5 - 29　　　　公共服务动机、组织因素、工作特征、人口统计变量对
情感承诺的多元线性逐步回归及共线性诊断分析结果

| | $R^2$ | $R^2$ change | Adjusted $R^2$ | F | F Change | Beta | t | Sig. | Zero - order | Partial | Part | Tolerance | VIF | Eigenvalue | CI |
|---|---|---|---|---|---|---|---|---|---|---|---|---|---|---|---|
| （Constant） | | | | | | | - 0.173 | 0.863 | | | | | | 6.725 | 1.000 |
| 组织氛围 | 0.211 | 0.211 | 0.207 | 48.958 | 48.958 | 0.213 | 3.110 | 0.002 | 0.459 | 0.227 | 0.181 | 0.722 | 1.385 | 0.143 | 6.869 |
| 目标明确性 | 0.283 | 0.072 | 0.275 | 35.918 | 18.259 | 0.172 | 2.453 | 0.015 | 0.440 | 0.181 | 0.143 | 0.692 | 1.445 | 0.051 | 11.489 |
| 公共服务动机 | 0.321 | 0.038 | 0.309 | 28.478 | 10.034 | 0.245 | 3.600 | 0.000 | 0.427 | 0.261 | 0.210 | 0.731 | 1.368 | 0.036 | 13.615 |
| 程序限制 | 0.364 | 0.043 | 0.350 | 25.759 | 12.277 | - 0.164 | - 2.625 | 0.009 | - 0.271 | - 0.193 | - 0.153 | 0.869 | 1.150 | 0.029 | 15.184 |
| 目标冲突性 | 0.381 | 0.017 | 0.364 | 22.063 | 4.993 | - 0.150 | - 2.321 | 0.021 | - 0.361 | - 0.171 | - 0.135 | 0.812 | 1.231 | 0.012 | 23.301 |
| 年龄 | 0.396 | 0.015 | 0.376 | 19.456 | 4.355 | 0.124 | 2.087 | 0.038 | 0.155 | 0.155 | 0.122 | 0.968 | 1.033 | 0.004 | 40.205 |

进一步分析情感承诺与公共服务动机各维度的关系发现：显著影响情感承诺的公共服务动机维度是自我实现、政策制定和同情心，公共利益和造福社会维度与情感承诺的相关并不显著，回归分析结果显示 F = 19.016，P < 0.001，R = 0.531，$R^2$ = 0.282，Adjusted $R^2$ = 0.267（参见表 5 - 30）。

表 5 - 30　　　　公共服务动机各维度对情感承诺的回归分析结果

| | B | Std. Er | Beta | t | Sig. | Zero - order | Partial | Part | Tolerance | VIF |
|---|---|---|---|---|---|---|---|---|---|---|
| （Constant） | 1.892 | 2.417 | | 0.783 | 0.435 | | | | | |
| 公共利益 | - 0.079 | 0.050 | - 0.101 | - 1.584 | 0.115 | 0.154 | - 0.101 | - 0.086 | 0.732 | 1.367 |
| 造福社会 | 0.009 | 0.086 | 0.007 | 0.102 | 0.919 | 0.188 | 0.007 | 0.006 | 0.728 | 1.374 |
| 自我实现 | 0.486 | 0.067 | 0.445 | 7.282 | 0.000 | 0.477 | 0.424 | 0.397 | 0.795 | 1.259 |
| 政策制定 | 0.226 | 0.069 | 0.191 | 3.270 | 0.001 | 0.313 | 0.206 | 0.178 | 0.873 | 1.146 |
| 同情心 | 0.200 | 0.095 | 0.123 | 2.104 | 0.036 | 0.200 | 0.134 | 0.115 | 0.862 | 1.160 |

### 2. 公共服务动机与继续承诺

同前面一样，笔者建立公共服务动机、组织因素、工作特征、人口统计变量对继续承诺的多元线性逐步回归模型，回归分析结果显示，其直线性、等方差性、独立性、常态性的基本假设得到满足，$F = 7.113$，$P < 0.001$，$R = 0.325$，$R^2 = 0.105$，Adjusted $R^2 = 0.091$，模型具有统计学意义，但只解释了继续承诺 9.1% 的变异，依次进入模型的变量是工作自主性、程序限制和任务重要性（见表 5-31）。笔者对上述变量采用强迫法进行回归分析，同样发现公共服务动机对继续承诺的标准化回归系数未达到显著性水平，说明公共服务动机与继续承诺相关不显著。

表 5-31　　　　公共服务动机、组织因素、工作特征、人口统计变量对
继续承诺的多元线性逐步回归及共线性诊断分析结果

| | $R^2$ | $R^2$ change | Adjusted $R^2$ | F | F Change | Beta | t | Sig. | Zero-order | Partial | Part | Tolerance | VIF | Eigenvalue | CI |
|---|---|---|---|---|---|---|---|---|---|---|---|---|---|---|---|
| (Constant) | | | | | | | 9.136 | 0.000 | | | | | | 3.726 | 1.000 |
| 工作自主性 | 0.055 | 0.055 | 0.050 | 10.604 | 10.604 | -0.131 | -1.673 | 0.096 | -0.234 | -0.123 | -0.118 | 0.810 | 1.235 | 0.148 | 5.016 |
| 程序限制 | 0.079 | 0.024 | 0.069 | 7.796 | 4.770 | 0.175 | 2.431 | 0.016 | 0.199 | 0.178 | 0.171 | 0.950 | 1.052 | 0.108 | 5.881 |
| 任务重要性 | 0.105 | 0.027 | 0.091 | 7.113 | 5.372 | -0.177 | -2.318 | 0.022 | -0.225 | -0.170 | -0.163 | 0.843 | 1.186 | 0.018 | 14.294 |

### 3. 公共服务动机与规范承诺

同样，笔者也建立了公共服务动机、组织因素、工作特征、人口统计变量对规范承诺的多元线性逐步回归模型，回归分析结果显示，其直线性、等方差性、独立性、常态性的基本假设得到满足，$F = 16.487$，$P < 0.001$，$R = 0.463$，$R^2 = 0.215$，Adjusted $R^2 = 0.202$，模型具有统计学意义，依次进入模型的变量是公共服务动机、组织保护和任务的整体性，这 3 个变量解释了规范承诺 20.2% 的变异。从表 5-32 可知：公共服务动机、组织保护与规范承诺显著正相关，任务整体性与规范承诺显著负相关。

表 5 – 32　　　公共服务动机、组织因素、工作特征、人口统计变量对
规范承诺的多元线性逐步回归及共线性诊断分析结果

| | $R^2$ | $R^2$ change | Adjusted $R^2$ | F | F Change | Beta | t | Sig. | Zero – order | Partial | Part | Tolerance | VIF | Eigenvalue | CI |
|---|---|---|---|---|---|---|---|---|---|---|---|---|---|---|---|
| （Constant） | | | | | | | – 0.050 | 0.960 | | | | | | 3.828 | 1.000 |
| 公共服务动机 | 0.130 | 0.130 | 0.126 | 27.425 | 27.425 | 0.263 | 30.694 | 0.000 | 0.361 | 0.265 | 0.243 | 0.855 | 1.170 | 0.110 | 5.886 |
| 组织保护 | 0.187 | 0.057 | 0.178 | 20.922 | 12.671 | 0.281 | 3.915 | 0.000 | 0.358 | 0.279 | 0.258 | 0.840 | 1.191 | 0.054 | 8.412 |
| 任务整体性 | 0.215 | 0.028 | 0.202 | 16.487 | 6.380 | – 0.168 | – 2.526 | 0.012 | – 0.113 | – 0.185 | – 0.166 | 0.979 | 1.021 | 0.008 | 22.131 |

　　进一步分析规范承诺与公共服务动机各维度的关系发现：显著影响规范承诺的公共服务动机维度是公共利益、造福社会、自我实现 3 个维度，同情心与规范承诺在 0.1 水平上相关显著，政策制定与规范承诺的相关并不显著，回归分析结果显示 F = 11.855，P < 0.001，R = 0.444，$R^2$ = 0.197，Adjusted $R^2$ = 0.181（参见表 5 – 33）。

表 5 – 33　　　公共服务动机各维度对规范承诺的回归分析结果

| | B | Std. E | Beta | t | Sig. | Zero – order | Partial | Part | Tolerance | VIF |
|---|---|---|---|---|---|---|---|---|---|---|
| （Constant） | 4.313 | 2.237 | | 1.928 | 0.055 | | | | | |
| 公共利益 | 0.191 | 0.046 | 0.283 | 4.195 | 0.000 | 0.348 | 0.261 | 0.242 | 0.731 | 1.367 |
| 造福社会 | – 0.184 | 0.079 | – 0.158 | – 2.336 | 0.020 | 0.073 | – 0.149 | – 0.135 | 0.732 | 1.367 |
| 自我实现 | 0.258 | 0.062 | 0.271 | 4.194 | 0.000 | 0.351 | 0.261 | 0.242 | 0.798 | 1.253 |
| 政策制定 | – 0.009 | 0.064 | – 0.009 | – 0.145 | 0.885 | 0.111 | – 0.009 | – 0.008 | 0.878 | 1.139 |
| 同情心 | 0.154 | 0.088 | 0.109 | 1.759 | 0.080 | 0.150 | 0.113 | 0.101 | 0.867 | 1.154 |

## （三）公共服务动机与政府公务员的个体工作绩效

表 5 – 34　　　我国政府公务员个体工作绩效及其子维度的描述性统计分析结果

| | N | Minimum | Maximum | Mean | Std. Deviation | Skewness | | Kurtosis | |
|---|---|---|---|---|---|---|---|---|---|
| | | | | | | Statistic | Std. Error | Statistic | Std. Error |
| 人际促进 | 247 | 18 | 42 | 35.13 | 4.511 | – 0.704 | 0.155 | 1.058 | 0.309 |

续表

| | N | Minimum | Maximum | Mean | Std. Deviation | Skewness | | Kurtosis | |
|---|---|---|---|---|---|---|---|---|---|
| | | | | | | Statistic | Std. Error | Statistic | Std. Error |
| 工作奉献 | 248 | 15 | 35 | 29.00 | 4.518 | -0.751 | 0.155 | 0.417 | 0.308 |
| 任务绩效 | 248 | 9 | 35 | 29.53 | 3.858 | -1.094 | 0.155 | 3.361 | 0.308 |
| 工作绩效 | 247 | 42 | 112 | 93.66 | 11.186 | -0.779 | 0.155 | 1.576 | 0.309 |

从表 5 - 34 可以看出，我国政府公务员的工作绩效在总体上处于较高的水平，人际促进、工作奉献、任务绩效各因素的均分也都较高，说明我国政府公务员自评的工作绩效是不错的。

笔者同样建立公共服务动机、组织因素、工作特征、人口统计变量与个体绩效的多元线性逐步回归模型，回归分析结果显示 F = 50.271，P < 0.001，R = 0.675，$R^2$ = 0.456，Adjusted $R^2$ = 0.447，模型具有统计学意义，依次进入模型的变量是公共服务动机、任务整体性和组织目标的明确性，这 3 个变量解释了个体绩效 44.7% 的变异。从表 5 - 35 的标准化偏回归系数值可知：公共服务动机对个体绩效的预测效力最强，任务整体性的预测效力其次，个体绩效与公共服务动机、任务整体性的相关均达到非常显著的水平，公共服务动机越强、工作整体性越高的个体，其个体绩效也越高；个体绩效还与组织目标的明确性呈显著的正相关，表明组织目标越明确，个体绩效越高。

表 5 - 35　　　公共服务动机、组织因素、工作特征、人口统计变量对个体
工作绩效的多元线性逐步回归及共线性诊断分析结果

| | $R^2$ | $R^2$ change | Adjusted $R^2$ | F | F Change | Beta | t | Sig. | Zero - order | Partial | Part | Tolerance | VIF | Eigenvalue | CI |
|---|---|---|---|---|---|---|---|---|---|---|---|---|---|---|---|
| (Constant) | | | | | | | 8.581 | 0.000 | | | | | | 3.842 | 1.000 |
| 公共服务动机 | 0.348 | 0.348 | 0.344 | 97.135 | 97.135 | 0.497 | 8.207 | 0.000 | 0.590 | 0.522 | 0.451 | 0.825 | 1.212 | 0.111 | 5.882 |
| 任务整体性 | 0.428 | 0.080 | 0.422 | 67.701 | 25.299 | 0.271 | 4.914 | 0.000 | 0.317 | 0.344 | 0.270 | 0.991 | 1.009 | 0.039 | 9.895 |
| 目标明确性 | 0.456 | 0.028 | 0.447 | 50.271 | 9.244 | 0.184 | 3.040 | 0.003 | 0.416 | 0.221 | 0.167 | 0.822 | 1.217 | 0.008 | 22.131 |

进一步分析个体绩效与公共服务动机各维度的关系后发现，显著影响

个体绩效的公共服务动机维度是公共利益、造福社会、自我实现，同情心在 0.1 水平上与个体绩效相关显著，政策制定与个体绩效的相关并不显著（参见表 5 - 36），回归分析结果显示 F = 27.765，P < 0.001，R = 0.605，$R^2 = 0.366$，Adjusted $R^2 = 0.353$。

表 5 - 36　　　　　公共服务动机各维度对个体绩效的回归分析结果

|  | B | Std. E | Beta | t | Sig. | Zero – order | Partial | Part | Tolerance | VIF |
|---|---|---|---|---|---|---|---|---|---|---|
| （Constant） | 31.710 | 5.607 |  | 5.655 | 0.000 |  |  |  |  |  |
| 公共利益 | 0.340 | 0.115 | 0.177 | 2.946 | 0.004 | 0.421 | 0.187 | 0.151 | 0.731 | 1.369 |
| 造福社会 | 1.249 | 0.199 | 0.378 | 6.283 | 0.000 | 0.539 | 0.376 | 0.323 | 0.728 | 1.373 |
| 自我实现 | 0.343 | 0.156 | 0.127 | 2.203 | 0.029 | 0.341 | 0.141 | 0.113 | 0.789 | 1.268 |
| 政策制定 | 0.173 | 0.161 | 0.059 | 1.077 | 0.282 | 0.255 | 0.069 | 0.055 | 0.873 | 1.146 |
| 同情心 | 0.389 | 0.221 | 0.098 | 1.761 | 0.079 | 0.300 | 0.113 | 0.090 | 0.861 | 1.161 |

### 1. 公共服务动机与人际促进

笔者建立了公共服务动机、组织因素、工作特征、人口统计变量与人际促进的多元线性逐步回归模型，回归分析结果显示 F = 23.157，P < 0.001，R = 0.584，$R^2 = 0.341$，Adjusted $R^2 = 0.326$，模型具有统计学意义，依次进入模型的变量是公共服务动机、组织目标明确性、任务整体性和单位层级虚拟变量 1，这些变量解释了人际促进 32.6% 的变异。从表 5 - 37 的标准化偏回归系数值可知，公共服务动机对人际促进的预测效力最强，其次是组织目标的明确性和任务整体性，人际促进与公共服务动机、组织目标明确性、任务整体性的相关均达到非常显著的水平，公共服务动机越强、组织目标越明确、工作整体性越高的个体，其人际促进得分也越高；省级部门公务员的人际促进得分明显高于其他层级公务员的得分。

表 5 - 37　　　　公共服务动机、组织因素、工作特征、人口统计变量对
人际促进的多元线性逐步回归及共线性诊断分析结果

|  | $R^2$ | $R^2$ change | Adjusted $R^2$ | F | F Change | Beta | t | Sig. | Zero – order | Partial | Part | Tolerance | VIF | Eigenvalue | CI |
|---|---|---|---|---|---|---|---|---|---|---|---|---|---|---|---|
| （Constant） |  |  |  |  |  |  | 8.268 | 0.000 |  |  |  |  |  | 4.170 | 1.000 |
| 公共服务动机 | 0.248 | 0.248 | 0.244 | 60.144 | 60.144 | 0.386 | 5.773 | 0.000 | 0.498 | 0.396 | 0.350 | 0.824 | 1.213 | 0.672 | 2.490 |

续表

| | $R^2$ | $R^2$ change | Adjusted $R^2$ | F | F Change | Beta | t | Sig. | Zero – order | Partial | Part | Tolerance | VIF | Eigenvalue | CI |
|---|---|---|---|---|---|---|---|---|---|---|---|---|---|---|---|
| 目标明确性 | 0.299 | 0.050 | 0.291 | 38.570 | 13.023 | 0.240 | 3.575 | 0.000 | 0.412 | 0.258 | 0.217 | 0.820 | 1.219 | 0.110 | 6.146 |
| 任务整体性 | 0.326 | 0.027 | 0.315 | 29.063 | 7.345 | 0.163 | 2.674 | 0.008 | 0.211 | 0.196 | 0.162 | 0.991 | 1.009 | 0.039 | 10.317 |
| 单位层级1 | 0.341 | 0.015 | 0.326 | 23.157 | 3.989 | -0.121 | -1.997 | 0.047 | -0.129 | -0.148 | -0.121 | 0.997 | 1.003 | 0.008 | 23.117 |

进一步分析人际促进与公共服务动机各维度的关系发现，显著影响个体人际促进的公共服务动机维度是公共利益、造福社会2个维度，同情心在0.1水平上与个体的人际促进相关显著，政策制定、自我实现与个体人际促进的相关并不显著（见表5－38），回归分析结果显示 F = 20.493，P < 0.001，R = 0.547，$R^2$ = 0.299，Adjusted $R^2$ = 0.285。

表5－38　　公共服务动机各维度对个体人际促进的回归分析结果

| | B | Std. E | Beta | t | Sig. | Zero – order | Partial | Part | Tolerance | VIF |
|---|---|---|---|---|---|---|---|---|---|---|
| （Constant） | 12.547 | 2.378 | | 5.276 | 0.000 | | | | | |
| 公共利益 | 0.189 | 0.049 | 0.244 | 3.859 | 0.000 | 0.407 | 0.242 | 0.209 | 0.731 | 1.369 |
| 造福社会 | 0.461 | 0.084 | 0.346 | 5.469 | 0.000 | 0.486 | 0.333 | 0.296 | 0.728 | 1.373 |
| 自我实现 | -0.030 | 0.066 | -0.028 | -0.457 | 0.648 | 0.197 | -0.029 | -0.025 | 0.789 | 1.268 |
| 政策制定 | 0.035 | 0.068 | 0.029 | 0.509 | 0.611 | 0.192 | 0.033 | 0.028 | 0.873 | 1.146 |
| 同情心 | 0.176 | 0.094 | 0.109 | 1.877 | 0.062 | 0.287 | 0.120 | 0.101 | 0.861 | 1.161 |

### 2. 公共服务动机与工作奉献

笔者建立了公共服务动机、组织背景、工作特征、人口统计变量与工作奉献的多元线性逐步回归模型，回归分析结果显示 F = 54.609，P < 0.001，R = 0.612，$R^2$ = 0.375，Adjusted $R^2$ = 0.368，模型具有统计学意义，依次进入模型的变量是公共服务动机和任务整体性，这2个变量解释了工作奉献36.8%的变异。从表5－39的标准化偏回归系数值可知：公共服务动机对工作奉献的预测效力最强，任务整体性的预测效力位居其次，工作奉献与公共服务动机、任务整体性的相关均达到显著水平，公共服务动机越强、工作整体性越高的个体，其工作奉献得分也越高。

表 5 - 39　　　　公共服务动机、组织因素、工作特征、人口统计变量对
工作奉献的多元线性逐步回归及共线性诊断分析结果

| | $R^2$ | $R^2$ change | Adjusted $R^2$ | F | F Change | Beta | t | Sig. | Zero – order | Partial | Part | Tolerance | VIF | Eigenvalue | CI |
|---|---|---|---|---|---|---|---|---|---|---|---|---|---|---|---|
| （Constant） | | | | | | | 3.687 | 0.000 | | | | | | 2.895 | 1.000 |
| 公共服务动机 | 0.303 | 0.303 | 0.299 | 79.405 | 79.405 | 0.535 | 9.113 | 0.000 | 0.550 | 0.560 | 0.534 | 0.997 | 1.003 | 0.097 | 5.462 |
| 任务整体性 | 0.375 | 0.072 | 0.368 | 54.609 | 21.094 | 0.270 | 4.593 | 0.000 | 0.300 | 0.322 | 0.269 | 0.997 | 1.003 | 0.008 | 18.793 |

进一步分析工作奉献与公共服务动机各维度的关系后发现，显著影响个体工作奉献的公共服务动机维度是造福社会和自我实现 2 个维度，同情心、政策制定、公共利益与个体工作奉献的相关并不显著（参见表 5 - 40），回归分析结果显示 F = 21.431，P < 0.001，R = 0.555，$R^2$ = 0.308，Adjusted $R^2$ = 0.293。

表 5 - 40　　　　公共服务动机各维度对个体工作奉献的回归分析结果

| | B | Std. E | Beta | t | Sig. | Zero – order | Partial | Part | Toleranc | VIF |
|---|---|---|---|---|---|---|---|---|---|---|
| （Constant） | 7.525 | 2.367 | | 3.179 | 0.002 | | | | | |
| 公共利益 | 0.059 | 0.049 | 0.077 | 1.222 | 0.223 | 0.341 | 0.078 | 0.065 | 0.730 | 1.369 |
| 造福社会 | 0.432 | 0.084 | 0.323 | 5.150 | 0.000 | 0.466 | 0.315 | 0.276 | 0.729 | 1.372 |
| 自我实现 | 0.266 | 0.066 | 0.245 | 4.055 | 0.000 | 0.401 | 0.253 | 0.217 | 0.788 | 1.269 |
| 政策制定 | 0.097 | 0.068 | 0.082 | 1.422 | 0.156 | 0.263 | 0.091 | 0.076 | 0.873 | 1.146 |
| 同情心 | 0.080 | 0.093 | 0.049 | 0.857 | 0.393 | 0.230 | 0.055 | 0.046 | 0.863 | 1.159 |

### 3. 公共服务动机与任务绩效

笔者建立了公共服务动机、组织背景、工作特征、人口统计变量与任务绩效的多元线性逐步回归模型，回归分析结果显示 F = 36.271，P < 0.001，R = 0.534，$R^2$ = 0.285，Adjusted $R^2$ = 0.277，模型具有统计学意义，依次进入模型的变量是公共服务动机和任务整体性，这 2 个变量解释了任务绩效 27.7% 的变异。从表 5 - 41 的标准化偏回归系数值可知，公共服务动机对任务绩效的预测效力最强，任务整体性的预测效力位居其次，任务绩效与公共服务动机、任务整体性的相关均达到非常显著的水平，公共服务动机越强、工作整体性越高的个体，其任务绩效得分也越高。

表 5 – 41　　　　　公共服务动机、组织因素、工作特征、人口统计变量对
工作奉献的多元线性逐步回归及共线性诊断分析结果

| | $R^2$ | $R^2$ change | Adjusted $R^2$ | F | F Change | Beta | t | Sig. | Zero – order | Partial | Part | Tolerance | VIF | Eigenvalue | CI |
|---|---|---|---|---|---|---|---|---|---|---|---|---|---|---|---|
| （Constant） | | | | | | | 8.707 | 0.000 | | | | | | 2.895 | 1.000 |
| 公共服务动机 | 0.208 | 0.208 | 0.203 | 47.990 | 47.990 | 0.440 | 7.010 | 0.000 | 0.456 | 0.461 | 0.439 | 0.997 | 1.003 | 0.097 | 5.462 |
| 任务整体性 | 0.285 | 0.077 | 0.277 | 36.271 | 19.660 | 0.278 | 4.434 | 0.000 | 0.303 | 0.312 | 0.278 | 0.997 | 1.003 | 0.008 | 18.793 |

进一步分析任务绩效与公共服务动机各维度的关系后发现，显著影响个体任务绩效的公共服务动机维度是造福社会和公共利益 2 个维度，自我实现的影响处于显著性水平的边缘，同情心、政策制定与个体任务绩效的相关并不显著（参见表 5 – 42），回归分析结果显示 F = 16.534，P < 0.001，R = 0.505，$R^2$ = 0.255，Adjusted $R^2$ = 0.240。

表 5 – 42　　　　公共服务动机各维度对个体任务绩效的回归分析结果

| | B | Std. E | Beta | t | Sig. | Zero – order | Partial | Part | Toleranc | VIF |
|---|---|---|---|---|---|---|---|---|---|---|
| （Constant） | 11.636 | 2.093 | | 5.560 | 0.000 | | | | | |
| 公共利益 | 0.092 | 0.043 | 0.138 | 2.126 | 0.034 | 0.346 | 0.136 | 0.118 | 0.730 | 1.369 |
| 造福社会 | 0.356 | 0.074 | 0.312 | 4.796 | 0.000 | 0.449 | 0.295 | 0.267 | 0.729 | 1.372 |
| 自我实现 | 0.107 | 0.058 | 0.115 | 1.837 | 0.067 | 0.289 | 0.118 | 0.102 | 0.788 | 1.269 |
| 政策制定 | 0.042 | 0.060 | 0.042 | 0.698 | 0.486 | 0.207 | 0.045 | 0.039 | 0.873 | 1.146 |
| 同情心 | 0.134 | 0.082 | 0.098 | 1.632 | 0.104 | 0.262 | 0.105 | 0.091 | 0.863 | 1.159 |

## 4. 公共服务动机影响个体工作绩效的路径分析

表 5 – 43　　　　公共服务动机、工作满意度、组织承诺与个体绩效的相关分析结果

| ・ | 公共服务动机 | 工作满意度 | 组织承诺 | 个体绩效 |
|---|---|---|---|---|
| 公共服务动机 | 1 | 0.460（**） | 0.400（**） | 0.571（**） |
| 工作满意度 | 0.460（**） | 1 | 0.564（**） | 0.349（**） |
| 组织承诺 | 0.400（**） | 0.564（**） | 1 | 0.227（**） |
| 个体绩效 | 0.571（**） | 0.349（**） | 0.227（**） | 1 |

（注：　**P < 0.01）

　　前面的研究结果表明公共服务动机是政府公务员工作满意度、组织承诺、个体工作绩效的有效预测变量，而对私人组织的一些研究结果显示工作满意度、组织承诺也与个体工作绩效相关，那么，公共服务动机是否通过组织承诺、工作满意度间接影响个体工作绩效呢？本研究试图勾画公共服务动机影响个体工作绩效的路径。笔者首先考察了公共服务动机与相关组织行为变量间的相关关系，对这些变量的相关分析结果显示：公共服务动机与个体绩效显著正相关，工作满意度、组织承诺也与个体绩效显著正相关，同时，公共服务动机、工作满意度、组织承诺之间都呈显著的正相关（参见表5－43）。由于公共服务动机是工作满意度、组织承诺、个体绩效的有效预测变量，工作满意度、组织承诺与公共服务动机显著正相关，同时又与个体绩效显著正相关，所以我们假设，这种相关可能反映了公共服务动机通过工作满意度和组织承诺两个要素而对个体绩效的间接影响，对此，本研究进行了一系列包含三个回归方程的复回归分析，以探讨公共服务动机、工作满意度、组织承诺对个体绩效的影响路径。

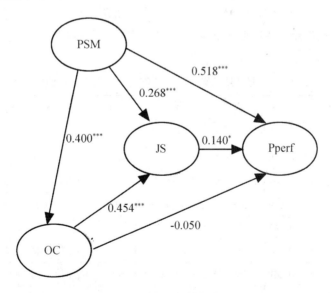

**图5－2　影响个体工作绩效的路径分析**

　　（注：PSM代表公共服务动机，JS代表工作满意度，OC代表组织承诺，Pperf代表工作绩效）

　　根据动机作用的相关理论，动机可以直接影响人们的行为，而且人们的行为还受到其态度的支配和左右，结合前面的分析结果，我们知道公共服务动机对组织行为诸变量都有显著的影响。为了明确公共服务动机及其组织行为变量间的因果关系，我们依据相关理论和实证数据，构建了上面的路径图（见图 5 - 2）。该路径图假设公共服务动机、组织承诺、工作满意度影响个体绩效；工作满意度影响个体绩效；组织承诺会影响工作满意度和个体绩效。由此我们建立如下分析模型：

　　回归模型 1：以个体绩效为因变量，公共服务动机、组织承诺、工作满意度为自变量；

　　回归模型 2：以工作满意度为因变量，公共服务动机、组织承诺为自变量；

　　回归模型 3：以组织承诺为因变量，公共服务动机为自变量。

　　结果发现，模型 1 回归方程显著，$F = 48.801$，$P < 0.001$，Adjusted $R^2 = 0.321$，变量能解释个体绩效 32.1% 的变异；模型 2 回归方程显著，$F = 92.019$，$P < 0.001$，Adjusted $R^2 = 0.374$，变量能解释工作满意度 37.4% 的变异；模型 3 回归方程显著，$F = 58.630$，$P < 0.001$，Adjusted $R^2 = 0.157$，变量能解释组织承诺 15.7% 的变异。各模型的标准化回归系数如表 5 - 44 所示。

表 5 - 44　　　　　　　公共服务动机影响个体工作绩效的回归分析结果

| | | B | Std. E | Beta | t | Sig. | Zero - order | Partial | Part | Tolerance | VIF |
|---|---|---|---|---|---|---|---|---|---|---|---|
| 1 | (Constant) | 40.753 | 4.504 | | 9.049 | 0.000 | | | | | |
| | orgcom | - 0.073 | 0.086 | - 0.050 | - 0.853 | 0.394 | 0.242 | - 0.049 | - 0.040 | 0.653 | 1.532 |
| | jsat | 0.155 | 0.066 | 0.140 | 2.327 | 0.021 | 0.349 | 0.133 | 0.110 | 0.621 | 1.610 |
| | PSM | 0.467 | 0.049 | 0.518 | 9.523 | 0.000 | 0.562 | 0.482 | 0.451 | 0.756 | 10.323 |
| 2 | (Constant) | 0.665 | 3.912 | | 0.170 | 0.865 | | | | | |
| | orgcom | 0.603 | 0.066 | 0.454 | 9.142 | 0.000 | 0.564 | 0.465 | 0.414 | 0.832 | 1.202 |
| | PSM | 0.219 | 0.041 | 0.268 | 5.393 | 0.000 | 0.454 | 0.296 | 0.244 | 0.832 | 1.202 |
| 3 | (Constant) | 12.363 | 3.296 | | 3.751 | 0.000 | | | | | |
| | PSM | 0.244 | 0.032 | 0.400 | 7.657 | 0.000 | 0.400 | 0.400 | 0.400 | 1.000 | 1.000 |

（注：PSM 代表公共服务动机，jsat 代表工作满意度，orgcom 代表组织承诺）

由表 5－44 的回归分析结果可知：在回归模型 1 中，组织承诺的标准化回归系数不显著，公共服务动机和工作满意度的标准化回归系数才达到显著性水平；模型 2 和模型 3 中所有变量的标准化回归系数都达到非常显著的水平。而表 5－43 的相关分析结果显示，组织承诺与个体绩效的相关系数是 0.227，达到显著性水平，可是回归分析中，组织承诺的标准化回归系数由 0.227 下降为 －0.05，变为不显著，说明组织承诺对个体绩效的影响全部因工作满意度这一中介变量而产生。根据回归分析结果绘制相应的路径图（如图 5－1 所示），从图中可以看出，对个体绩效的影响路径中有 5 条达到显著性水平：1. 公共服务动机对个体绩效有直接影响；2. 公共服务动机通过工作满意度也对个体绩效有间接影响；3. 工作满意度对个体绩效有直接影响；4. 组织承诺虽然对个体绩效没有直接影响，但通过工作满意度这一中介变量对个体绩效有间接影响；5. 公共服务动机通过组织承诺、工作满意度两个中介变量也对个体绩效有间接影响。在对个体绩效的影响中，组织承诺的作用是通过工作满意度这一中介变量实现的。就公共服务动机对个体绩效的作用而言，公共服务动机对个体绩效有直接影响，其直接效果值为 0.518，而且还分别通过工作满意度、组织承诺与工作满意度而间接影响个体绩效，其间接效果值为 0.268×0.140＋0.400×0.454×0.140。

## （四）公共服务动机与政府公务员所在组织绩效

表 5－45　　　　　　　　组织绩效的描述性统计分析结果

|  | N | Minimum | Maximum | Mean | Std. Deviation | Skewness | | Kurtosis | |
|---|---|---|---|---|---|---|---|---|---|
|  |  |  |  |  |  | Statistic | Std. Error | Statistic | Std. Error |
| 组织绩效 | 241 | 6 | 42 | 28.45 | 7.246 | －0.440 | 0.157 | －0.195 | 0.312 |
| 内效率 | 248 | 1 | 7 | 4.36 | 1.680 | －0.207 | 0.155 | －0.997 | 0.308 |
| 内效能 | 246 | 1 | 7 | 4.86 | 1.595 | －0.617 | 0.155 | －0.514 | 0.309 |
| 外效能 | 245 | 1 | 7 | 4.78 | 1.617 | －0.576 | 0.156 | －0.507 | 0.310 |
| 外效率 | 243 | 1 | 7 | 5.56 | 1.308 | －1.098 | 0.156 | 0.925 | 0.311 |
| 内公平 | 245 | 1 | 7 | 4.83 | 1.672 | －0.708 | 0.156 | －0.411 | 0.310 |
| 外公平 | 244 | 1 | 7 | 4.14 | 1.835 | －0.145 | 0.156 | －1.128 | 0.310 |

从表 5 - 45 可以看出，我国政府公务员知觉到的政府组织绩效处于中等水平，其中对于政府组织外部效率的评价最高，居中等偏上水平，其余的效率、效能、公平指标均大致处于中等水平。

影响公共组织绩效的因素众多。布鲁尔和塞尔登（Brewer & Selden）（2000 年）发现组织层面的诸多因素影响组织绩效，金（Kim）（2004 年）也建立了个体层面变量与组织绩效的关系模型，由于本研究涉及的变量既有个体层面、组织层面，也有社会经济背景层面，所以本研究尝试探讨个体因素、组织因素、社会经济因素与组织绩效的关系。笔者建立了公共服务动机、人口统计变量、组织因素、新经济指数对组织绩效的多元线性逐步回归模型，回归分析结果显示 F = 25.368，P < 0.001，R = 0.731，$R^2$ = 0.534，Adjusted $R^2$ = 0.513，模型具有统计学意义，依次进入模型的变量是组织氛围、组织保护、组织目标明确性、新经济指数、组织目标冲突性、职位虚拟变量、公共服务动机和程序限制，这几个变量解释了组织绩效 51.3% 的变异。从表 5 - 46 可知：个体因素中公共服务动机变量和职位变量进入了模型，公共服务动机强的个体知觉到的组织绩效高，依据我们对职位变量的赋值，管理者知觉到的组织绩效高于普通员工；所有的组织因素都进入了模型，而且除程序限制变量外，其他组织因素对组织绩效的预测效力都高于公共服务动机对组织绩效的预测效力；新经济指数与组织绩效显著正相关，新经济指数高的地区公务员知觉到的组织绩效也高，说明个体因素、组织因素、社会经济背景因素都对组织绩效有影响。

表 5 - 46　　　　公共服务动机、人口统计变量、组织因素、新经济指数对
组织绩效的多元线性逐步回归及共线性诊断分析结果

| | $R^2$ | $R^2$ change | Adjusted $R^2$ | F | F Change | Beta | t | Sig. | Zero - order | Partial | Part | Tolerance | VIF | Eigenvalue | CI |
|---|---|---|---|---|---|---|---|---|---|---|---|---|---|---|---|
| (Constant) | | | | | | | - 0.321 | 0.749 | | | | | | 8.192 | 1.000 |
| 组织氛围 | 0.371 | 0.371 | 0.367 | 108.34 | 108.344 | 0.271 | 3.850 | 0.000 | 0.609 | 0.278 | 0.198 | 0.531 | 1.883 | 0.379 | 4.652 |
| 组织保护 | 0.432 | 0.061 | 0.426 | 69.539 | 19.715 | 0.266 | 4.123 | 0.000 | 0.557 | 0.296 | 0.212 | 0.631 | 1.584 | 0.157 | 7.215 |
| 目标明确性 | 0.457 | 0.026 | 0.448 | 51.127 | 8.559 | 0.212 | 3.439 | 0.001 | 0.425 | 0.250 | 0.176 | 0.692 | 1.445 | 0.112 | 8.554 |

续表

| | $R^2$ | $R^2$ change | Adjusted $R^2$ | F | F Change | Beta | t | Sig. | Zero-order | Partial | Part | Tolerance | VIF | Eigenvalue | CI |
|---|---|---|---|---|---|---|---|---|---|---|---|---|---|---|---|
| 新经济指数 | 0.482 | 0.025 | 0.471 | 42.135 | 8.683 | 0.185 | 3.477 | 0.001 | 0.140 | 0.253 | 0.178 | 0.929 | 1.076 | 0.065 | 11.185 |
| 目标冲突性 | 0.494 | 0.011 | 0.480 | 35.090 | 4.059 | 0.170 | 2.963 | 0.003 | -0.077 | 0.217 | 0.152 | 0.803 | 1.245 | 0.042 | 13.993 |
| 职位 | 0.508 | 0.014 | 0.491 | 30.759 | 5.106 | 0.120 | 2.191 | 0.030 | 0.244 | 0.162 | 0.112 | 0.885 | 1.131 | 0.030 | 16.585 |
| 公共服务动机 | 0.519 | 0.011 | 0.500 | 27.415 | 4.125 | 0.155 | 2.490 | 0.014 | 0.387 | 0.184 | 0.128 | 0.682 | 1.466 | 0.017 | 21.720 |
| 程序限制 | 0.534 | 0.015 | 0.513 | 25.368 | 5.833 | -0.133 | -2.415 | 0.017 | -0.219 | -0.179 | -0.124 | 0.872 | 1.147 | 0.006 | 36.969 |

那么公共服务动机作为个体层面的变量，如何影响一个组织的绩效呢？而且由于前面的分析结果发现上述组织因素中的组织氛围、组织目标明确性、组织保护3个变量是公共服务动机的重要预测变量，那么这些个体因素、组织因素、社会经济背景因素又是如何作用来影响组织绩效的呢？笔者尝试运用Amos7.0进一步分析新经济指数、组织因素、公共服务动机与组织绩效的关系，建立新经济指数、组织因素、公共服务动机作用于组织绩效的结构方程模型图（如图5-3所示），并根据前面的结果在组织因素与公共服务动机间建立自变量与因变量的关系，在Spss软件中对缺失的数据用数列平均数处理，删除一些异常值后，得到模型的拟合指数如下：CMIN/df = 1.921（P < 0.001），GFI = 0.897，AGFI = 0.853，CFI = 0.921，RMSEA = 0.069。由于本研究样本量大，尽管CMIN值未达到P > 0.05的显著性水平，但是CMIN/df = 1.921 < 2，GFI、CFI的值均大于0.9，RMSEA < 0.08，表明数据拟合模型较好。笔者采用极大似然法估计各路径系数值，发现公共服务动机对组织绩效的影响未达到显著性水平，其余因素的作用均达到显著性水平（如表5-47所示），说明公共服务动机对组织绩效的直接影响不明显，公共服务动机高的政府公务员其所在组织绩效高是因为组织因素与公共服务动机、组织因素与政府组织绩效均有正相关关系存在，使得公共服务动机与组织绩效呈现出正相关趋势。作为个体层面的变量，公共服务动机对组织绩效的作用还有待进一步研究。

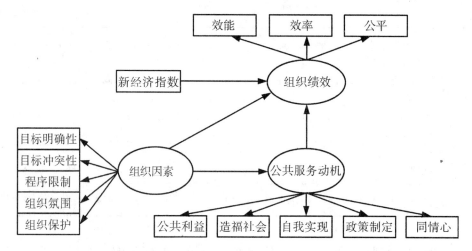

图 5 - 3　新经济指数、组织因素、公共服务动机作用于组织绩效的结构方程模型图

表 5 - 47　　新经济指数、组织因素、公共服务动机作用于组织绩效的路径系数

| | | | Estimate | S. E. | C. R. | P | Label |
|---|---|---|---|---|---|---|---|
| 公共服务动机 | <— | 组织因素 | 1.133 | .492 | 2.304 | 0.021 | W14 |
| 组织绩效 | <— | 新经济指数 | 0.018 | 0.006 | 2.981 | 0.003 | W11 |
| 组织绩效 | <— | 组织因素 | 2.159 | 0.950 | 2.273 | 0.023 | W12 |
| 组织绩效 | <— | 公共服务动机 | -0.011 | 0.313 | -0.035 | 0.972 | W13 |
| 程序限制 | <— | 组织因素 | 1.000 | | | | |
| 目标冲突 | <— | 组织因素 | 1.549 | 0.702 | 2.206 | 0.027 | W1 |
| 组织保护 | <— | 组织因素 | 5.004 | 1.977 | 2.531 | 0.011 | W2 |
| 组织氛围 | <— | 组织因素 | 3.938 | 1.550 | 2.540 | 0.011 | W3 |
| 目标明确 | <— | 组织因素 | 2.290 | 0.911 | 2.513 | 0.012 | W4 |
| 同情心 | <— | 公共服务动机 | 1.000 | | | | |
| 政策制定 | <— | 公共服务动机 | 1.750 | 0.385 | 4.545 | *** | W5 |
| 自我实现 | <— | 公共服务动机 | 2.517 | 0.515 | 4.886 | *** | W6 |
| 造福社会 | <— | 公共服务动机 | 1.909 | 0.393 | 4.856 | *** | W7 |
| 公共利益 | <— | 公共服务动机 | 3.659 | 0.725 | 5.047 | *** | W8 |
| 效能 | <— | 组织绩效 | 1.000 | | | | |
| 效率 | <— | 组织绩效 | 0.870 | 0.086 | 10.095 | *** | W9 |
| 公平 | <— | 组织绩效 | 1.301 | 0.114 | 11.391 | *** | W10 |

# 第六章 分析与讨论

## 一 我国 MPA 研究生的公共服务动机特点

从总体上看，本研究的结果基本支持了原假设。研究发现我国 MPA 研究生的公共服务动机表现出明显的部门特点和区域特点，政府部门员工的公共服务动机显著高于非政府部门员工，所得结果与国外的研究结果一致。[1] 按照国外学者的观点，这一结果可以说明公共服务动机具有部门特点，并由此表明公共服务动机的存在。新经济指数高的地区，员工的公共服务动机显著低于新经济指数低的地区员工的公共服务动机，但是在控制了工作部门变量的影响后，政府公务员的公共服务动机在不同新经济指数区域的差异并未达到显著性水平，说明区域差异也不是影响政府公务员公共服务动机的因素。回顾国外的相关研究结果，佩里（Perry）（1997 年）发现年龄、性别、受教育水平、收入对公共服务动机有影响，特别是对公共利益承诺维度的影响表现突出[2]，其标准化回归系数均达到 0.05 的显著性水平。收入对公共服务动机有副作用，高收入者的公共服务动机相对低些；男性的公共服务动机高于女性；受教育程度和年龄与公共服务动机正相关，受教育程度高的公共服务动机强，年龄大的公共服务动机强，不过

---

① Choi, Y. J., *A Study of Public Service Motivation*: *the Korean Experience*, Ph. D, University of Idaho, 2001; Perry, J. L., "Measuring Public Service Motivation: an Assessment of Construct Reliability and Validity", *Journal of Public Administration Research and Theory*, 1996. Vol. 6 (1): 5 – 22; Wittmer, D., "Serving the People or Serving for Pay: Reward Preferences among Government, Hybridsector, and Business Managers". *Public Productivity and Management Review*, 1991. Vol. 14 (4): 369 – 383.

② Perry, J. L., "Antecedents of Public Service Motivation", *Journal of Public Administration Research and Theory*, 1997. Vol. 7 (2): 189.

从其回归方程的标准化回归系数值看，只有受教育水平的标准化回归系数才达到0.05的显著性水平，收入的标准化回归系数在0.1水平上显著，性别和年龄的标准化回归系数均未达到显著性水平。奇尔哈特（Tschirhart）（1998年）发现年龄与公共服务动机正相关[1]，内夫和克拉姆（Naff & Crum）（1999年）也发现种族、性别和受教育水平是影响公共服务动机的前因变量[2]，但是与佩里（Perry）的研究结果相反，他们得到的结果都是女性的公共服务动机高于男性。乔伊（Choi）（2001年）则发现，公共服务动机受调查对象的性别和所在的工作部门的影响，政府部门员工的公共服务动机显著强于非营利公共机构员工和私人企业员工的公共服务动机，男性的公共服务动机显著强于女性，年龄、任职时间、收入、受教育程度的影响均未达到显著性水平，人口统计变量解释公共服务动机变异的能力非常有限，Adjusted $R^2$ 只有0.80。[3] 笔者的研究控制了受教育程度这一变量，同时收入变量没有直接测量，但是新经济指数能反映各区域在收入水平上的差异，新经济指数高的地区个体的收入相对较高，从这一点上看，在收入对公共服务动机的影响上，笔者的研究结果与佩里（Perry）的一致。佩里（Perry）的研究没有对此提出令人满意的解释，笔者认为新经济指数与公共服务动机负相关，可以从我们进一步对公共服务动机各维度的回归分析结果中找到答案，在5个公共服务动机维度中只有同情心维度的回归方程显著，而且区域、部门变量对同情心维度有显著的影响，说明造成公共服务动机区域差异的主要是同情心维度，新经济指数低的地区，同情心维度得分显著的高，可能与他们所在地区相对欠发达，人们更能深切体会到社会公平、关注弱势群体利益的重要性有关。

笔者的研究还发现公共服务动机表现出一定的职位特点（P值略低于0.1），管理者比普通员工的公共服务动机强，具体的分析结果发现，科级干部的公共服务动机最高，其次是处级干部，排在最后的是一般员工，从

① Tschirhart, M. "Understanding the Older Stipended Volunteer: Age – Related Differences among Americorps Members", *Public Productivity & Management Review*, 1998. Vol. 22 (1): 35 – 49.

② Naff, K. C. & Crum, J., "Working for America: does Public Service Motivation Make a Difference?", *Review of Public Personnel Administration*, 1999. Vol. 19 (4): 5 – 17.

③ Choi, Y. J., *A Study of Public Service Motivation: the Korean Experience*, Ph. D, University of Idaho, 2001.

这一点可以看出，一方面我国目前的干部任命中有抱负、愿为公众服务的人更能得到提拔，另一方面对干部的提拔也可能有助于增进他们的公共服务动机；科级干部比处级干部的公共服务动机强则可能与我国目前的干部晋升状况有关，科级干部的晋升机会比处级干部大，一般到处级以后再往上晋升的竞争激烈，而且机会相对更少，可能影响了他们的服务热情。

从上面的研究结果来看，就人口统计变量与公共服务动机的关系，目前的研究结果还不太一致，而且用人口统计变量解释公共服务动机变异所得值都不高，说明公共服务动机的变异绝非外在的人口统计特征变量可以解释清楚的，还必须寻求更重要的解释变量。

## 二 影响我国政府公务员公共服务动机的因素分析

为了探讨公共服务动机的影响因素，笔者根据相关理论假设公共服务动机与个体的人格特征、角色知觉、组织因素有关，研究结果基本支持了研究的原假设。

### （一）人格与公共服务动机

多年来，管理学领域的研究者早已发现人格特征与诸多工作行为变量（如工作绩效）存在着特定的联系，人格作为一种相对稳定的个体特征和倾向，能部分解释工作情境下人们的态度和行为。然而对于人格特征对工作行为的影响研究者各执一词，直到"大五"人格理论的出现和相应测量工具的诞生，研究者开始广泛使用"大五"人格理论研究个体的人格特征与一些行为变量的关系，取得了一些较为一致的结果，不过将公共服务动机与人格特征联系起来，从目前文献检索结果看，本研究还是首次。

研究发现个体的尽责、自律、利他特征与公共服务动机正相关，在这些人格特征上表现越突出的政府公务员的公共服务动机也越强，其中尽责与利他特征的作用达到显著性水平，与笔者的假设一致，自律特征的作用未达到显著性水平，这可能与自律仅仅是约束自身不良行为有关。利他人格特征能解释公共利益、造福社会、政策制定、同情心维度的变异，尽责能解释公共利益、造福社会、自我实现维度的变异，可见尽责更多的是与公共服务动机中的规范特征联系在一起，利他则与公共服务动机中的规范和情感特征联系密切。

　　人格是心理学中的专业术语，指的是"个体独具的各种特质或特点的总体"，是个体在先天生物学差异的基础上，在某种社会文化环境的影响下逐渐形成起来的内在倾向性，亦称个性，它包括个性倾向性和个性心理特征两个方面，人格具有相对的稳定性和受生物因素、社会因素制约的特性，已有研究表明遗传对人格的贡献约为40%，对人格而言遗传只是提供一个发展的轮廓，个体可以在遗传轮廓的基础上形成许多发展路径，这主要取决于社会环境的作用，体现出个体的社会化结果。"大五"人格模型将人格特征分成神经质、外向性、开放性、宜人性、责任感5个方面，笔者的研究从中选择了逻辑上与公共服务动机关系密切的宜人性和责任感两个方面，并验证了原假设，因为人格与公共服务动机的关系尚未见研究报道，无法将本研究的结果与相关文献作比较。不过从笔者的研究结果来看，"大五"人格因素中的利他和尽责特征是公共服务动机的有效预测变量。其实，佩里（Perry）（1997年）已经意识到个体社会化对公共服务动机形成的作用，只不过他探讨的是个体社会化过程中父母、学校、宗教、职业认同对公共服务动机的影响，而影响个体社会化的因素很多，佩里（Perry）的研究并未完全涉及，所以尽管他想到个体的社会化对公共服务动机形成的影响，但是由于所选择变量的局限，他所探讨的变量只能解释公共服务动机变异的13%[①]，远比笔者探讨的人格因素的作用低。因为个体社会化的结果就是通过与社会环境的相互作用，形成符合社会需要的特定的人格特征，所以笔者用比较稳定而且易于测量的人格特征变量来解释公共服务动机可以得到较好的预测效果。由于人格具有一定的稳定性，人格特征与公共服务动机之间的正相关关系启示我们：在我国政府公务员的选拔和任命中，人格测试结果可以作为一个重要指标，尤其是"大五"人格的利他和尽责特征的测量结果。

## （二）角色知觉与公共服务动机

　　笔者研究发现，个体的角色知觉与公共服务动机正相关，政府公务员对其社会公平、管理效率、主动管理、中立的角色知觉越强，则公共服务动机也越强，而且社会公平和主动管理角色知觉对公共服务动机具

---

① Perry, J. L. , "Antecedents of Public Service Motivation", *Journal of Public Administration Research and Theory*, 1997. Vol. 7 (2)：181 –197.

有很好的预测效力，基本支持了原假设。从角色知觉与公共服务动机诸维度的关系可见：与角色知觉关系密切的是公共服务动机的规范层面，这与角色知觉认知的是个体合符规范的角色特征有关。社会公平、主动管理、管理效率与公共服务动机间存在显著的正向关系是因为这些角色与公共服务动机的内涵是一致的，都致力于维护公众利益、为公众服务，促进社会的进步和发展。本来笔者以为中立角色知觉对公共服务动机的影响不好判断，一方面中立角色可能对公共服务动机有消极影响，因为中立者照章办事，不思进取，不求有功但求无过；另一方面中立者严格按照规章制度办事，恪守自己的职责，使得中立角色对公共服务动机又有积极影响。但是研究结果并没有支持二者负相关的假设，那么这可能与为公众服务需要遵循一定的规章制度，不能过于随心所欲有关，也可能与现在各项规章制度在逐步健全和完善有关，随着公民参政议政意识的增强以及听政等各种政策沟通措施的实施，规章制度能日益体现公众的利益、符合大众的需求。

而且笔者的研究结果显示，社会公平的角色知觉对公共服务动机的预测效力较中立和管理效率角色知觉强，这一点与最早探索政府雇员的角色知觉与公共服务动机关系的西方学者塞尔登（Selden）等人（1999 年）的观点类似。塞尔登（Selden）等西方学者将公共服务动机与政府雇员的主动管理、社会公平导向的角色相联系而不是与中立、管理效率导向的角色相联系，他们借助聚类分析方法将公共管理者的角色分成 5 种类型，即公共利益服务者（stewards of the public interest）、适应现实主义者（adapted realists）、企业家似的功利主义者（businesslike utilitarians）、顺从的管理者（resigned custodians）和现实的理想主义者（practical idealists）[1]，认为学者们应该将注意力集中在公共利益服务者和现实的理想主义者角色上，因为这两类角色体现出大多数公共管理者受一种强烈的公共服务伦理道德和推进公共利益的愿望（——即笔者所说的公共服务动机）的激励[2]。这里所谓的公共利益服务者是积极的政府活动参与者而不是命令的盲从者[3]，

---

① Selden, S. C. & Brewer, G. A., "Reconciling Competing Values in Public Administration: Understanding the Administrative Role Concept", *Administration and Society*, 1999. Vol. 31（2）: 171–204.

② Ibid., 1999. Vol. 31（2）: 194.

③ Ibid., 1999. Vol. 31（2）: 186.

现实的理想主义者并非中立者，而是对人民高度负责者[1]，尽管他们的论断没有相应实证研究的支持，笔者的结果却从另一个方面有力地支持了他们的观点，而且公共服务动机各维度与角色知觉关系的进一步分析结果对此作了较好的诠释：角色知觉主要对公共服务动机的造福社会维度有较好的预测效力。

韩国学者乔伊（Choi）（2001 年）认为公共服务动机作为一种服务于公众的需要，体现着个体对公共利益的理解[2]，公共雇员头脑中形成和发展起来的公共服务意向将直接同他们知觉到的公共利益相连，而公共雇员心目中理想的公共雇员形象可以借助管理效率、社会公平、主动管理、中立等一系列特定的角色和责任来刻画，所以乔伊（Choi）认为公共服务动机会通过这种方式影响政府雇员的角色和责任知觉，并通过调查数据支持了自己的假设，公共服务动机对四种角色知觉都有显著影响。乔伊（Choi）的研究以公共服务动机为自变量、角色知觉为因变量，探讨公共服务动机对角色知觉的影响，而笔者的研究建立在动机形成和社会认知理论的基础上，认为政府公务员的角色是动机形成的一个外部诱因，公务员通过对诱因的认识，明确自己的角色、地位，规划行为的方向，所以员工对自身角色和责任的知觉是产生其行为动力的基础。研究的结果也支持了原假设，将角色知觉变量引入回归方程后，方程的各项指标都显示解释公共服务动机变异的能力增强了，说明角色知觉是公共服务动机的有效预测变量。那么角色知觉与公共服务动机究竟何为因何为果，抑或是互为因果呢？还有待进一步研究。无论怎样，本研究揭示的角色知觉对公共服务动机的影响启示我们：强化政府公务员的角色知觉特别是社会公平、主动管理角色知觉将有助于增进他们的公共服务动机。

### （三）组织因素与公共服务动机

公共服务动机与组织因素的关系国内外虽未见专门的研究报道，但是有不少学者探讨了组织因素对工作动机的影响，这些研究都揭示出组织背

---

[1]　Selden, S. C. & Brewer, G. A., "Reconciling Competing Values in Public Administration: Understanding the Administrative Role Concept", *Administration and Society*, 1999. Vol. 31 (2): 190.

[2]　Choi, Y. J., *A Study of Public Service Motivation: the Korean Experience*, Ph. D, University of Idaho, 2001: 44.

景对个体动机的作用。① 众所周知，组织目标的冲突性和组织目标欠明确是公共组织不同于私人组织的最大特点②，公共组织的工作背景常常被视为与私人组织不同。这种差异被学者们归因于不同组织承担服务于社会的功能不一。公共组织致力于履行复杂的社会功能，提供的是不能被轻易包装从而在市场上交换的产品和服务。公共组织虽然有时也受供需的驱动，但是这些动力不一定使公共组织效率最大化，因为公共组织产品和服务的购买者常常不是这些产品的使用者，因此，体现效率的经济指标（如价格和利润）方面的信息往往难以获得。而且，因为公共项目大多由不直接从这些项目获益的个体提供资金，所以对公共组织除了有经济效率需求外，还有公正、责任、回应性需求，导致公共组织有多重甚至冲突的目标。这种目标的冲突性和复杂性不仅使组织绩效难以预测，而且常常严重约束员工的行为。难怪一些学者认为公共组织的环境更容易迫使员工不做错事而不是激励他们去做好事③，是否如此呢？这些因素对公共服务动机又有什么样的影响呢？

本研究从组织目标冲突性、组织目标明确性、组织氛围、组织保护和程序限制 5 个方面衡量了组织因素与公共服务动机的关系，结果发现组织因素解释公共服务动机变异的能力较个体层面的人格变量、角色知觉变量稍强。除了程序限制与公共服务动机不相关外，其余 4 个变量都与公共服务动机相关显著，其中组织目标冲突性与公共服务动机显著负相关，其余变量都与公共服务动机正相关且标准化回归系数达到显著性水平，进一步的分析揭示组织因素主要解释的是公服务动机的自我实现、公共利益维度上的变异。

就组织目标与公共服务动机的关系而言，研究发现组织目标冲突性未能进入预测方程，这可能与组织目标冲突性和组织目标明确性高度相关有

①　Wright, B. E., "Public - Sector Work Motivation: a Review of the Current Literature and a Revised Conceptual Model", *Journal of Public Administration Research and Theory*, 2001. Vol. 11 (4): 559 - 586. Wright, B. E., "The Role of Work Context in Work Motivation: a Public Sector Application of Goal and Social Cognitive Theories", *Journal of Public Administration Research and Theory*, 2004. Vol. 14 (1): 59 - 78.

②　Rainey, H. G. & Steinbauer, P., "Galloping Elephants: Developing Elements of a Theory of Effective Government Organizations", *Journal of Public Administration Research and Theory*, 1999. Vol. 9 (1): 1 - 32.

③　Behn, R. D., "The Big Questions of Public Management", *Public Administration Review*, 1995. Vol. 55 (4): 313 - 324.

关。西方有关组织背景因素作用的研究更多的是在对工作动机的影响方面，赖特（Wright）（2004 年）的实证研究就发现公共组织目标的冲突性对组织目标的明确性有反向作用，它们通过反馈变量影响员工的工作特性而最终决定其工作动机[1]，可见组织目标的冲突性会制约组织目标的明确性。在 1987 年对亚特兰大（Atlanta）地区联邦、州、地方政府雇员的研究中，鲍德温（Baldwin）发现组织目标的清晰对工作动机有利[2]，笔者的研究结果与此类似，按照目标理论，清晰明确的组织目标有助于员工明确工作的方向，从而激发动机，组织目标明确性最终进入预测公共服务动机变量的方程中也说明了这一点。

组织文化是组织成员共有的价值观体系的反映，组织文化作为组织成员的黏合剂，具有导向作用、规范作用和融合作用，使得组织成为一个整体。赫伯特·考夫曼（Herbert Kaufman）是最初研究公共组织组织文化重要性的学者，近年来，学者们重拾对组织文化的兴趣，不过研究大都在探讨组织文化与公共组织绩效的关系、组织文化的测量等方面，这些研究大多认为组织文化是一个多维度结构。本研究从组织氛围和组织保护两方面来衡量公共组织文化，研究揭示组织氛围和组织保护对员工公共服务动机有显著的促进作用，重视员工、注重团队合作、倡导公共利益的组织氛围可以增强员工的公共服务动机，注意防止员工犯错、保护员工利益的组织也可以增进员工的公共服务动机，这可能与组织文化具有导向作用、规范作用和融合作用有关，可以形成组织文化的凝聚功能，能提高组织的士气，进而改善组织的内部工作环境，形成良好的工作氛围。因为组织文化倡导了一种组织价值观，这种组织价值观可以提高员工的主人翁意识，增进员工与组织的情感联系、强化员工对组织的心理契约，所以组织价值观作为一种内化了的规范信念，可以引领组织成员的行为，培植组织精神，增强员工的团队意识，塑造组织成员共同的价值观念，通过对组织成员思想意识、价值观念、行为取向的整合，在组织内部形成一种信仰、价值观和行为规范，引导员工的理想和追求，从而让员工把个人目标与组织目标

---

① Wright, B. E., "The Role of Work Context in Work Motivation: a Public Sector Application of Goal and Social Cognitive Theories", *Journal of Public Administration Research and Theory*, 2004. Vol. 14 (1): 70.

② Baldwin, J. N., "Public Versus Private: not that Different, not that Consequential", *Public Personnel Management*, 1987. Vol. 16 (2): 181 – 193.

同化，形成良好的组织工作气氛，让员工对组织有一种归属感，自觉地将组织的价值观内化，以组织的信念和价值观为自身行为的准则，这可以对组织成员的行为起到强有力的规范作用，影响和约束着员工的行为为实现组织目标而自觉地行动。

笔者的研究探讨了组织内部的程序限制对公共服务动机的影响，佩格纳特（Pegnato）（1993 年）发现随着组织管理层级的增加，控制幅度降低，组织的绩效会降低[①]，巴尔加瓦和辛哈（Bhargave & Sinha）（1992年）也发现组织的层级结构与组织绩效相关显著[②]，赖特（Wright）（2004年）则构建了程序限制影响组织绩效的路径图，他发现组织目标的冲突性会导致程序限制，从而影响工作目标明确性，并对员工的工作动机产生负面影响。[③] 本来笔者也预期会因为程序限制给员工设置了过多的关卡，而导致员工的工作自主性下降，制约员工的公共服务热情，会使得员工的公共服务动机降低，但是，公共服务动机与组织因素的相关分析结果却并没有显示公共服务受程序限制的制约作用（尽管相关不显著却值为正 r = 0.008），这是否是由于政府部门员工对政府部门的程序限制司空见惯从而不以为然，或者认为程序限制是政府部门的特性，程序限制有其存在的必要，以致对其行为不构成影响呢？对此还有待进一步深入研究。

### （四）人格、角色知觉、组织因素与公共服务动机

从前面的分析可以看出，人格、角色知觉、组织因素对公共服务动机的解释效力随着变量类型引入的增多是逐步增强的，消除了变量间的多重共线性以后，人格、角色知觉分别能解释公共服务动机23.7%以及23.8%的变异，但是同样是消除了变量间的多重共线性，人格和角色知觉共同能解释公共服务动机30.8%的变异；组织因素能解释公共服务动机30.5%的变异，加入人格和角色知觉变量后，3 层面因素共同能解释公共服务动机

---

① Pegnato, J. A., *An Assessment of the Effects of Organizational Design on Organizational Performance*, Ph. D. George Mason University, 1993.

② Bhargave, S. & Sinha, B., "Prediction of Organizational Effectiveness as a Function of Organizational Structure", *Journal of Social Psychology*, 1992. Vol. 132: 223 – 231.

③ Wright, B. E., "The Role of Work Context in Work Motivation: a Public Sector Application of Goal and Social Cognitive Theories", *Journal of Public Administration Research and Theory*, 2004. Vol. 14 (1): 59 – 78.

变异的能力提高到43.6%，说明人格、角色知觉、组织因素都是公共服务动机的有效预测变量，增强政府公务员的公共服务动机既可以从个体层面又可以从组织层面着手。

## 三 公共服务动机与组织行为变量的关系

关于公共服务动机与组织行为变量的关系，笔者的研究结果与国外的一致，公共服务动机与工作满意度、组织承诺、个体绩效、组织绩效等组织行为变量均呈现正相关关系，一方面强化了公共服务动机与组织行为变量的这些联系，另一方面也从构建效度角度说明了本研究变量测量的有效性。

### （一）公共服务动机与工作满意度

工作满意度揭示的是员工对其工作或工作经历的一种态度，是体现员工职业生活质量的一项重要心理指标。学者们普遍认为个体的工作满意度水平越高，对工作的态度就越积极；工作满意度水平越低，对工作的态度就可能越消极。前面的文献回顾主要是西方学者对公共部门的研究成果，揭示出公共部门员工的公共服务动机对其工作满意度有显著的影响，笔者的研究结果与这些一致。

对我国的相关文献分析可以看出，我国有关工作满意度的研究还更多的局限在企业组织中，研究开展的大多是各种职业人群的工作满意度现状分析、工作满意度与组织承诺、离职意向、组织公民行为、工作绩效的关系分析、影响工作满意度的因素分析等，对公共组织员工工作满意度的研究近年来开始有数篇文章涉及，不过公共服务动机与工作满意度的关系还未见相关的研究报道，从笔者的研究结果来看，我国政府公务员的工作满意度总体上较高，这可能与目前改革时期，我国政府公务员福利待遇相对较好、工作稳定、体面、有保障、可以迎合人们的安全心理、自尊心理有关。公共服务动机强的公务员工作满意度高，可能与公共服务动机强者更不在意个人得失，更多关心的是如何服务于社会、满足公众需要有关，而政府组织的目标正好与他们的追求一致，可以满足其心理需求。进一步的分析揭示影响工作满意度的公共服务动机维度是公共利益和自我实现，正好印证了笔者的分析。

在工作满意度研究中常常涉及的是哈克曼（Hackman）等人提出的工

作特征变量，哈克曼（Hackman）关于工作激励的工作特征理论模型认为：积极的工作结果是通过激发员工的三种心理状态而产生的，即工作的意义、责任感和对工作结果的了解程度①，而这三种关键的心理状态又受员工对五个核心工作特征知觉——技能多样性、任务整体性、任务重要性、工作自主性、反馈的影响，员工的个体差异如个人的知识、技能、发展需要、强度等也同时影响上面3个变量。笔者的研究采用多元线性逐步回归分析的方法，消除了变量间的多重共线性，发现技能多样性对工作满意度有积极影响，即工作所需技能越多员工的工作满意度越强。乔伊（Choi）（2001年）对韩国政府雇员的研究结果显示，工作特征变量对政府雇员的工作满意度有积极影响，因为乔伊（Choi）是从对工作本身、对报酬、对晋升、对上司、对同事5个方面来分别衡量政府雇员的工作满意度的，所以每个方面回归分析中进入的工作特征变量都不尽相同，不过从他的研究结果来看，工作满意度的5个方面都受工作特征若干层面的显著影响，与笔者的研究结果接近，从研究结果中我们可以得到如下启示：激发我国政府公务员的公共服务动机可以增强其工作满意度，进而增进其工作绩效。

## （二）公共服务动机与组织承诺

组织承诺是组织行为学领域近年来研究的热点问题，公共管理领域对组织承诺的研究大多在不同部门员工组织承诺的差异、组织承诺的影响因素、组织承诺的效用方面。至于公共服务动机与组织承诺的关系，国外的研究结果比较一致，只是对公共服务动机和组织承诺的测量方法不尽相同，特别是对组织承诺的测量，多采用组织承诺的总体测量或单维结构的测量。我国组织承诺方面的研究目前多是针对企业组织员工，而且多是探讨组织承诺的结构、组织承诺的影响因素，组织承诺与相关行为变量如工作满意度、离职意向的关系等，对公共组织员工的组织承诺还未见专门的研究报道，相关实证研究更是缺乏。

笔者的研究发现公共服务动机与组织承诺正相关，公共服务动机强的个体组织承诺也高，与国外的研究结果一致，影响组织承诺的公共服务动机维度主要是自我实现。笔者采用了组织承诺的三维度结构，更深

---

① Hackman, J. R. & Oldham, G. R., "Motivation through the Design of Work: Test of a Theory", *Organizational Behavior and Human Performance*, 1976. Vol. 16（2）: 250–279.

入地探讨了组织承诺的情感、继续、规范维度与公共服务动机的关系。研究发现，公共服务动机主要影响的是组织承诺的情感、规范承诺 2 个维度，对继续承诺的影响没有达到显著性水平，进一步的分析显示影响个体组织承诺的主要公共服务动机变量是个体的自我实现维度，与情感承诺关系密切的是自我实现、政策制定和同情心 3 个公共服务动机维度，与规范承诺关系密切的是公共利益、造福社会、自我实现 3 个公共服务动机维度。公共服务动机与继续承诺相关不显著，可以从继续承诺的内涵来解释，继续承诺是指员工为了不失去已有位置和多年投入所换来的福利待遇而不得不继续留在组织内的一种承诺，继续承诺更多考虑的是自己，因为公共服务动机考虑的不是个体自己，而是公众，甚至愿为公众牺牲个人利益，所以从内涵上看，二者的关系不密切可以理解。情感承诺体现的是组织成员组织投入、参与组织社会交往的程度，它是个体对一个组织的情感体验，是一种积极的心理倾向，个体的自我实现、政策制定维度能满足个体自尊的需要，强化个体与组织的情感联系，同情心维度体现的是个体对弱势群体的关注、对社会公平价值的追求，公共组织的目标正是如此，所以从这一角度来看情感承诺与同情心维度相关显著也在情理之中，何况同情心维度是公共服务动机的情感成分，与情感承诺在组织承诺中的地位对应！规范承诺主要是反映员工对于组织的责任感，具有强烈规范承诺的员工通常认为自己"应该"留在原来的组织或岗位，所以笔者的研究发现规范承诺主要对应于公共利益、造福社会、自我实现 3 个维度层面。

研究还发现公共服务动机、背景因素、人口统计变量对组织承诺中的情感承诺预测效力最强，与情感承诺关系密切的还有组织因素和年龄变量，年龄与情感承诺正相关，可能与公务员年龄越大，在政府部门待的时间越长，情感投入越多有关；组织氛围、组织目标的明确有助于增进公务员的情感承诺，而程序限制和组织目标冲突性会降低情感承诺。与继续承诺关系密切的工作特征变量是工作的自主性和任务的重要性，不过关系为负，可能与政府公务员工作自主性越大所需能力越强、任务越重要则越感到责任重大、压力越大有关。组织对员工行为的约束和保护则有助于增进员工的规范承诺，而与规范承诺关系密切的工作特征变量是任务的整体性，不过关系也为负，结果与乔伊（Choi）（2001 年）的不太一致，乔伊（Choi）探讨了个体特征、工作特征、工作经历对组织承诺的影响，发现的是工作自主性和任务整体性与政府雇员的组织承诺相关显著①，这究竟是由于两项研究对组织承诺的界定不同所造成，所选研究变量不完全一致造成？还是文化背景的差异，或者其他因素的作用所造成呢？还有待进一步研究。

### （三）公共服务动机与个体工作绩效

广义的工作绩效指各目标主体在特定组织中一定时间内体现的各种行为特征及其由此产生的结果，学者们普遍认为绩效是员工的能力、激励和环境相互作用的结果。博尔曼和莫托威德洛（Borman & Motowidlo）（1997年）根据坎贝尔（Campbell）的框架将工作绩效区分为任务绩效（task performance）和情境绩效（contextual performance）。② 任务绩效主要与工作任务有关，是员工完成某一工作任务所表现出的工作行为和由此取得的效果。情境绩效也有学者称为公民行为绩效，是指员工自愿执行非正式的任务活动、协助他人并与他人相互合作以完成任务活动。有实证研究表明，任务绩效与情境绩效存在着显著不同，如康韦（Conway）（1996年）采用多质—多评价者法和验证性因素分析支持了这二者的独立性。其他如范·斯科特和莫托威德洛（Van Scotter & Motowidlo）（1996年）、阿维和墨菲（Arvey & Murphy）（1998年）等人也都得出过类似结论③，我国近年来的一些研究也开始从情境绩效和任务绩效 2 个维度考察个体的工作绩效④，笔者的研究结果也证实了政府组织个体工作绩效的人际促进、工作奉献、任务绩效结构，其中人际促进、工作奉献就是诸多学者认同的情境绩效。

从前面的文献回顾中可以知道，国外的研究支持了公共服务动机对工

---

① Choi, Y. J., *A Study of Public Service Motivation: the Korean Experience*, Ph. D, University of Idaho, 2001: 123.

② Borman, W. C. & Motowidlo, S. J., "Task Performance and Contextual Performance: the Meaning for Personnel Selection Research", *Human Performance*, 1997. Vol. 10（2）: 99 – 109.

③ 胡坚、莫燕：《高校教师组织承诺与工作绩效的关系研究》，《浙江理工大学学报》2005 年第 12（4）期，第 420—425、429 页。

④ 王辉、李晓轩、罗胜强：《任务绩效与情境绩效二因素绩效模型的验证》，《中国管理科学》2003 年第 8 期，第 79—84 页。

作绩效的积极作用①，我国目前有关个体工作绩效的研究中实证性研究的文章很少，有关个体工作绩效的研究也都是针对企业组织员工，探讨的是工作绩效与组织承诺、个体价值观、个性特征、工作满意度等变量的关系，公共服务动机对个体绩效的影响未见报道。

　　笔者的研究结果证实了工作绩效的情境绩效和任务绩效的独立性，其中情境绩效又可以进一步分为人际促进和工作奉献两个方面，并且发现公共服务动机对个体工作绩效具有较强的预测效力，与米塞利和尼尔（Miceli & Near）（1992 年）的观点②、布鲁尔和塞尔登（Brewer & Selden）（1998 年）的研究结果一致③，笔者发现显著影响个体工作绩效的公共服务动机维度是公共利益、造福社会、自我实现，同情心维度处于显著性的边缘水平，政策制定维度的作用不显著；公共服务动机、组织因素、工作特征、人口统计变量解释情境绩效的能力强于解释任务绩效的能力，能有效预测个体人际促进的公共服务动机维度是公共利益和造福社会，有效预测个体工作奉献的公共服务动机维度是造福社会和自我实现，有效预测个体任务绩效的公共服务动机维度是造福社会和公共利益。因为国外目前的研究中还未深入探讨过各公共服务动机维度与个体工作绩效维度的关系，笔者的研究结果无法与类似的研究进行相应的比较分析，但是博尔曼和莫托威德洛（Borman & Motowidlo）（1997 年）发现认知能力是任务绩效的最有效预测变量，人格是情境绩效的最有效预测变量④，在实证研究中也发现人格对任务绩效的预测效力低于对情境绩效的，公共服务动机受人格因素的影响，体现个体的人格特征，本研究发现公共服务动机能更有效地预测情境绩效，结果与博尔曼和莫托威德洛（Borman & Motowidlo）（1997 年）等人的基本一致。

　　工作特征变量对个体的工作绩效也有影响，任务整体性与个体的工作

---

① Brewer, G. A. & Selden, S. C., "Whistle Blowers in the Federal Civil Service: New Evidence of the Public Service Ethic", *Journal of Public Administration Research and Theory*, 1998. Vol. 8 (3): 413–440.

② Miceli, M. P. & Near, J. P., *Blowing the Whistle: the Organizational and Legal Implications for Companies and Employees*, Now York: Lexington Books, 1992.

③ Brewer, G. A. & Selden, S. C., "Whistle Blowers in the Federal Civil Service: New Evidence of the Public Service Ethic", *Journal of Public Administration Research and Theory*, 1998. Vol. 8 (3): 413–440.

④ Borman, W. C. & Motowidlo, S. J., "Task Performance and Contextual Performance: the Meaning for Personnel Selection Research", *Human Performance*, 1997. Vol. 10 (2): 99–109.

绩效相关显著，个体如能从事完整的工作而不仅仅是工作中的一部分则个体的工作绩效越高，任务的整体性对工作绩效的 2 个维度——情境绩效和任务绩效都有显著的促进作用，可能与任务整体性有助于增强员工的工作责任感有关。

公共服务动机影响个体工作绩效的路径分析结果显示，公共服务动机对个体工作绩效有直接的影响，并通过工作满意度、组织承诺变量对个体的工作绩效产生间接的影响。工作满意度对个体工作绩效也有直接影响，与以往的研究结果一致，但是组织承诺对个体的工作绩效没有直接作用。鲍尔弗和韦克斯勒（Balfour & Wechsler）（1990 年）曾发现公共部门雇员组织承诺低的结论是不恰当的，高水平的组织承诺与留职意愿相关，只是雇员的组织承诺与其为组织而努力工作的意愿之间并无联系，增进组织承诺并非增进组织绩效的有效措施[1]，笔者的结果与鲍尔弗和韦克斯勒（Balfour & Wechsler）（1990 年）的结果一致。马蒂厄和扎杰克（Mathieu & Zajac）（1990 年）也发现组织承诺与员工的绩效之间相关弱[2]，香港学者法尔和楚伊（Farh & Tsui）等人（1998 年）有关组织承诺与销售员销售业绩关系的一项研究也显示组织承诺与绩效关系不明显[3]，这些研究都倾向于说明组织承诺并不能直接影响员工的工作绩效，二者之间可能有中介变量或调节变量在起作用，从逻辑上分析由于组织承诺包含情感、继续、规范 3 个维度，继续承诺可能是由于个体不能找到更好的工作而选择继续留在现在的单位，可能对工作绩效没有太大的影响，组织承诺与工作绩效之间关系复杂，还有待进一步研究弄清。

### （四）公共服务动机与组织绩效

公共组织绩效是公共管理领域近年来研究的热点问题，我国目前公共组织绩效方面的研究更多地集中在绩效评估的理论探讨方面，实证研究还

---

① Balfour, D. L. & Wechsler, B., "Commitment, Performance, and Productivity in Public Organizations". *Public Productivity & Management Review*. 1991. Vol. 14 (4): 355.

② Mathieu, J. E. & Zajac, D. M., "A Review and Meta – Analysis of the Antecedents, Correlates, and Consequences of Organizational Commitment", *Psychological Bulletin*, 1990. Vol. 108 (2): 171 –194.

③ Farh, J. L., Tsui, A. S., Xin, K. & Cheng, B. S., "The Influence of Relational – demography and Guanxi: the Chinese Case", *Organization Science*, 1998. Vol. 9 (4): 471 –488.

未见报道，笔者的研究发现，公共服务动机不是组织绩效的直接影响因素，组织因素可以有效预测组织绩效，结果与布鲁尔和塞尔登（Brewer & Selden）（2000 年）的类似[1]，公共服务动机作为个体层面的因素，与组织绩效正相关，是因为组织因素变量的作用。研究发现组织绩效与组织目标明确性、组织目标的冲突性、组织氛围、组织对员工的保护以及程序限制的相关均达到显著性的水平，组织氛围越融洽、越有为公众着想的气氛，则组织绩效越高；组织越注重对员工的保护，则组织绩效越高；程序限制越多，组织绩效越低；笔者的研究结果中组织氛围、组织保护对组织绩效的影响结果与布鲁尔和塞尔登（Brewer & Selden）（2000 年）的一致，不过布鲁尔和塞尔登（Brewer & Selden）（2000 年）发现虽然程序限制的标准化回归系数为负，表明程序限制对组织绩效的消极影响，但是值却没有达到显著性水平；兰和瑞尼（Lan & Rainey）（1992 年）[2]、布鲁尔和塞尔登（Brewer & Selden）（2000 年）发现程序限制对个体的工作绩效影响甚微。不过在笔者的研究中程序限制的作用显著，更好地揭示了组织层级的复杂、程序限制对组织绩效的消极影响，支持了布鲁尔和塞尔登（Brewer & Selden）（2000 年）对程序限制与组织绩效关系的原假设。

金（Kim）（2004 年）曾探讨了个体层面因素对组织绩效的影响，认为公共服务动机是组织绩效的有效预测变量，笔者也据此假设公共服务动机影响政府组织绩效，但是笔者的研究结果发现，在引入组织因素变量后，公共服务动机对政府组织绩效的直接影响效应消失，说明个体层面对组织绩效的作用还是通过组织因素实现的。

---

[1]　Brewer, G. A. & Selden, S. C., "Why Elephants Gallop: Assessing and Predicting Organizational Performance in Federal Agencies", *Journal of Public Administration Research and Theory*, 2000. Vol. 10 (4): 685 – 711.

[2]　Lan, Z. & Rainey, H. G., "Goals, Rules, and Effectiveness in Public, Private, and Hybrid Organizations: more Evidence on Frequent Assertions about Differences", *Journal of Public Administration Research and Theory*, 1992. Vol. 2 (1): 5 – 28.

# 第七章 总结与建议

## 一 研究的结论

通过对我国 MPA 研究生第一手调查资料的量化分析，本研究发现：

1. 我国员工的公共服务动机结构与西方的稍有不同，我国员工的公共服务动机由公共利益、造福社会、自我实现、政策制定、同情心 5 个维度构成，其中造福社会、自我实现是不同于西方公共服务动机的维度，公共利益则综合了西方的公共利益与自我牺牲维度，政策制定与同情心维度与西方的完全一致。我国员工的公共服务动机也可以分成理性、规范和情感 3 个层面，理性层面体现在自我实现和政策制定 2 个维度上，规范层面体现在公共利益和造福社会 2 个维度上，情感层面体现在同情心维度上，问卷由 20 个项目组成，信度和效度都达到理想的水平。

2. 我国政府公务员的公共服务动机显著高于非政府公共组织以及其他私人组织员工的公共服务动机，表明公共服务动机具有强烈的部门特色。不同区域员工的公共服务动机不同，新经济指数高的地区员工的公共服务动机低于新经济指数低的地区员工的公共服务动机。公共服务动机与年龄、性别、单位层级无关，与职位弱相关。但是控制了工作部门的因素后，不同区域、不同职位公务员的公共服务动机差异并未达到显著性水平。

3. 政府公务员公共服务动机与其人口统计变量的关系不显著，但与其人格特征、角色知觉和组织因素相关显著。尽责、利他人格特征明显的公务员具有更强的公共服务动机，人格特征能更好地解释公共服务动机中规范、情感层面的变异；社会公平、中立、主动管理、管理效率的角色知觉均有助于增进公务员的公共服务动机，角色知觉能更好地解释公共服务动机规范层面的变异；公共服务动机与组织目标明确性、组织氛围、组织保护相关显著，组织目标越明确、组织越有为公众着想的良好氛围、越注重保护员工则员工的公共服务动机越强，组织因素主要解释的是公共服务动机的理性、规范层面的变异。

4. 公共服务动机与工作满意度正相关，公共服务动机强的政府公务员其工作满意度也高，公共服务动机对工作满意度具有较好的预测效力，其中自我实现、公共利益是决定工作满意度的主要公共服务动机因素，政府公务员的工作满意度主要受组织因素的影响，良好的组织氛围、组织保护、组织目标的明确有助于增强公务员的工作满意度，程序限制则会阻碍其工作满意度；公务员的工作满意度还受其工作中的技能多样性特征的影响；不同单位层级公务员的工作满意度不同；公共服务动机、组织因素、工作特征、人口特征可以较好地解释工作满意度的大部分变异。

5. 公共服务动机与组织承诺正相关，公共服务动机强的政府公务员其组织承诺也高，公共服务动机对组织承诺具有一定的预测效力，能较好地解释组织承诺中情感承诺与规范承诺两因素的变异，其中自我实现是决定组织承诺的主要公共服务动机维度。政府公务员的组织承诺还受其组织因素的影响，公共服务动机、组织因素、工作特征、人口统计变量对组织承诺的预测效力不如它们对工作满意度、个体工作绩效的预测效力强。

6. 公共服务动机与个体的工作绩效正相关，公共服务动机强的政府公务员其工作绩效也高，公共服务动机对工作绩效有较好的预测效力，可以较好地解释工作绩效中人际促进、工作奉献2种情境绩效以及任务绩效的变异，公共服务动机与情境绩效的相关高于与任务绩效的相关；在公共服务动机维度中，造福社会、公共利益、自我实现是决定工作绩效的主要因素；公共服务动机对个体工作绩效有直接影响并通过工作满意度和组织承诺对个体工作绩效产生间接影响。工作特征变量中的任务整体性、组织因素中的组织目标明确性也对工作绩效有显著的影响；公共服务动机、组织因素、工作特征、人口统计变量可以较好地解释工作绩效的大部分变异。

7. 公共服务动机不能直接对组织绩效产生影响，公共服务动机与组织绩效相关是因为组织因素的作用；组织目标明确性、组织氛围、组织对员工的保护都对组织绩效有显著的积极影响，组织目标冲突性、程序限制对组织绩效有显著的消极影响；不同区域政府组织绩效差异显著。

## 二　研究给实践工作的政策建议

激发政府公务员的公共服务动机是建设服务型政府的关键，本研究揭示了公共服务动机的结构、影响因素及其作用，这些研究结果可以给我国公共管理改革实践一些启示，为此，笔者提出如下建议：

1. 研究编制的公共服务动机问卷可以成为选拔我国政府公务员的参考依据。由于人格具有一定的稳定性，个体人格特征中的利他性、尽责性是公共服务动机很好的预测变量，可以成为选拔公务员的依据，研究结果启示我们应特别注重选拔利他特性强的人。

2. 提高我国政府公务员公共服务动机的关键是创建公共服务的政府组织文化，使公务员明确意识到自身工作对社会的价值，自己在工作中的地位、作用，在组织中形成公而忘私的组织氛围；在一定时期内尽量使组织目标清晰明确，强化政府公务员的角色知觉，特别是社会公平、主动管理两个方面的角色知觉，有助于增进其公共服务动机。

3. 提高我国政府公务员工作满意度水平的关键是要让公务员感到自己受组织的重视，并设法在组织中营造团结合作、关心公共利益的氛围；改进工作特征也可以提高政府公务员的工作满意度水平，增加工作技能要求，给公务员以挑战，促进他们学习，可以保持公务员的活力，增强他们的责任感。激发公务员的公共服务动机、减少程序限制都可以增进公务员的工作满意度水平，进而提高其工作绩效。

4. 提高我国政府公务员组织承诺的关键是营造良好的组织氛围，激发公务员的公共服务动机；明确组织目标、减少程序限制和组织目标的冲突性有助于增强公务员的情感承诺；增进公务员的规范承诺和继续承诺可以从其工作特征入手，增强公务员的工作自主性以及对自身工作任务重要性的知觉可以增进公务员对组织的继续承诺；让公务员尽可能地能从头致尾地参与工作的完成，可以使他们看到自己工作的成果，享受成功的喜悦，提高其对组织的规范承诺水平。

5. 提高我国政府公务员的工作绩效可以通过进一步明确组织目标、让公务员尽可能地从头致尾参与工作任务的完成、提高他们的责任感来实现；提高我国政府公务员的工作绩效增进其公共服务动机是关键。对政府公务员绩效的考核除了关注其工作任务的完成情况外，还应注重对其人际促进、工作奉献这些情境绩效的考核。

6. 提高我国政府组织绩效的关键是改善组织环境，这可以通过明确组织目标、培养组织公共服务的氛围、保护员工、减少程序限制、降低组织目标冲突性来达成。衡量政府组织绩效的标准应该多元化，目前单纯地以经济指标来衡量政府绩效可能带来一些负面影响。

7. 人力资源是组织的宝贵资源，政府组织如果能重视员工，视他们为财富，会增进他们的公共服务热情。这也充分说明了人本管理的观点，以人为导向的管理实践可以增强公务员的公共服务动机、工作满意度和对组织的承诺，从而使得他们更努力地工作，提高其个人绩效，公共部门需要在实践中注重人本管理，提高公务员的工作满意度、组织承诺、公共服务动机水平。

8. 公共服务动机研究成果对公共部门选拔人才、使用人才、激励人才、增进绩效都有实践指导价值，在提供足够经济奖励的同时又不损害或忽视我国政府公务员的内部需要或服务需要，恐怕是激励公务员的关键，如何求得物质奖励与满足服务需要二者间的平衡，是个值得思考的问题，政府部门的这种平衡不能仅仅建立在依赖私人部门经济人的假设基础上，公共组织必须超越私人组织对金钱激励的依赖，要明确组织的使命、弄清组织的目标、认同公共服务动机的潜力。

## 三　研究的局限性

笔者的研究采用了社会调查研究中的问卷法收集资料，不可避免地带有此方法本身的一些局限性：

1. 尽管笔者通过指导语等诸多方式试图控制调查对象的文饰作用，但这种按期望而非实际状况来完成问卷的趋向在一些调查对象填答问卷时也许还会存在。

2. 因为采用的是心理学中准实验设计的思想，借助社会调查的方式和技术收集资料，准实验设计不可能像实验设计那样能严格控制变量，特别是在无关变量的控制上不可能做到非常严密；探讨变量间的因果关系时，所能采用的数据分析统计方法也受此影响，有一定的限制。

3. 受问卷项目数量的限制，研究设计中不可能囊括所有与研究主题相关的变量，所以笔者所建立的几个模型都是解释力达到比较理想的水平，而并非最佳。

4. 在调查研究中，笔者本拟通过对我国不同地理区域高校的分层抽样来达到抽取全国各地 MPA 研究生的目的，但是由于每所高校的学生均来自全国各地，不一定分布在其学校所在区域附近，所以造成样本分布区域上的不太均匀，可能会存在一些抽样误差。

## 四 未来研究的方向

1. 本研究揭示了个体的人格特征、组织因素对公共服务动机的显著影响，但是并没有解决困扰西方公共管理学者多年的问题：究竟是政府部门的工作吸引了本身就具有高水平公共服务动机的个体还是政府部门的工作环境等因素造就了具有高水平公共服务动机的个体，在本研究的基础上，可以进一步通过实验设计的方式解决这一问题，为政府部门公务员的选拔和培训提供具体的指导。

2. 在笔者最初的研究设计中本来拟探讨组织公民行为与公共服务动机的关系，因为其与公共服务动机概念的一些重叠，本研究略去了组织公民行为变量，其实正因为组织公民行为与公共服务动机概念的部分重叠性，使得其有进一步研究的价值。组织公民行为作为一种有利于组织的角色外行为，近年来备受西方及我国组织行为学领域学者的关注，是学者们在企业组织或私人组织中发现的一种利他行为，笔者认为，探讨它和公共服务动机的关系比目前西方国家学者单纯地比较公共部门和私人部门员工公共服务动机的差异可能更具价值。

3. 我国目前研究还未涉及政府公务员的角色知觉，本研究仅仅探讨了角色知觉对公共服务动机的影响，至于政府公务员角色知觉的类型、特点还值得进一步深入研究，每类角色知觉与公共服务动机间的关系还值得进一步探讨。这有助于政府管理实践中通过增进公务员角色的某些层面而达到更好地调动他们公共服务热情的目的。

4. 可以进一步探讨我国政府公务员公共服务动机的类型，比较每类员工的特点，这对于管理实践中注重个性、挖掘每个人的潜力具有重要意义。

5. 进一步分析公共服务的政府组织文化的内涵和特点，为服务型政府的建设从组织层面提供理论依据。

# 参考文献

1. ［美］戴维·奥斯本、彼德·普拉斯特里克：《摒弃官僚制：政府再造的五项战略》，中国人民大学出版社 2002 年版。

2. ［澳］欧文·E. 休斯著，彭和平、周明德、金竹青等译：《公共管理导论》，中国人民大学出版社 2001 年版。

3. ［美］海尔·G. 瑞尼著，王孙禹、达飞译：《理解和管理公共组织》，清华大学出版社 2002 年版。

4. ［美］史蒂芬·P. 罗宾斯著，郑晓明译：《组织行为学精要》，机械工业出版社 2000 年版。

5. ［美］珍妮特·V. 登哈特、罗伯特·B. 登哈特著，丁煌译：《新公共服务：服务，而不是掌舵》，中国人民大学出版社 2004 年版。

6. ［美］安东尼·唐斯著，郭小聪等译：《官僚制内幕》，中国人民大学出版社 2006 年版。

7. ［美］里贾纳·E. 赫兹琳杰：《非营利组织管理》，中国人民大学出版社 2000 年版。

8. ［美］约翰·W. 纽斯特罗姆、基斯·戴维斯著，陈兴珠、罗继等译：《组织行为学：工作中的人类行为（第十版）》，经济科学出版社 2000 年版。

9. ［美］苏珊·韦尔奇、约翰·科默著，郝大海等译：《公共管理中的量化方法：技术与应用》，中国人民大学出版社 2003 年版。

10. ［美］雅米尔·吉瑞赛特著，李丹译：《公共组织管理：理论和实践的演进》，上海译文出版社 2003 年版。

11. ［美］格罗弗·斯塔林著，陈宪等译：《公共部门管理》，上海译文出版社 2003 年版。

12. ［美］罗纳德·克林格勒、约翰·纳尔班迪著，孙柏瑛、潘娜、游祥斌译：《公共部门人力资源管理：系统与战略》，中国人民大学出版社 2001 年版。

13. ［英］戴维·毕瑟姆著，韩志明、张毅译：《官僚制（第二版）》，吉林人民出版社 2005 年版。

14. 陈福今：《完善政府公共服务的若干思考》，《国家行政学院学报》2006 年第 1 期，第 4—6 页。

15. 陈学军、王重鸣：《绩效模型的最新研究进展》，《心理科学》2001 年第 6 期，第 737—738 页。

16. 陈永国：《公共管理定量分析方法》，上海交通大学出版社 2006 年版。

17. 陈振明：《政府再造——西方"新公共管理运动"述评》，中国人民大学出版社 2003 年版。

18. 陈振明：《政策科学——公共政策分析导论（第二版）》，中国人民大学出版社 2003 年版。

19. 程志超、马天超、杨正国：《影响员工满意感的工作特征研究》，《天津大学学报（社会科学版）》2001 年第 3 期，第 60—63 页。

20. 崔红、王登峰：《西方"愉悦性"人格维度与中国人人格的关系》，《西南师范大学学报（人文社会科学版）》2005 年第 31（3）期，第 31—36 页。

21. 戴忠恒：《心理与教育测量》，华东师范大学出版社 1988 年版。

22. 董克用：《公共组织人力资源管理及其特点》，《中国人力资源开发》2004 年第 9 期，第 4—7 页。

23. 丁煌：《西方行政学说史》，武汉大学出版社 2004 年版。

24. 丁煌：《西方公共行政管理理论精要》，中国人民大学出版社 2005 年版。

25. 薄贵利：《完善政府公共服务职能，加强服务型政府建设》，《国家行政学院学报》2005 年第 6 期，第 23 页。

26. 风笑天：《现代社会调查方法（第三版）》，华中科技大学出版社 2005 年版。

27. 金瑜：《心理测量》，华东师范大学出版社 2005 年版。

28. 胡象明：《公共部门决策的理论和方法》，高等教育出版社 2003 年版。

29. 胡象明：《权力之用：政治学启示录》，湖北人民出版社 1999 年版。

30. 胡象明：《行政管理学》，高等教育出版社 2005 年版。

31. 柯惠新：《调查研究中的统计分析方法》，中国传媒大学出版社 2006 年版。

32. 李和中：《比较公务员制度》，中共中央党校出版社 2003 年版。

33. 李和中：《西方国家行政机构与人事制度改革》，社会科学文献出版社 2005 年版。

34. 李建华：《中国官德》，四川人民出版社 2002 年版。

35. 李红燕：《简介"大五"人格因素模型》，《陕西师范大学学报（哲学社会科学版）》2002 年第 6 期，第 89—91 页。

36. 李志辉等：《SPSS for Windows 统计分析教程（第 2 版）》，电子工业出版社 2006 年版。

37. 李军鹏：《公共服务型政府建设指南》，中共党史出版社 2006 年版。

38. 李军鹏：《公共服务型政府》，北京大学出版社 2004 年版。

39. 梁润冰：《跨越官僚制 再造组织文化 我国公共部门"企业家文化"的构建》，《云南行政学院学报》2003 年第 2 期，第 38—39 页。

40. 林杰斌：《SPSS12 统计建模与应用实务》，中国铁道出版社 2006 年版。

41. 凌文辁、张治灿、方俐洛：《中国职工组织承诺的结构模型研究》，《管理科学学报》2000 第 6 期，第 76—81 页。

42. 刘熙瑞：《服务型政府——经济全球化背景下中国政府改革的目标选择》，《中国行政管理》2002 年第 7 期，第 5—7 页。

43. 倪星：《腐败与反腐败的经济学研究》，中国社会科学出版社 2004 年版。

44. 漆书青、戴海崎、丁树良：《现代教育与心理测量学原理》，江西教育出版社 1998 年版。

45. 任洁：《公共服务能力》，人民出版社 2005 年版。

46. 任国华、刘继亮：《大五人格和工作绩效相关性研究的进展》，《心理科学》2005 年第 2 期，第 406—408 页。

47. 时蓉华：《新编社会心理学概论》，东方出版中心 1998 年版。

48. 苏方国、赵曙明：《组织承诺、组织公民行为与离职倾向关系研究》，《科学性与科学技术管理》2005 年第 8 期，第 111—116 页。

49. 滕玉成、俞宪忠：《公共部门人力资源管理》，中国人民大学出版社 2003 年版。

50. 万俊人等：《现代公共管理伦理导论》，人民出版社 2005 年版。

51. 王辉、李晓轩、罗胜强：《任务绩效与情境绩效二因素绩效模型的验证》，《中国管理科学》2003 年第 8 期，第 79—84 页。

52. 汪彩玲：《工作满意度影响因素分析》，《市场研究》2005 年第 2 期，第 29—32 页。

53. 魏娜：《公共管理的方法与技术》，中国人民大学出版社 2004 年版。

54. 吴明隆：《SPSS 统计应用实务：问卷分析与应用统计》，科学出版社 2003 年版。

55. 辛传海：《官僚行为研究模式——比较与发展》，《中国行政管理》2005 年第 8 期，第 93—101 页。

56. 熊会兵、关培兰：《组织承诺职业承诺与人才流失管理》，《中国人力资源开发》2004 年第 11 期，第 16—18 页。

57. 袁方：《社会研究方法教程》，北京大学出版社 1997 年版。

58. 袁政：《公共管理定量分析：方法与技术》，重庆大学出版社 2006 年版。

59. 叶仁荪、王玉芹、林泽炎：《工作满意度、组织承诺对国企员工离职影响的实证研究》，《管理世界》2005 年第 3 期，第 122—125 页。

60. 张平、崔永进：《员工工作满意度影响因素的研究进展》，《经济师》2005 年第 2 期，第 160—161 页。

61. 张康之：《公共管理伦理学》，中国人民大学出版社 2003 年版。

62. 张淑莲、胡晶、乔海英：《河北电大开放教育毕业生追踪调查数据的统计分析》，《中国远程教育》2005 年第 4 期。

63. 赵星、张淑华：《公共部门员工组织承诺研究综述》，《中国科级信息》2006 年第 4 期，第 159 页。

64. 周纪芗：《回归分析》，华东师范大学出版社 1993 年版。

65. 朱一佳：《管理激励理论面面观》，《社科纵横》2005 年第 6 期，第 38—39 页。

66. Allen, N. J. & Meyer, J. P., "The Measurement and Antecedents of Affective, Continuance and Normative Commitment to the Organization", *Journal of Occupational Psychology*, 1990. Vol. 63 (1)：1 – 18.

67. Allen, R. S. & Helms, M. M., "Employee Perceptions of the Relationship between Strategy, Rewards and Organizational Performance", *Journal of Business Strategies*, 2002. Vol. 19 (2): 115 – 139

68. Alonso, P. & Lewis, G. B., "Public Service Motivation and Job Performance: Evidence from the Federal Sector", *American Review of Public Administration*, 2001. Vol. 31 (4): 363 – 380.

69. Arvey, R. D. & Murphy, K. R., "Performance Evaluation in Work Setting", *Journal of Applied Psychology*. 2002. Vol. 87 (1): 66 – 80.

70. Chor – fai, A., "Rethinking Organizational Effectiveness: Theoretical and Methodological Issues in the Study of Organizational Effectiveness for Social Welfare Organizations", *Administration in Social Work*, 1996. Vol. 20 (4): 1 – 21.

71. Balfour, D. L. & Wechsler, B., "Commitment, Performance, and Productivity in Public Organizations", *Public Productivity & Management Review*, 1991. Vol. 14 (4): 355.

72. Beaty, J. C., Cleveland, J. N. & Murphy, K. R, "The Relation between Personality and Contextual Performance in 'strong' Versus 'Weak' Situations", *Human Performance*, 2001. Vol. 14 (2): 125 – 148.

73. Becker, T. E. & Keman, M. C., "Matching Commitment to Supervisors and Organizations to In – role and Extra – role Performance", *Human performance*, 2003. Vol. 16 (4): 327 – 348.

74. Behn, R. D., "The Big Questions of Public Management", *Public Administration Review*, 1995. Vol. 55 (4): 313 – 324.

75. Borman, W. C. & Motowidlo, S. J., "Task Performance and Contextual Performance: the Meaning for Personnel Selection Research", *Human Performance*, 1997. Vol. 10 (2): 99 – 109.

76. Bozeman, B., "A Theory of Government 'Red Tape'", *Journal of Public Administration Research and Theory*, 1993. Vol. 3 (3): 273 – 303.

77. Brewer, G. A. & Selden, S. C., "Whistle Blowers in the Federal Civil Service: New Evidence of the Public Service Ethic", *Journal of Public Administration Research and Theory*, 1998. Vol. 89 (3): 413 – 440.

78. Brewer, G. A., Selden, S. C. & Facer, R. L. II., "Individual Con-

ceptions of Public Service Motivation", *Public Administration Review*, 2000. Vol. 60 (3): 254 – 264.

79. Brewer, G. A. & Selden, S. C. , "Why Elephants Gallop: Assessing and Predicting Organizational Performance in Federal Agencies", *Journal of Public Administration Research and Theory*, 2000. Vol. 10 (4): 685 – 711.

80. Brewer, G. A. , "Public Service Motivation: Theory, Evidence, and Prospects for Research", *Paper Presented at the Annual Meeting of the American Political Science Association*. Boston, MA. 2002: 79 – 85.

81. Bright, L. , "Public Employees with High Levels of Public Service Motivation – Who Are They , and What do They Want?", *Review of Public Personnel Administration*, 2005. Vol. 25 (2): 138 – 154.

82. Borzage, C. & Tortia, E. , "Worker Motivations, Job Satisfaction, and Loyalty in Public and Nonprofit Social Services", *Nonprofit and Voluntary Sector Quarterly*, 2006. Vol. 35 (2): 225 – 248.

83. Button S. B. , Mathieu, J. & Zajac, D, M. , "Goal Orientation in Organizational Research: a Conceptual and Empirical Foundation", *Organizational Behavior and Human Decision Processes*, 1996. Vol. 67 (1): 26 – 48.

84. Frankfort – Nachmias, C. & Nachmias, D. , *Research Methods in the Social Sciences*, London: St. Martin's Press, Inc. 1992.

85. Cho, K. H. & Lee, S. H. , "Another Look at Public – private Distinction and Organizational Commitment: Aultural Explanation ", *Internal Journal of Organizational Analysis*, 2001. Vol. 9 (1): 84 – 102.

86. Choi, Y. J. , *A Study of Public Service Motivation: the Korean Experience*, Ph. D, University of Idaho, 2001.

87. Christensen, P. , "Motivational Strategies for Public Managers", *Government Finance Review*, 2002. Vol. 18 (2): 30 – 34.

88. Coyle – Shapiro, J. & Kessler, I. , "The Employment Relationship in the UK Public Sector: a Psychological Contract Perspective", *Journal of Public Administration Research and Theory*, 2003. Vol. 13 (2): 213 – 230.

89. Crewson, P. E. , "Public – service Motivation: Building Empirical Evidence of Incidence and Effect", *Journal of Public Administration Research and Theory*, 1997. Vol. 7 (4): 499 – 518.

90. DiIulio, J. D. Jr. , "Principled Agents: the Cultural Bases of Behavior in a Federal Government Bureaucracy", *Journal of Public Administration Research and Theory*, 1994. Vol. 4 (3): 277 –318.

91. Francois, P. , " 'Public Service Motivation' as an Argument for Government Provision", *Journal of Public Economics*, 2000. Vol. 78 (3): 275 –297.

92. Gabris, G. T. & Simo, G. , "Public Sector Motivation as an Independent Variable Affecting Career Decision", *Public Personnel Management*, 1995. Vol. 24 (1): 33 –51.

93. Houston, D. J. , "Public – service Motivation: a Multivariate Test", *Journal of Public Administration Research and Theory*, 2000. Vol. 10 (4): 713 –727.

94. Houston, D. J. , " 'Walking the Walk' of Public Service Motivation: Public Employees and Charitable Gifts of Time, Blood, and Money", *Journal of Public Administration Research and Theory*, 2006. Vol. 16 (1): 67 –86.

95. Jurkiewicz, C. J. , Massey, T. K. &Brown, R. G. , "Motivation in Public and Private Organizations: a Comparative Study", *Public Productivity and Management Review*, 1998. Vol. 21 (3): 230 –250.

96. Kim, S. , "Individual – level Factors and Organizational Performance in Government Organizations", *Journal of Public Administration Research and Theory*, 2004. Vol. 15 (2): 245 –261.

97. Knock, D. & Wright – Isak, C. "Individual Motives and Organizational Incentive Systems", *Research in the Sociology of Organizations*, 1982. Vol. 1: 209 – 254.

98. Liou, K. T. & Nyhan R. C. , "Dimensions of Organizational Commitment in the Public Sector: an Empirical Assessment", *Public Administration Quarterly*, 1994. Vol. 18 (1): 99 –118.

99. Mann, G. A. , "A Motive to Serve: Public Service Motivation in Human Resource Management and the Role of PSM in the Nonprofit Sector", *Public Personnel Management*, 2006. Vol. 35 (1): 33 –48.

100. McCracken, M. J. , Mcllwain, T. E. & Fottler, M. D, "Measuring Organizational Performance in the Hospital Industry: an Exploratory Comparison of Objective and Subjective Methods", *Health Services Management Research*, 2001. Vol. 14 (4): 211 –219.

101. McCrae, R. R. & Costa, P. T. Jr, "Validation of the Five – factor Model of Personality Across Instruments and Observers", *Journal of Personality and Social Psychology*, 1987. Vol. 52（1）: 710 – 721.

102. Meyer, J. P. & Allen, N. J. , "A Three Component Conceptualization of Organizational Commitment". *Human Resource Management Review*, 1991. Vol. 1（1）: 61 – 89.

103. Motowidlo, S. J. & Van Scotter J. R. , "Evidence that Task Performance should be Distinguish from Contextual Performance", *Journal of Applied Psychology*, 1994. Vol. 79（4）: 475 – 480.

104. Mowday R. T. , Steers R. M. & Porter L. W. , "The Measurement of Organizational Commitment", *Journal of Vocational Behavior*, 1979. Vol. 14（2）: 224 – 247.

105. Naff, K. C. & Crum, J. , "Working for America: Does Public Service Motivation Make a Difference?", *Review of Public Personnel Administration*, 1999. Vol. 19（4）: 5 – 17.

106. Nowlin, W. A. , "Factors the Motivate Public and Private Sector Managers: a Comparison", *public Personnel Management Journal*, 1982. Vol. 11（3）: 224 – 227.

107. O' Reilly, C. A. & Chatman, J. A. , "Organization Commitment and Psychological Attachment: the Effects of Compliance, Identification, and Internalization on Prosocial Behavior", *Journal of Applied Psychology*, 1986. Vol. 71（3）: 492 – 499.

108. Pandey, S. K. & Scott, P. G. , "RedTape: a Review and Assessment of Concepts and Measures", *Journal of Public Administration Research and Theory*, 2002. Vol. 12（4）: 553 – 580.

109. Pandey, S. K. & Kingsley, G. A. , "Examing Red Tape in Public and Private Organizations: Alternative Explanations from a Social Psychological Model", *Journal of Public Administration Research and Theory*, 2000. Vol. 10（4）: 779 – 799.

110. Pattakos, A. N. , "The Search for Meaning in Government Service", *Public Administrative Review*, 2004. Vol. 64（1）: 106 – 112

111. Perry, J. L. & Porter, L. W. , "Factors Affecting the Context for Mo-

tivation in Public Organizations", *Academy of Management Review*, 1982. Vol. 7 (1): 89 - 98.

112. Perry, J. L. & Wise, L. R., "The Motivational Bases of Public Service", *Public Administration Review*, 1990. Vol. 50 (3): 367 - 373.

113. Perry, J. L., "Measuring Public Service Motivation: an Assessment of Construct Reliability and Validity", *Journal of Public Administration Research and Theory*, 1996. Vol. 6 (1): 5 - 22.

114. Perry, J. L., "Antecedents of Public Service Motivation", *Journal of Public Administration Research and Theory*, 1997. Vol. 7 (2): 181 - 197.

115. Perry, J. L., "Bring Society in: Toward a Theory of Public - Service Motivation", *Journal of Public Administration Research and Theory*, 2000. Vol. 10 (2): 471 - 488.

116. Pfiffner, J. P., "The Public Service Ethic in the New Public Personnel Systems", *Public Personnel Management*, 1999. Vol. 28 (4): 541 - 555.

117. Podanskoff, P. M. & Mackenzie, S. B., "Impact of Organizational Citizenship Behavior on Organizational Performance: a Review and Suggestions for Future Research", *Human Performance*, 1997. Vol. 10 (2): 133 - 151.

118. Rainey, H. G., "Perceptions of Incentives in Business and Government: Implications for Civil Service Reform", *Public Administration Review*, 1979. Vol. 39 (5): 440 - 448.

119. Rainey, H. G. "Reward Preferences among Public and Private Managers: in Search of the Service Ethic", *American Review of Public Administration*, 1982. Vol. 16 (4): 288 - 302.

120. Rainey, H. G., "Public Agencies and Private Firms: Incentive Structures, Goals, and Individual Roles", *Administration and Society*, 1983. Vol. 15 (2): 207 - 242.

121. Rainey, H. G., "Understanding and Managing Public Organizations", 2d ed. San Francisco, CA: Jossey - Bass Publishers, 1997.

122. Rainey, H. G. & Steinbauer, P., "Galloping Elephants: Developing Elements of a Theory of Effective Government Organizations", *Journal of Public Administration Research and Theory*, 1999. Vol. 9 (1): 1 - 32.

123. Parker, R. & Bradley, L., "Organizational Culture in the Public

Sector: Evidence from Six Organizations ", *The International Journal of Public Sector Management*, 2000. Vol. 13 (2): 125 – 141.

124. Vecchio, R. P. & Sussmann, M. "Staffing Sufficiency and Job Enrichment: Support for an Optimal Level Theory", *Journal of Occupational Behavior*, 1981. Vol. 2 (3): 177 – 187.

125. Robertson, P. J. &Tang, S. Y., "The Role of Commitment in Collective Action: Comparing the Organizational Behavior and Rational Choice Perspectives", *Public Administration Review*, 1995. Vol. 55 (1): 67 – 80.

126. Romzek, B. S., "Personal Consequences of Employee Commitment". *Academy of Management Journal*, 1989. Vol. 32 (3): 649 – 661.

127. Romzek, B. S., "Employee Investment and Commitment: the Ties that Bind". *Public Administration Review*, 1990. Vol. 50 (3): 374 – 382.

128. Schmid, H., "Relationships between Organizational Properties and Organizational Effectiveness in Three Types of Nonprofit Human Service Organizations". *Public Personnel Management*, 2002. Vol. 31 (3): 377 – 395.

129. Scott, P. G. & Pandey, S. K., "Red Tape and Public Service Motivation – Findings from a National Survey of Managers in State Health and Human Services Agencies", *Review of Public Personnel Administration*, 2005. Vol. 25 (2): 155 – 180.

130. Scott, P. G. & Pandey, S. K., "The Influence of Red Tape on Bureaucratic Behavior: an Experimental Simulation", *Journal of Policy Analysis and Management*, 2000. Vol. 19 (4): 615.

131. Selden, S. C. & Brewer, G. A., "Reconciling Competing Values in Public Administration: Understanding the Administrative Role Concept", *Administration and Society*, 1999. Vol. 31 (2): 171 – 204.

132. Shamir, B., "Meaning, Self and Motivation in Organizations", *Organization Studies*, 1991. Vol. 12 (3): 405 – 424.

133. Snyder, M. M., Osland, J. & Hunter, L., "Public and Private Organizations in Latin America: a Comparison of Reward Preferences", *International Journal of Public Sector Management*, 1996. Vol. 9 (2): 15 – 27.

134. Solomon, E., "Private and Public Sector Managers: an Empirical Investigation of Job Characteristics and Organizational Climate", *Journal of Ap-*

*plied Psychology*, 1986. Vol. 71 （2）: 247 – 259.

135. Staats E. B. , "Public Service and the Public Interest", *Public Administration Review*, 1988. Vol. 48 （2）: 601 – 605.

136. Tschirhart, M. "Understanding the Older Stipended Volunteer: Age – related Differences among AmeriCorps Members", *Public Productivity & Management Review*, 1998. Vol. 22 （1）: 35 – 49.

137. Van Scotter, J. R. & Motowidlo, S. J. , "Interpersonal Facilitation and Job Dedication as Sepearate Facets of Contextual Performance", *Journal of Applied Psychology*, 1996. Vol. 81 （5）: 525 – 531.

138. Vey, M. A. & Campbell, J. P. , "In – role or Extra – role Organizational Citizenship Behavior: Which are We Measuring? ", *Human Performance*, 2004. Vol. 17 （1）: 119 – 135.

139. Wise, L. R. , "Bureaucratic Posture: on the Need for a Composite Theory of Bureaucratic Behavior", *Public Administration Review*, 2004. Vol. 64 （6）: 669 – 680.

140. Wilson, P. A. , "Politics, Values, and Commitment: an Innovative Research Design to Operationalize and Measure Public Service Motives", *International Journal of Public Administration*, 2003. Vol. 26 （2）: 157 – 172.

141. Wittmer, D. , "Serving the People or Serving for Pay: reward Preferences among Government, Hybrid Sector, and Business Managers". *Public Productivity and Management Review*, 1991. Vol. 14 （4）: 369 – 383.

142. Wright, B. E. , "Public – sector Work Motivation: a Review of the Current Literature and a Revised Conceptual Model", *Journal of Public Administration Research and Theory*, 2001. Vol. 11 （4）: 559 – 586.

143. Wright, B. E. , "The Role of Work Context in Work Motivation: a Public Sector Application of Goal and Social Cognitive Theories", *Journal of Public Administration Research and Theory*, 2004. Vol. 14 （1）: 59 – 78.

144. Yousef, D. A. , "Satisfaction with Job Security as a Predictor of Organizational Commitment and Job Performance in a Multicultural Environment". *International Journal of Manpower*, 1998. Vol. 19 （3）: 184 – 194.

# 后　记

　　公共服务动机研究是西方公共管理领域的一个新兴课题，目前已引起世界范围内学者的关注。笔者对公共服务动机的研究兴趣始于 2003 年底，那时本人还在南安普顿大学做访问学者，也许是受多年心理学研究的影响，当我在翻阅《journal of public administration research and theory》杂志并看到一篇有关公共服务动机的文章时，一种好奇心驱动着我去探究西方学者如何将心理学的动机研究运用于公共管理领域，鉴于我国比西方国家有更深的公共服务动机渊源，当时就决定以此为题开展博士论文的写作，并得到了导师胡象明教授的大力支持，未曾想断断续续竟与此纠结了近七年，那种痛并快乐着的感觉恐怕只有有过类似经历的人才能体会。

　　本书在笔者博士论文的基础上修改而成，在它即将出版之际，特别想感谢那些一路走来帮助过并扶持过我的所有的人。首先，非常感谢论文写作过程中胡象明教授的指点，李和中教授、丁煌教授、倪星教授的有益帮助。其次，本研究以量化分析为主，收集资料是其中关键的一环，非常感谢胡象明教授和倪星教授从问卷的打印到问卷的回收给予的无私帮助，让我省却了不少奔劳之苦；同时也感谢武汉大学 MPA 办公室陈爱红主任及所有 MPA 的授课教师，是他们在收集资料上给我的帮助才使我的论文得以顺利完成；感谢所有帮助我完成问卷的 MPA 研究生，没有他们真诚的配合，也就没有我书稿的出台。再次，家人的关爱是我坚强的后盾，由于疾病的困扰，本书的修改工作断断续续，基本上是在病床前进行，我特别要感谢在我住院一个多月时间里，专程从家乡赶来、时刻陪伴在我身边的父母，是我年迈的父母对我的悉心照料给我极大的精神支持，使我能早日重返工作岗位；感谢我的先生和女儿对我的理解、给我的支持，让我有更多的时间和精力用于写作。最后，感谢一些著名学术期刊匿名评审员提出的有益建议。本书的出版还得力于中国社会科学出版社编辑郭鹏先生和田文女士的大力帮助，特别是郭鹏先生对本书文字上的润色为本书添色不少。

　　当然，由于作者水平有限以及研究条件、经费等的诸多限制，本研究肯定还有许多不足之处和不妥之处。不足之处，敬请读者谅解；不妥之处，恳请读者指正。不胜感激！

李小华

2010.5 于珞珈山